Mary Lavater-Sloman

Der Schweizerkönig
Johann Rudolf Wettstein

Für die großzügige Unterstützung dieser Publikation danken wir der Erbengemeinschaft Mary Lavater-Sloman, der Elisabeth-Jenny-Stiftung sowie dem Swisslos-Fonds Basel-Stadt.

SWISSLOS-Fonds Basel-Stadt

Die Originalausgabe erschien erstmals 1935 unter dem Titel »Der Schweizerkönig. Historischer Roman«, Morgarten-Verlag in Zürich.

Der Text von Mary Lavater-Sloman wurde leicht überarbeitet und modernisiert.

Erste Auflage 2011

info@roemerhof-verlag.ch
www.roemerhof-verlag.ch

Druck und Bindung: Books on Demand GmbH, Norderstedt
Papier: Cremeweiss, 90 g/m²

ISBN 978-3-905894-08-0

Einführung

Seit dem Beginn der Reformation in Zürich im Jahre 1522 sollte die Schweiz fast 100 Jahre lang eine Zeit der Glaubensspaltung und der Religionszwiste erleben, ja, es bildete sich ein so tiefer Hass zwischen den Anhängern der beiden Konfessionen heraus, dass die alte Kraft der Eidgenossenschaft sich beinahe in eine Ohnmacht gegenüber den Großmächten verwandelte.

Mehrmals geriet die Schweiz nahe daran, in die Religionskriege der umliegenden Mächte hineingezogen zu werden. Als im Jahre 1618 der Dreißigjährige Krieg ausbrach, flammte die Parteinahme der katholischen und der evangelischen Orte zu unheilvoller Leidenschaft auf. Die Katholischen erflehten den Sieg für Wallenstein und Tilly, die Evangelischen begrüßten Gustav Adolf von Schweden als den Erretter der Menschheit. Der Wunsch, einzugreifen und Partei zu nehmen, war in den meisten Kantonen rege, aber zum Glück gab es überall im Schweizerland besonnene Männer, die bei jeder Tagsatzung für den alten Grundsatz der Neutralität eintraten. So gelang es, die Schweiz den Kriegswirren fernzuhalten. Deutschen Flüchtlingen erschien schon damals die Schweiz, wie es in alten Chroniken heißt, als »ein irdisches Paradies«.

Aber die Gefahr der Zerstückelung umlauerte die Eidgenossenschaft während des ganzen grauenvollen Krieges. Zwar war die Schweiz schon seit dem Schwabenkrieg vom Deutschen Reich losgelöst, aber der Form nach gehörte sie trotzdem als ein loser Bestandteil zum Reich, und dieses benutzte jede Gelegenheit, die Schweiz von neuem fest an sich zu ketten.

Während des Dreißigjährigen Krieges schien sich nun eine gute Gelegenheit zu bieten, die Machtgelüste des Reiches zu verwirklichen, besonders da die Eidgenossenschaft durch ihre religiöse Uneinigkeit in Schwäche versunken schien. Ein Handelszwist zwischen der Stadt Basel und dem Reich (der Roman »Der Schweizerkönig« setzt bei diesem Zwist ein) gab dem Reich den Vorwand zu behaupten, Basel unterstehe wie jede Reichsstadt dem Reichskammergericht. Alle Bemühungen beim Kaiser, Prozesse und diplomatische Unterhandlungen blieben ergebnislos. Da wurde auf der Tagsatzung von 1643 beschlossen, den Basler Fall als Beispiel nicht baslerischer, sondern eidgenössischer Interessen anzusehen.

Der feurige und mutige Vertreter dieser Ansicht war der Basler Bürgermeister Johann Rudolf Wettstein, aber er musste noch drei Jahre lang im eigenen Land kämpfen, bis der Entschluss, einen schweizerischen Gesandten an den Friedenskongress von Münster und Osnabrück zu entsenden, gutgeheißen wurde.

Wettstein selber sollte die schwierige Mission übernehmen, als Vertreter eines kleinen Landes gegen die mächtigen Gesandten Frankreichs, des Kaisers und Schwedens aufzutreten. Er hatte sich selber nicht zu dem Gesandtenposten gedrängt, wohl wissend, dass ihm schier unüberwindliche Schwierigkeiten bevorstanden; aber er war nicht der Mann, der im entscheidenden Moment zurückwich.

So begab Wettstein sich im Dezember 1646 auf die Fahrt den Rhein hinab nach Münster, und zwar zu seinem tiefsten Kummer nur von den evangelischen Orten entsandt, die Katholischen lehnten jede Unterstützung der eidgenössischen Gesandtschaft ab. Wettstein konnte nur hoffen, dass er vor der Friedenskonferenz die Uneinigkeit der Schweiz so lange verbergen könne, bis er nachträglich den gemeineidgenössischen Auftrag brieflich erreicht hätte. Ein anderer Hemmschuh für Wettstein war der Geiz der evangelischen Orte, die nicht begreifen wollten, dass ein gewisses Auftreten auch für einen bescheidenen Schweizer Gesandten notwendig war, wenn er nicht der Lächerlichkeit anheimfallen sollte.

Diese »Lächerlichkeit« aber blieb dem großen Bürgermeister nicht erspart, ja, sie gerade trug ihm den Übernamen »Der Schweizerkönig« ein, der, wie es damals allgemein bekannt war, der Ehrenname Ludwig Pfyffers von Luzern war, der sich um 1565 als Oberst des Schweizerregimentes unter Karl IX. von Frankreich gegen die Hugenotten ausgezeichnet hatte. Man hatte den geradezu ärmlich auftretenden Wettstein verspotten wollen, aber sehr bald schon sahen alle großen Herren, die mit ihm zu tun hatten, dass er seinen Übernamen mit Recht trug.

Wettstein wurde von seinem jungen Sohn und seinem Neffen Ruedi Burckhardt sowie von zwei Dienern begleitet. Im Staatsarchiv in Basel liegen noch die Briefe, die er seiner Frau nach Hause schrieb, sowie Tagebücher und offizielle Berichte über seine Gesandtschaft. Trotz dieser aufschlussreichen Wiedergabe wurden einige erdachte Episoden eingeflochten, um dem Roman Farbe und Bewegung zu geben: so die Beziehungen zwischen dem jungen Wettstein und der Kurtisane Lucinde. An den historischen Ereignissen wurde aber selbstverständlich nicht retuschiert.* Aber auch

* Die Autorin hat ihre künstlerische Freiheit dafür genutzt, die zeitliche Anordnung der Geschehnisse zu verändern und dem Handlungsablauf der Geschichte anzupassen.

die Reise- und Unterkunftsverhältnisse, die Krankheit Wettsteins, sein Verhältnis zu den Dienern, der Tod seiner Frau sind als tatsächliche Begebenheiten seinen Briefen entnommen.

Mary Lavater-Sloman

Keinen Schritt tun wir nach Speyer

Florian Wachter, ein ehrsamer Bürger von Schlettstadt im Elsass, war ein Mann wie jeder andere, einer unter vielen. Um die Zeit des Dreißigjährigen Krieges als Weinhändler nach Basel gezogen, lebte er unter den Bürgern dieser Stadt ein unauffälliges Kaufmannsleben, und hätte die Vorsehung nicht gerade ihn herausgegriffen, der Stein zu sein, der, auf dem Meer des Weltgeschehens aufprallend, Ring um Ringe zog, sein Name wäre schneller vergessen worden, als sein Leib zu Staub zerfiel. Als Urheber jener Schicksalskreise aber, die immerfort und unaufhaltsam wuchsen, hat seine Zufallsgestalt sich durch fast vier Jahrhunderte in Akten, Briefen und Folianten lebendig erhalten.

Florian Wachter; wir wissen mehr von ihm als von vielen klugen Köpfen, die ungenannt am Werke der Zeit mitschufen. Wir kennen seinen Ehrgeiz, seine Erfolge, seinen Vermögensstand, seine Sorgen. Es ist aufbewahrt worden, dass der kalte Sommer 1640 seine schlaue Findigkeit anspornte, den Ausfall an baselländischen Reben durch Wein aus seiner Elsässer Heimat zu ersetzen, und dass er eines schönen Oktobermorgens beim Basler Fuhrhalter Caspar Zelti Wagen und

Pferde mietete und sie nach Schlettstadt, seinem Heimatort, schickte, ihm den fehlenden Wein zu holen.

Wir kennen Punkt für Punkt Verlauf und Folgen dieses einfachen Geschäftes. Zunächst traf, eine Woche nach seinem Abschluss, kein Wein ein, sondern nichts als zerschlagene Fässer, drei der sechs Pferde, zwei blutende Fuhrleute und ein Wagen mit notdürftig geflickten Rädern, worauf Caspar Zelti seine Pferde, die bei Rappoldsweiler französische Soldaten entführt hatten, zurückverlangt, und Florian Wachter den Wein, der von ebendenselben Franzosen ausgetrunken wurde, von Caspar Zelti ersetzt wünscht, und zwar mit der Begründung, die Fuhrleute hätten den Wagen schlecht verteidigt. Hart steht Forderung gegen Forderung. Der Fall wird dem Basler Gericht übergeben, und nach Verlauf umständlicher Verhandlungen lautet der Spruch: Jeder soll seinen Schaden selber tragen. Dem Fuhrhalter werden weder Wagen noch Pferde ersetzt, und Florian Wachter soll nicht länger dem getrunkenen und verschütteten Wein nachtrauern.

Aber Florian Wachter will sich dem Urteil nicht beugen. Ihn wurmt es, dass die Basler Richter während des Prozesses den Wein in seinen Kellern haben arrestieren lassen. Nehmen die stolzen Bürger ihn nicht für ihresgleichen? Soll er immer und ewig der »Zugezogene« bleiben? Nun wohl, will ihn das eidgenössische Basel nicht schützen, so wird das Reichskammergericht zu Speyer die Herren Räte und Richter daran erinnern, dass Basel immer noch dem Reich hörig ist, und ihm, Florian Wachter, zu seinem Recht verhelfen.

Und was der Weinhändler in gekränktem Stolz verlangt, das geschieht: Caspar Zelti wird nach Speyer vor das Reichskammergericht geladen. Die Obrigkeit Basels aber, von dem Fuhrhalter um Rat gefragt, ob er der Vorladung gehorchen müsse, schwitzt Angst um die Antwort, die sie erteilen soll, denn noch war kein Gras über die Affäre des Doktor Melchior ab Insula gewachsen, der die Basler mit dem Reichskammergericht in peinlichste Verbindung gebracht. Gerade hatte man sich mit Müh und Not auf die alten Freiheitsprivilegien zurückgerettet, und nun fällt es diesem hergelaufenen Wachter ein, abermals Basels ungeschriebene Rechte in Gefahr zu bringen. So ermuntert der Rat Caspar Zelti, sich in Gottes Namen in Speyer zu stellen.

Einer unter den Ratsherren jedoch, Johann Rudolf Wettstein, warnt vor Nachgiebigkeit. »Gehen wir heute nach Speyer, so ist unsere Exemtion vom Reich in Wahrheit ein blutloses Wort, wie das Reichskammergericht es von je behauptet hat.« Aber der Rat bleibt ängstlich. Besagte Exemtion der Eidgenossenschaft vom Reich stehe auf keinem Papier, zwar hätten die Kaiser seit den Schwabenkriegen die eidgenössische Unabhängigkeit stillschweigend hingenommen, aber niemals ausdrücklich bestätigt. Nein, solange nicht Pergament und Siegel die alten Rechte schützen, tun wir gut, nicht an den schwebenden Felsen zu rühren, den der erste feste Schritt auf uns herniederbringen könnte.

Wettstein aber kämpft mit aller Beredsamkeit, das zähe Netz von Feigheit und Vorsicht zu zerreißen. »Und besitzen wir weder Pergament noch Siegel«, ruft er am Ende des Wortgefechtes, »so ist es Zeit, dass wir solches erwerben. Caspar Zelti ist Basler Bürger; was schert uns das Reichskammergericht? Keinen Schritt tun wir nach Speyer. Ist die Eidgenossenschaft frei, oder ist sie ein Glied des Reichs?«

Die Herren lächeln, Johann Brand streicht seinen langen Bart: ob der Herr Rat Wettstein die Folgen tragen wolle, wenn Caspar Zelti der Vorladung nicht folgt und die Exemtion der Schweiz zur Diskussion gestellt wird? Und Felix Burckhardt fügt hinzu, Wettstein dürfe nicht vergessen, dass das Reich bei der leisesten Berührung seine Fangarme hervorschnellen würde, um die Eidgenossenschaft von neuem an sich zu reißen. Wettstein schaut grübelnd über die Köpfe der Herren fort; das Recht ist ein allmächtiger Strom, geht es durch seinen Sinn, aber die Sandbänke der Furcht und Unsicherheit teilen ihn in seichte, machtlose Rinnsale. Aus diesen Gedanken heraus spricht er zu der Ratsversammlung, bis sein kühner Wille gesiegt, und auch die Bedächtigsten Basels Erscheinen in Speyer verweigern. Und die Folge? Von jenseits der Grenze trifft bald danach die Botschaft ein, dass für baslerische Güter, die rheinabwärts fahren, bei Speyer der Strom gesperrt sei, und zwar so lange, bis die angeklagten Basler vor dem Reichskammergericht zu erscheinen geruhten.

Von diesem Tage an wanderte ein Schwall von Briefen und Akten zwischen Basel und Speyer hin und her, aber die Dinge rückten nicht vom Fleck. Monate vergingen, es vergingen Jahre; in der Basler Kaufmannschaft herrschte Sorge und Unmut über die stockenden Geschäfte, und Johann Rudolf Wettstein, den jede düstere Miene als Vorwurf traf, verbrachte schlaflose Nächte.

Zu Beginn des Sommers 1643 schlug er dem Rat vor, die Angelegenheit vor die gemeineidgenössische Tagsatzung zu bringen. Der Vorschlag wurde angenommen, und so erreichte es Wettstein, dass in Baden, wo wenige Wochen später die Vertreter aller 13 Orte tagten, der Wachtersche Fall als Beispiel nicht baslerischer, sondern eidgenössischer Interessen aufgenommen wurde. Zugleich aber erhob sich die sehr heikle Frage: Mit welchem Druck kann die Eidgenossenschaft sich das Reich zu Willen zwingen? In die Vorschläge, behutsam und auf Umwegen an das Reich zu gelangen, fiel endlich Wettsteins scharfe Stimme: »Wer einen Stier bändigen will, der packt ihn an den Hörnern und nicht an den Beinen«, darum dünke es ihn, ein Brief an den Kaiser selber wäre der geradeste Vorstoß zum Erfolg.

Die Herren Abgesandten sahen einander verblüfft an und dann, in Spott und Verwunderung, auf den Basler Bürgermeister. Aber wieder siegte Wettsteins unbeugsame Entschlossenheit. Der Brief an des Kaisers Majestät verließ Baden, und die Abgesandten kehrten, Spannung und Hoffnung im Herzen, in ihren Heimatort zurück, um dort von Woche zu Woche und von Monat zu Monat auf die Botschaft der Gerechtigkeit zu warten; aber Wien schwieg.

Als im folgenden Sommer die Tagsatzung sich abermals versammelte, wurde ein zweites Schreiben an Ferdinand entsandt. Aber auch dieser Sommer verging, der Herbst zog vorbei, es fiel der erste Schnee, und von der Kaiserlichen Majestät kein Wort.

Da begann unter den Eidgenossen die Teilnahme für das Unrecht, das Basel vom Reiche geschehen, zu versickern und einzutrocknen. Nur Wettsteins zäher Wille ließ, was er einmal gepackt, nicht mehr aus den Händen. Herz und Augen waren bei den städtischen Angelegenheiten, aber das Ohr lauschte in die Ferne, nach dem Norden des deutschen Reichs, wo in Münster und Osnabrück die Abgesandten der großen Völker den schier ewigen Krieg zu beenden trachteten. Sein heller Verstand beobachtete gespannt Frankreich, den großen Verbündeten der Eidgenossenschaft, das nichts heißer erstrebte als die Unterhöhlung der Habsburger Macht, und verfolgte jeden Schachzug des Kaisers, der wie ein Verzweifelter um die Erhaltung seiner Macht rang. Zwischen diesen mächtigen Rivalen lag der Vorteil der Eidgenossenschaft. Es galt, die Gunst Ferdinands zu erhöhen und das Wohlwollen Mazarins auszunützen, um das Reichskammergericht zu zwingen, seine Ansprüche an den Gehorsam einer eidgenössischen Stadt fallenzulassen.

Aber wie klar der Weg vorgezeichnet schien, so schwer war er zu begehen. Als Wettstein und seine Gesinnungsgenossen auf Anraten Frankreichs die ersten Schritte zur Entsendung einer Gesandtschaft taten, wussten sie nicht, dass sie am Anfang eines langen, verworrenen Kampfes standen. Hin und her gezogen und gezerrt zwischen dem kaisertreuen Urner, Zwyer von Evybach, der die kaiserlichen Interessen in der Schweiz vertrat, und Caumartin, Frankreichs Gesandten, der in Solothurn residierte, schwankte die Frage der Gesandtschaft durch zwei weitere Jahre auf und nieder.

Die Verstimmung unter den eidgenössischen Räten vertiefte sich derweil. Vorschläge, Intrigen, Entschlüsse, Widerruf und neue Vorschläge stemmten sich gegeneinander. Ein Ort nach dem anderen wandte sich verärgert ab: man solle doch alles beim Alten lassen, Besseres würde man nie erreichen, vielleicht aber auch die ungeschriebenen Gesetze noch verlieren. So stand Basel, sechs Jahre, nachdem Florian Wachter in Speyer vor Gericht gegangen, wieder allein mit seinen Forderungen, kaum dass Bern und Zürich noch guten Willens waren.

Aber Wettstein ließ die Zügel nicht schleifen. Und wenn es ihn Gesundheit und Jahre seines Lebens kostete, er redete, er schrieb, er reiste und scheute keine Witterung und keine mangelhafte Unterkunft. Solange Basel nicht sicher war vor Übergriffen des Reichs, gönnte er sich keine Ruhe. Endlich, gegen Schluss des Jahres 1646, schälte sich aus dem Wulst von Eifersucht, Widersprüchen, unvermuteter Gnade, Ehrgeiz und Zufall dennoch ein Entschluss der evangelischen Orte heraus, sanktioniert von der Aufforderung Frankreichs und der Erlaubnis des Kaisers, einen Gesandten an den Friedenskongress zu schicken. Wettstein, bis in das Mark ermüdet vom langjährigen Kampf, raffte noch einmal alle Kraft zusammen, um die ganze Eidgenossenschaft zu gewinnen, denn eine Gesandtschaft, die von den katholischen Orten nicht unterstützt wurde, dünkte ihn gar keine Gesandtschaft. Im November begab er sich nach Zürich.

*

Mit Wettstein zugleich sollte Johann Jakob Ziegler von Schaffhausen her eintreffen, der ähnliche Schwierigkeiten für seine Stadt zu lösen hatte wie Wettstein. Bürgermeister Ziegler hatte sich dem Freund zuliebe vorerst nach Baden begeben, um mit ihm ein ungestörtes Wort wechseln zu können. Als er Johann Rudolf gegenüberstand, fühlte er sich schmerzlich betroffen von der Verwandlung, die seit der letzten Tagsatzung mit dem Freunde vor sich gegangen war. Wettstein war gealtert; auch setzte ihm die Gicht schwer zu, und in seinen Zügen hatten sich unter die Fältchen, die das Lächeln eingezeichnet hatte, die bitteren Linien gemischt, die Enttäuschungen zu graben pflegen. Ziegler schüttelte traurig und missbilligend den Kopf, Johann Rudolf solle lieber in Baden bleiben und sich an den heißen Bädern gütlich tun, als einem aussichtslosen Unternehmen nachzureiten.

»Ja, die heißen Bäder würden guttun.« Unwillkürlich rieb Wettstein sein Knie.

»So bleibe! Du hast so gut ein Recht, an dich zu denken, wie jeder von uns.«

Aber Johann Rudolf, der an diesem Vorabend der letzten entscheidenden Unterredung von Erregung durchbebt war wie ein Schlachtross vor dem Kampf, wehrte leidenschaftlich ab: »Nein, Ziegler, keiner von uns Führenden hat ein Recht, an sich zu denken, wir dürfen nicht ›wir‹ sein«, er schlug an seine Brust, »denn nicht um unseren Erfolg geht es, nicht um unseren Namen und Ruhm. Wir sind nichts als das Instrument eines Höheren, der die Zukunft kennt.«

Und am folgenden Tag, als die beiden Männer nach Zürich ritten, warf Wettstein Ziegler nochmals das eine Wort »Zukunft« hin und meinte, es könne nicht schaden, wenn in Zürich die führenden Männer diesem Begriff ein wenig nähertreten würden.

Das könnten sie aber nicht, war Zieglers gelassene Antwort, da die meisten unter ihnen eben ganz sie selber wären und niemals den Ruhm des eigenen Namens vergäßen. »Dächten sie wie du, Wettstein, die schweizerische Gesandtschaft wäre schon längst von allen dreizehn Orten beglaubigt.« Und als Johann Rudolf schwieg und Ziegler sein Gesicht sah, das wie in Qual über dem Nacken des Pferdes hing, wusste er, durch welche Bresche das Alter in Johann Rudolf einbrach: Die Uneinigkeit unter den Eidgenossen fraß an Wettsteins Lebenskraft.

Mit lauter Stimme rief Ziegler ihm zu, als vermöchten dadurch seine Worte bis tief in des Freundes Gemüt einzudringen: »Die Luzerner werden bestimmt in Zürich sein, und morgen wirst du als Abgesandter deine Kreditivbriefe in der Hand halten.«

»Ich oder ein anderer … nur gebe Gott, dass unsere Mission nicht auf einem Beine nach Westfalen hinken muss.«

In Zürich waren sämtliche Abgeordnete der evangelischen Stände vereinigt. Luzern aber, das im Namen der Katholiken sprechen sollte, hatte sich entschuldigen lassen und in seinem Absagebrief eingeflochten, der Wachtersche Fall werde die Großmächte kaum interessieren können. Was Basel darüber hinaus mit dem Reichskammergericht zu bereinigen hätte, solle es getrost seinem emsigen Bürgermeister Wettstein übertragen.

Johann Rudolf konnte seine tiefe Enttäuschung über die eisige Abwehr der katholischen Orte kaum meistern. So weit klaffte die Eidgenossenschaft auseinander, dass gemeinsames Wirken eine Unmöglichkeit war? Er kannte seine Landsleute in den Urkantonen von zahlreichen Reisen her. Er wusste, dass sie das Mark des Landes waren; ihn hatte die Verschiedenheit der Konfession nie gegen die eherne Kraft der Ureidgenossen blind machen können. Er selber empfand sich den vollblütigen Schwyzer, Urner, Nidwaldner Herren- und Bauerngeschlechtern gegenüber als zugewandter Städter. Ja, er liebte und verehrte das zähe, hart arbeitende Volk der Berge, und nun, nichts als Missverstehen einer gemeinsamen Aufgabe? Die Absage der Stärksten unter den Eidgenossen schmerzte ihn bis an das innerste Herz.

Zwar wusste er, dass nur einzelne störrische Männer sich weigerten, Schweizerdinge in das große Geschrei des Friedensmarktes zu zerren. Zwyer von Evybach war ihm, Johann Rudolf, im Grunde günstig gesinnt, ebenso Ulrich Dulliker. »Wenn dieser Mann zum Schultheißen von Luzern gewählt worden wäre, gingen sämtliche katholischen Orte mit uns«, sagte Wettstein zu Salomon Hirzel gewandt und bat ihn inständig, Ulrich Dulliker, der ja sein Freund sei, zum Handeln zu bewegen. »Herr Zwyer hilft uns als Vertreter des Kaisers auf seine Weise; ich habe Vertrauen, dass er nicht abseitsstehen wird.«

Er wolle tun, was möglich sei, versprach der Zürcher Bürgermeister, inzwischen aber müsse die Mission von den Evangelischen allein ausgeführt werden.

Und in der Tat war ein Zurücktreten in elfter Stunde unmöglich. Frankreichs Gesandter am Friedenskongress, Henri d'Orléans, Herzog von Longueville, der als Fürst von Neuchâtel seit Jahren dem schweizerischen Begehren ein freundliches Ohr lieh, wartete voll guten Willens auf die Abgesandten in Münster. Der Kaiser hatte, in seiner etwas verspäteten Gnade, die Prozesse, die Basel in Speyer anhängig hatte, bis auf weiteres suspendieren lassen. Nun durfte die Eidgenossenschaft die wenigen Trümpfe, die sie besaß, nicht ungenutzt lassen.

Den in Zürich versammelten Herren schien die Absage der katholischen Stände übrigens nicht sonderlich Sorge zu bereiten. Ihr Obmann erklärte von Anbeginn, dass Wettstein die Mission übernehmen müsse, und die Versammlung stimmte einhellig bei. Johann Rudolf zeigte keine freudige Überraschung bei seiner Ernennung, er wusste ja seit langem, dass er die Suppe, die er sich eingebrockt hatte, selber ausessen musste. Während er die Glückwünsche der Versammlung einsilbig hinnahm, meinte er bei sich, die Herren redeten wie Männer, die über die Ersteigung eines schwierigen Berges debattieren, aber genau wissen, dass niemand je den Aufstieg von ihnen verlangen wird.

Nur noch eines schlug er bittend vor: ob er nicht, zum Scheine wenigstens, im Namen der gesamten Eidgenossenschaft auftreten dürfe; vor dem ersten Erfolg würden die Bedenken der katholischen Stände hinfallen und sie dann sicherlich ihr verspätetes Einverständnis nachsenden. Aber davon wollte keiner der Herren etwas wissen; immerhin kam ein halboffizielles Schreiben, in dem ganz allgemein von den Interessen der Schweiz die Rede war, zustande. Im Übrigen war man der Meinung, Wettstein solle lieber noch einmal nach Luzern reiten und sein Glück versuchen. Eine harte Zumutung an Johann Rudolfs Stolz. Ziegler, den es wurmte, wie die Versammlung sich unverhohlen der Selbstverleugnung Wettsteins bediente, sprach ärgerlich dagegen. Johann Rudolf sah ihn dankbar an, und als habe die eine Stimme des Verstehens ihm allen Mut zurückgebracht, griff er die Anregung unerschrocken auf.

Nach zwei Tagen ritt Wettstein in Luzern ein, so fest in seiner Hoffnung auf einen guten Ausgang, dass ein Aufmerksamer dem Schritt des Pferdes, das den Bürgermeister trug, die frohe Zuversicht hätte anmerken können. Aber ebenso deutlich sprach Wettsteins verzweifelte Enttäuschung aus dem schleppenden Gang des Tieres, als es am anderen Morgen seinen Herrn aus Luzerns Toren hinaustrug.

Als Wettstein sich jedoch zwei Tage später den Mauern Basels näherte, trug er den Kopf hoch, und seine Augen blitzten. Eine Hand hielt er nahe dem Oberarm zur Faust geballt, als trüge er eine unsichtbare Standarte. Sollte er allein kämpfen, nun gut, so kämpfte er allein. Er wollte das Gute, und das Gute trug seinen Lohn in sich. Johann Rudolfs Blick suchte wie in Anbetung die Türme des Münsters, als sei in ihnen die Wohnung der Freiheit, der großen, der heiligen Freiheit seines Volkes, der zu dienen er sich entschlossen hatte, die er in dem Wirrwarr politischer Zänkereien kaum zu nennen wagte und die sein offener Sinn doch seit Jahren hinter all dem kleinen Geschehen spürte.

Der große Bürgermeister

In der letzten Nacht vor seiner Abreise saß Johann Rudolf an dem schweren Eichentisch seines Arbeitszimmers, den Kopf in der Versunkenheit des Schreibens tief vornübergeneigt, und bedeckte Bogen nach Bogen eines groben, körnigen Papiers mit seiner zierlich verschnörkelten Schrift. Das Licht zweier Wachskerzen durchschimmerte die gesträubte Locke dunkelblonden Haares über seiner breiten Stirn und überglänzte auch den Nacken, der sich elfenbeinern kahl und blank aus der schwarzen Borte des Gewandes hervorbog, denn Wettstein hatte aus Bequemlichkeit sich seiner dickfältigen Halskrause entledigt. Die lag nun wie eine aufgerollte weiße Katze am Ende des Tisches zwischen Streusandbüchse, Tabaksbeutel, Siegeln, Schlüsseln, Gesangbüchern, Dienstvorschriften und anderem Zubehör seines Lebens.

Johann Rudolf steckte in der nachlässigen Hausbekleidung, die ihm zur Arbeit bequem war; über einem abgetragenen, dunklen Wams trug er einen ärmellosen, gefütterten Mantel, der vor Jahrzehnten ein Staatsstück gewesen; die Füße waren von wolligen Filzschuhen bekleidet; trotzdem hatte er sie, um dem kalten Boden zu entgehen, auf den

Querbalken unter dem Tisch gestützt. Johann Rudolf legte den Gänsekiel nieder und rieb die Hände aneinander: Diese viel zu großen Räume im Falkensteinerhof waren nie recht zu durchwärmen; wenn er solche Kalamität vorausgesehen, hätte er der Stadt keine 200 Gulden für die Miete bezahlt!

Der Bürgermeister erhob sich, um nach dem offenen Feuer im Kamin zu sehen; behutsam legte er neue Scheite in die Glut. Als sie hell aufprasselnd die Düsterkeit in die Ecken des Zimmers zurückdrängten, schaute er besorgt zu seiner Frau hinüber, die im Schnörkelschatten des mächtigen Kaminpfeilers schlafend im Armstuhl lehnte.

Er trat einen Schritt näher. Den Kopf schief vorgestreckt, mit hängenden Armen, stand der Bürgermeister selbstvergessen da: nicht sehr erhaben, nicht sehr elegant, sondern ganz offenkundig von Sorgen und Überarbeitung gezeichnet. Als er sich seiner unbeherrschten Haltung bewusst wurde, reckte er den schlanken Körper auf und strich mit beiden Händen über die Augen, als vermöchte er so den Schlaf zu vertreiben, der ihn bedrängte.

Johann Rudolf konnte nicht umhin, über sich selbst zu lächeln. Da stand er nun an der Schwelle eines neuen Lebensabschnittes, »der große Bürgermeister Wettstein«, wie sie ihn heute im Rate genannt, und fühlte sich in dieser nächtlichen Stunde ganz und gar nicht groß ... und Anna Maria? In dem Blick, der auf der schlafenden Frau ruhte, blitzte ein kleines, zärtlich skeptisches Licht auf; auch sie war ihrer äußeren Pracht entkleidet.

Sonst pflegte sie, von ihren weiten, steifen Kleidern umbauscht, stattlich in diesem Sessel zu thronen, das blasse Gesicht streng über dem breiten Rand der Halskrause erhoben: Nun lag das Antlitz im Schlummer zur Seite gesunken; der derbe Zug um den Mund hatte sich grämlich vertieft, das Häubchen saß auf einem Ohr, und die hagere Gestalt, eng von einem langen Flauschrock umwickelt, lag, der gewohnten, würdevollen Fülle beraubt, unansehnlich in der Ecke des

Stuhles ... seine gute Anna Maria! Wie ein armes, geplagtes Bürgerweibchen sah sie aus. Ja, so war der Schlaf, er riss die falsche Tagespracht herunter. Immerhin mochte es gut sein, dachte Wettstein, dass er in dieser letzten Stunde der Besinnung sich selber und sein Weib in ihrer ganzen Kleinheit sah. Bei Tagesgrauen war er verpflichtet, wieder der Herr Gesandte zu sein, und Anna Maria die tapfere Frau, die dem Vaterland das Opfer einer großen Trennung bringt. Noch wenige Stunden, Anna Maria, und das Schiff stößt ab, das deinen Tyrannen mit schwerer Mission beladen in die Welt hinausführt ... zu Ruhm, zu Misserfolg, wer kann es wissen, und du wirst allein Herrin im Hause sein, wie du es so oft erstrebt.

Er seufzte schwer auf, beugte sich näher über die schlafende Frau und sah sie in aufwallender Angst an: Wann sehe ich dich wieder, und wie? Unter seinen forschenden Blicken stockte der tiefe, regelmäßige Atem; es wurde plötzlich totenstill im Raum, da wandte Johann Rudolf sich schnell ab, als sei es Verrat oder bedeute gar ein böses Omen, wenn er seine Frau in ihrem wehrlosen Schlaf beobachte.

Vom Münster erklangen die vier eiligen, klirrenden Schläge der vollen Stunde. Wie gut er sie kannte, die so oft in schlaflosen Nächten, beängstigend wie plötzlicher Alarm, auf sein Herz eingehämmert hatten. Zum Glück folgten dann tröstend die langsamen, warmen Schläge der Stundenzahl. Bei ihrem Ton aber war Johann Rudolf geneigt zu glauben, Gott selber läute sie in das Dunkel hinein, seinen armen Geschöpfen, deren Sorgen stärker waren als der Schlaf, seine Allgegenwart zu bezeugen. Eins ... zwei ... drei ..., zählte Johann Rudolf und begab sich an den Tisch zurück. Müde ließ er sich in den Sessel fallen, griff zur Feder und las, was er zur Sicherung von Frau und Kindern für die Zeit seines Fernseins und allfälligen Todes aufgezeichnet hatte.

Er hätte noch mehr sagen, noch umsichtiger handeln können, aber es fehlte an Zeit. Unwillkürlich tastete er nach einem Stoß Briefe, die morgen versandt werden sollten; aber dann putzte er eilfertig beide Lichter, als schäme er sich, ständig seiner Familie um der politischen Dinge wegen abtrünnig zu werden. Noch ein letztes Mal füllte er den Federkiel und schrieb, das Antlitz in gewissenhafte Falten gelegt, mit fester Hand unter die Reihe seiner Verfügungen: Johann Rudolf Wettstein, Bürgermeister der Stadt Basel. Den 4. Dezember 1646.

Danach lehnte er sich im Sessel zurück, ohne den Blick von dem geschriebenen Datum zu lösen – 1646; nun war bald auch dieses Kriegsjahr beendet, würde das kommende endlich den Frieden bringen? Aber wie denn? Noch standen Schweden und Franzosen kämpfend in Bayern und Böhmen. Der Krieg schwang wie ein gewaltiger Pendel über dem deutschen Reich; wer hatte die Macht, ihn anzuhalten?

Wettsteins ältere Kinder, die selber schon Familien gegründet, kannten den Frieden nicht ... Kampf und wieder Kampf seit bald 30 Jahren ... Sucht denn die Menschheit den Krieg? Wird es ewig so bleiben: Volk gegen Volk und Mensch gegen Mensch?

Auch in Wettsteins eigenem Leben hatte es nicht an Krieg gefehlt. Johann Rudolf lachte leise vor sich hin und strich wie in Verlegenheit die Haare über der Stirne glatt. An frühere Zeiten wollte er gar nicht denken, ihm war noch von dem Tage heiß, an dem Anna Maria von seiner Mission nach Westfalen erfahren. Abenteuerlust, Untreue, Hang zum Lotterleben hatte sie ihm vorgeworfen, krankhaften Ehrgeiz und Eitelkeit ... endlich hatte sie gar alte Geschichten hervorgezogen.

Johann Rudolf bewegte unbehaglich die Schultern, nun ja, vor mehr als 30 Jahren war er seiner Frau davongelaufen in venezianischem Dienste, aber warum hatte auch sie, ein reifes Mädchen, ihn, den 17-jährigen Jüngling, geheiratet, nein, nicht geheiratet, ihn erworben, um ihn sich dienstbar zu machen! Aber er hatte sie nach seiner Rückkehr gelehrt, in ihm den Herren zu achten. Bei dieser Erinnerung angelangt, wollte Johann Rudolf in selbstvergessenem Stolz mit dem Mittelfinger auf die Tischkante klopfen, aber Humor und Gerechtigkeit hielten seinen Finger in der Schwebe ... er räusperte sich, reckte den Hals und lockerte das Kragenbündchen ... möchte ihm die Regelung seiner auswärtigen Geschäfte durchgreifender gelingen als die Bekehrung seiner eigenwilligen Frau.

Arme, gute Anna Maria, dachte Wettstein versöhnlich, drehte sich im Stuhl um und sah wieder zu ihr hinüber. Nie hast du gewagt, mehr als ein Auge zur Zeit zu schließen. Immer hast du gezittert, das Alter könnte dich von meiner Seite drängen, und weiß der Himmel, als du die 40 überschritten und ich kaum die 30, habe ich Kämpfe bestanden, von denen deine Seele nie geahnt; aber du warst in aller Härte ein ehrlicher Kamerad, deshalb machte ich mir die Arbeit zur Trösterin ... und jetzt, Anna Maria, kannst du mich ruhig ziehen lassen; Mühen und Widrigkeiten haben meinen 52 Jahren gute zehn Jahre zugesetzt; du bist mir nicht mehr voraus.

Der Bürgermeister stand auf, ordnete seine Papiere und beschwerte sie; dann ging er gähnend mit steifen Beinen zur Feuerstelle, zog die brennenden Scheiter auseinander und trat neben seine schlafende Frau. Er schüttelte sie leise an der Schulter: »Anna Maria, du hast es nicht bequem in deinem Stuhl; komm, drei kleine Stunden können wir noch schlafen.«

Die Frau war ärgerlich aufgefahren, aber als sie Johann Rudolfs Arm um ihre Schultern fühlte, verschluckte sie verlegen und gerührt die gereizten Worte, die hervorgewollt, und ließ sich in das anstoßende Zimmer führen.

*

Schwer von Nebel dämmerte der frühe Dezembermorgen herauf; zwar erschien die Sonne zuweilen wie ein matter Zinnteller hinter den Wolken, hatte aber keine Kraft, die Schleier zu zerreißen. Weißer Reif lag auf der Mauer am Rhein, und auch die Treppe, die zum Fluss hinunterführte, bedeckte ein silberdurchwirkter Teppich.

Johann Rudolf stand an der Schiffländе; an seinem Arm lehnte Anna Maria. Er war ganz gesammelte Aufmerksamkeit, denn vor seinen Augen wurde der Rheinkahn beladen, der ihn und seine Begleitung auf die Gesandtschaftsfahrt bis Köln bringen sollte. Anna Maria, von dem bevorstehenden Abschied so weich gestimmt, wie es ihrer herben Natur möglich war, sprach mancherlei von der Hand des Herrn, unter der Johann Rudolf reisen solle; aber wie es in erhebenden Momenten häufig geht, die Miterlebenden haben alle Zeit zu großen Gedanken und Aussprüchen, während der handelnde Mittelpunkt sich mit den kleinen boshaften Widerständen der Wirklichkeit umherschlagen muss.

So sagte endlich Johann Rudolf leicht irritiert: »Lass gut sein, Anna Maria; ich wollte, der liebe Gott würde mir helfen, all dieses Gepäck unterzubringen! Schwager Falkner hätte weniger Hausrat auf mein Schiff bringen sollen, er hat es gar zu gut gemeint. Hans, jetzt habt ihr die Truhe mit Essgeräten dennoch mitgegeben? Heraus damit!«

»Sie soll doch Euer Sitz sein.«

»Wir haben genügend andere Sitze.«

»Und die Teller und Messer und Becher, Vater?« – Wettsteins Tochter, der die Sorge für das Besteck obgelegen, war den Tränen nahe.

»Das Dringendste trägt jeder bei sich. Schau, Leneli, die Reise soll keine Lustfahrt sein. Also Hans, heraus mit der Truhe.«

Anna Maria schaute der angefeindeten Truhe nach, dabei entdeckte sie ihren Sohn, der an der Tür des hölzernen Schutzhäuschens, das sich auf dem flachen Rheinkahn wie ein entführtes Rebhäuschen ausnahm, eine Stalllaterne befestigte.

»Fritz, du darfst nicht helfen«, rief sie hinunter, »du wirst deinen neuen Anzug zerreißen.«

»Nur Ruhe, Anna Maria. Fritz wird noch manchmal helfen müssen.«

»Mir ist angst um ihn«, flüsterte die Frau. »Ein fünfzehnjähriger Bub unter den verdorbenen Welschen mit ihrem Weibertross« – für Anna Maria waren alle Ausländer »Welsche« –, »hüte mir den Bub, Hans Rudolf!«

»Aber Anneli, einmal muss er in das Leben hinaus. Du hast ihn nicht umsonst so vortrefflich erzogen; er wird sich nicht umwerfen lassen.«

»Ihm haftet noch die ganze, vertrauensselige Reinheit des Kindes an.«

»So soll er jetzt beweisen, dass sie stark genug ist, sich in Mannesanstand umzuwandeln.« Sie sahen beide zu Fritz hinunter, der hoch und schlank wie ein junger Baum auf dem Verdeck stand und mit knabenhafter Freude das Werk seiner Geschicklichkeit betrachtete. Johann Rudolf sagte bei sich: »Er ist mein Lieblingskind«, und Anna Maria mochte Ähnliches empfinden. Ein trockenes Schluchzen entfuhr ihr.

»Bring ihn mir unversehrt an Leib und Seele wieder, Hans Rudolf.«

Der Bürgermeister drückte stumm ihren Arm. »Anneli, gehe zu deiner Schwägerin in das Haus, du erkältest dich hier; die anderen Frauen sind alle dort versammelt.« Er nickte rückwärts gegen den Rheinsprung zu, dessen letztes Gebäude, das Haus zur »hohen Sonnenfro«, seinem Schwager gehörte. Dabei entdeckte er einen Grund zu ärgerlichem Einschreiten.

»Zum Donnerwetter, Giggishans«, rief er laut aus und eilte die Schiffländе entlang, »was für Polstersitze schaffst du da hinunter, wer hat dir denn den Unfug angegeben?«

»Unser junger Herr Burckhardt bringt soeben Bericht, zwei Klosterfrauen würden unter unserm Schutze nach Straßburg fahren.«

»Ruedi«, rief Wettstein zu seinem jungen Neffen hinüber, der die Papiere der Besatzung kontrollierte, »was hat's mit der Weiberbegleitung auf sich?«

»Steckt ein«, sagte Ruedi Burckhardt, wandte sich seinem Onkel und Vorgesetzten zu und überbrachte ihm die Bitte der Äbtissin, zwei ihrer Damen sicher bis Straßburg zu geleiten.

Im Sprechen sah er sich suchend um, ob seine Vielgeliebte nicht zum Abschied erschienen sei. Sie war gekommen. Küngold Brand stand am Arm ihres Vaters auf der Höhe der Stiege, die zur Schifflände hinunterführte. Ein verstohlener Gruß, und der junge Mann wandte sich wieder seiner Aufgabe zu.

Wettstein stieß einen ungeduldigen Seufzer aus. »Ruedi, schau, dass die Vorbereitungen zu Ende gehen. Weiß Gott, den Rheinsprung hinunter kommt schon der Magistrat, und auch unsere beiden Familien wandeln vollzählig daher. Ich wollte, wir hätten den Abschied überwunden! Bis heute Abend müssen wir in Breisach sein.«

»Wenn das Kriegsvolk euch nicht vorher zur Umkehr zwingt«, lachte Freund Rippel, der schon eine Weile beobachtend in der Nähe gestanden.

»Wir werden andere Schwierigkeiten zu bestehen haben als alle Meilen eine Handvoll frecher Soldaten.« Johann Rudolf klopfte seinem Freund auf die Schulter. »Decke mir den Rücken, wenn ich draußen bin, ich sehe Komplikationen voraus, und du weißt ja, der Abwesende hat immer Unrecht ... so, und jetzt bitte ich dich, gehe und begrüße den Magistrat; ich komme sogleich.«

Johann Rudolf hatte Mühe, in dieser Abfahrtsstunde seine Gemütsruhe zu bewahren; ihm tat der Abschied von seiner Frau und den erwachsenen Kindern weh, desto mehr bemühte er sich, ihn abzukürzen. Wenn ihn nur erst der Rhein stromab führte.

An den Rand der Schifflände tretend, rief er seinen Diener Hans, der unter ihm gebückt in dem langen, flachen Boot stand. Als der Mann aufsah, beugte der Bürgermeister sich nieder und flüsterte seinem alten Spießgesellen zu: »Wenn wir alle an Bord sind und die schönen Worte und Tränen gar nicht enden wollen, dann wartest du nicht lange auf Befehl, sondern stößest ab, verstanden?«

»Verstanden.« Giggishans schmunzelte in seinen breiten Bart.

Eine halbe Stunde später. Auf der Schifflände schluchzen die Frauen, von der Brücke schreit und winkt das Volk, die Abordnung des Magistrates hält eine auf- und abschwellende Rede. Dabei wurde, wie es damals Sitte war, die Vorsehung vielfach herangezogen. Ja, die Anrufung von Tugend und Ehrbarkeit versprach trotz der Morgenkälte noch lange zu währen.

Wettstein steht in gefasster Würde im Kreise der Delegation, den Kopf nach oben gereckt, dass sein breiter, eckiger Bart schief aufwärtsweht. Vom Schiff aus kann er das Münster sehen; seine Türme glühen wie Kupfer, denn der Nebel ist langsam, einem schweren Vorhang gleich, in die Höhe gerollt, das Wasser um ihn her glänzt wie flüssiges Gold; aber nur als Rahmen zu dem Bild am Ufer erfasst er die Schönheit dieses Wintermorgens. Und dann weichen vor Johann Rudolfs Augen plötzlich die Zurückbleibenden zur Seite, die Häuser schweben davon, ein Schrei aus Anna Marias Mund, grüßende Hände, das Stadtbild schwankt vor den Reisenden auf und nieder, schon hallen die Stimmen schwach aus der Entfernung.

Eine Weile noch grüßt Johann Rudolf, dann verschwimmen die Zurückbleibenden zu einem bunten Band an der Uferlinie, und er begibt sich, noch einmal über die Schulter schauend, in das Bootshäuschen, das für gute zwei Wochen seine Wohnung sein soll.

Da saßen sie nun alle eng beieinander: die beiden Klosterfrauen, Wettstein, Rudolf Burckhardt, sein »Amanuensis«* für die Verhandlungen in Münster und Osnabrück, Fritz,

---

* Aus dem Lateinischen übertragenes Wort für Gehilfe, Sekretär

Giggishans, der Getreue, und Korporal Hans Horn, der schwarz-weiße Weibel der Stadt Basel.

Eine Weile blieb es still, jeder hing in Gedanken dem Abschied nach, aber dann begannen die Klosterfrauen miteinander zu wispern, sie hätten gehört, dass Boote häufig vom Ufer aus angegriffen würden; Giggishans mischte sich in zischendem Flüsterton in ihr Gespräch und, von Korporal Hans und Fritz unterstützt, entwarf er ein Gemälde schlimmster Kriegsgräuel, das ihre sichere Zukunft darstelle.

Johann Rudolf und sein Neffe hörten nicht hin, sie saßen in Gedanken versunken: Ruedi Burckhardt in freundlicher Versonnenheit, Wettstein sichtlich irritiert. Die linke Augenbraue zuckte hinauf und hinunter, ein sicheres Zeichen verhaltenen Leidens. Denn kaum, dass Ruhe um ihn herrschte, umwanderten, umspannten, durchdrangen seine Gedanken die Mission, die mit ihren hundertfältigen Schwierigkeiten wie eine Stachelkugel in seiner Hand lag. Die eine oder andere Spitze hatte er herauszubrechen vermocht, aber immer blieben noch genügend Dornen zurück, die ihm die Haut zerrissen, dass er sie nur in äußerster Vorsicht, tastend und immer die Wunden verleugnend, hin und her zu wenden, zu säubern und zu polieren vermochte ... Der schlimmste Stachel war das halbe Kreditivschreiben, wie sollte er denn, so mangelhaft aus der Heimat unterstützt, die Kraft haben, sich für das Recht einer kleinen Stadt Gehör zu verschaffen, inmitten eines Heeres von Diplomaten, die Länder vertauschten, Grenzen verlegten, Völker verschacherten und ihnen Glauben, Sprache und Regierung zudiktierten, je nachdem, wie es den Kronen am einträglichsten erschien?

Ruedi Burckhardt, der schon seit einer Weile die Gedanken seines Onkels zu erraten meinte, sagte endlich: »Die Herren werden uns bestimmt ein gemeineidgenössisches Favorschreiben nachsenden.«

Wettstein zuckte zweifelnd die Achseln, da täte aber Eile not, denn für die »Fasnachtschüechli« gedachte er wieder daheim zu sein. Der junge Burckhardt wollte noch einmal Bedenken äußern, aber Wettstein schnitt ihm das Wort ab, er solle keine Wolken sammeln, sie hätten nicht ein Gran Kräfte übrig als Fraß für nutzlose Sorgen.

Freie Passage für den Schweizerkönig!

Endlos und öde schlängelt sich die Straße durch das verheerte entvölkerte Land, einen zittrigen, grauen Strich in die weiße Ebene zeichnend. Vor dem bleiernen Horizont stehen die abgehackten Bäume wie leere Galgen, und den Gerippen verkohlter Dörfer hat die Schneeschmelze das verhüllende Bahrtuch geraubt.

Es ist ein Totenland, durch das Johann Rudolf mit den Seinen dahinzieht. Am Morgen ist er von Wesel aufgebrochen, wo sie ihr Boot verlassen hatten. Schwer von nasskalten Wolken hängt der Winterhimmel über den Reisenden, die verschlammte Straße, nur dünn überfroren, ist den Pferden ein brüchiges Pflaster.

In einem Bauernkarren sitzen Fritz und Giggishans auf den Truhen und Koffern, die der Bürgermeister mit sich führt. Die nasse Kälte dringt durch Wolle und Pelz; so haben sie die stinkenden Pferdedecken des Fuhrmanns über sich gezogen und die Beine tief in das Stroh vergraben. Fritz hatte versucht, mit dem hageren Kutscher zu sprechen, dessen junges Gesicht erschreckend von dem schlohweißen Haar absticht. Augen liegen in den tiefen Höhlen dieses Antlitzes, die nichts Gegenwärtiges zu sehen scheinen und Fritz' unbeschwertes Herz in Grauen schlagen machen, aber er ist ein Menschenkind, das nicht schweigen kann, wo sein Mitgefühl geweckt wird. Der Fuhrmann jedoch versteht die Schweizer Sprache nicht, so ist Fritz schließlich verstummt und, an den feuchten Plan gelehnt, eingeschlafen. Dem Wagen voran reitet Johann Rudolf, neben ihm zottelt des jungen Burckhardt struppiges Rösslein; in einigen Schritten Abstand folgt ihnen Korporal Hans Horn.

Ruedi Burckhardt sieht auf den Nacken seines Pferdes nieder; er vermag den Anblick trostloser Verödung um ihn her nicht zu ertragen und zwingt das innere Auge, die Heimat zu suchen. So umschwebt ihn nun das Bild wohlbestellter Winteräcker und reinlicher Dörfer unter roten Dächern, die fröhlich zwischen dem kahlen Geäst der Obstbäume hervorleuchten. Er wähnt sich auf St. Margarethen; blau ist der Himmel, und selig leuchtet die Wintersonne auf die bereiften Zinnen seiner Vaterstadt hernieder. Er schaut und kann sich nicht trennen, bis die klare Kälte ihn vertreibt und er endlich auf fester, sauberer Straße nach Hause eilt. Die Vorübergehenden bieten ihm die Tageszeit, und daheim, im warmen Halbdunkel der getäferten Stube, warten die Mutter und seine jungen Schwestern auf ihn; Küngold Brand ist auch anwesend, die mit seinen Schwestern das Klöppeln erlernt ... ob Küngold die Spitzenmanschetten für ihn schon begonnen hat?

Ruedi Burckhardt lächelt vor sich hin; da vertreibt das erschreckte Schnauben seines Pferdes die geliebten Bilder. Er schaut auf; fette Raben flattern krächzend davon, sein Ross tut einen Sprung, bricht durch die dünne Eisschicht ein, reißt den Fuß aus dem Morast und setzt, scheu geworden, zur Seite. Die Raben haben einen halbverwesten Pferdekadaver freigegeben. Mit Ekel in den Augen wendet Ruedi den Kopf ab und zwingt sein Pferd, vorwärts zu gehen. Sein Onkel hat sich umgewandt und schaut zum Wagen zurück, ob sein Bub das ekle Bild gesehen habe.

»Er schläft«, sagt er zu Ruedi Burckhardt. »Gottlob, dieser Weg ist ein schlimmer Auftakt zu unserer Mission, mein armer Ruedi.«

»Du kannst wieder deinen Spruch anbringen, Onkel, diese Reise ist keine Lustfahrt.«

Sie lachten beide traurig auf.

»Der Wirt in Wesel meinte, Münster sei überfüllt. Wenn die Postverbindung nicht in so schlechtem Ruf stünde, hätte ich dich oder Hans Horn von Köln aus vorangeschickt, Quartier zu machen, aber ein ärmlicher Zug wie der unsere ist sicherer als der Reisende in der Post.«

»Ob der Turm dort in der Ferne schon Münster anzeigt?«

»Es muss wohl Münster sein, da keine zweite Stadt in der Nähe ist.«

Johann Rudolf drehte sich um und rief Hans Horn zu sich. »Reite jetzt voran, Hans, bei der nächsten Wegbiegung werden wir die Stadt nahe vor uns haben; am Tor hältst du neben mir, bis ich unsere Pässe vorgewiesen, dann reitest du voran bis zur ersten besten Herberge. Sage Giggishans, er solle Fritz wecken und ihm das Stroh aus den Kleidern putzen.«

Eine knappe halbe Stunde danach hielt der Zug vor dem Tor; ein Hellebardier nahm die Pässe der Schweizer entgegen, hing seinen Schnauzbart zwischen die Papiere und schluckte und pustete vor Verwunderung ... das war die eidgenössische Gesandtschaft an den Friedenskongress? Er lachte vor sich hin, schaute zwischen dem Bauernkarren und den stark mitgenommenen Reitern hin und her und winkte einem zweiten Torwächter. Sie stießen einander mit den Ellenbogen und hatten ihr Gaudium an der kuriosen Delegation, bis Wettstein mit starker Stimme dazwischenfuhr: »Habt ihr das Recht, über die Reisenden Worte zu verlieren? Ich denke nicht! Ist der Pass in Ordnung, so lasst uns durch, andernfalls ruft euren Vorgesetzten.«

Die Wächter fuhren auseinander, eine Hand mit den Papieren schleuderte sich Ruedi Burckhardt entgegen. Als aber der eiligst in den Hintergrund verschwundene Hellebardier Giggishans und den halbverschlafenen Fritz unter dem Plan der Karre entdeckte, die sich immer noch vom Stroh zu säubern versuchten, konnte seine spottlustige Landsknechtseele ein Auflachen nicht unterdrücken; er spreizte stampfend die Beine, stieß die Hellebarde auf die Erde und rief mit dröhnender Stimme: »Freie Passage für den Schweizerkönig!«

Ruedi Burckhardt wollte auffahren, aber Wettsteins Hand legte sich fest auf seinen Arm; nachlässig dankte er, als habe er nichts anderes als diesen Zuruf erwartet.

Hans Horn, obzwar auf hinkendem Klepper, setzte sich stolz an die Spitze des Zuges und machte seinem Herrn mit der Arroganz eines kaiserlichen Herolds den Weg frei ... Wettstein und Ruedi Burckhardt tauschten einen schnellen, erheiterten Blick. Aber schon an der nächsten Straßenkreuzung fand Hans Horns selbstherrliches Gebaren ein Ende; eine Barriere waagerechter Hellebarden zwang die Schweizer anzuhalten.

Wettstein beugte sich über den Hals seines Pferdes nach vorn und schaute die Querstraße hinauf und hinunter. Eine bunte Schlange drängte sich von rechts her durch die enge Gasse, undeutlich noch im Schatten der hohen Häuser, aber kaum sprengten die Vorreiter auf die helle Straßenkreuzung und wurden die bunten Uniformen und flatternden Banner von der Wintersonne getroffen, züngelten die Farben auf wie ein Feuer, in das der Wind fährt. Den Vorreitern folgten Kavaliere in rotsilbernen Röcken, von ihren breiten Hüten wallten weiche Federn, weiße Handschuhe hielten das feine Saumzeug, und die Füße der Reiter, in weichen, hellen Lederstiefeln, deren Schäfte nach der neuesten Mode auf die Füße niedersanken, schlugen mit blitzenden Sporen leicht an die Flanken der tänzelnden Pferde ... eine hochmütig prächtige Avantgarde für die vergoldete Karosse, die, von sechs Pferden gezogen, majestätisch daherschwankte. Eine Schar Fußvolk in den französischen Farben, die langen Piken zu einem stählernen Hag geschultert, umgab die Karosse. Hinter den Fenstern waren die Brokatgardinen zurückgeschlagen; die scharfen Augen eines älteren Herrn trafen sekundenlang Johann Rudolfs Blick ... war das Longueville?

Über den hinteren Rädern der Kutsche thronten betresste Lakaien mit gekreuzten Armen. Wettstein erfasste mit einem Augenwinkel Giggishans und den Korporal, die offenen Mundes das Wunder dieses Aufzuges bestaunten, aus dem anderen Augenwinkel sah er Ruedis unbewegliche, ja gleichgültige Züge, und er freute sich seines jungen Gehilfen.

In den Räderspuren der Karosse trabte eine Abteilung Kavallerie, der ein Zug bemalter und vergoldeter Kutschen folgte. Kavallerie in Seide, Bändern und Spitzen umgab die Wagen, verjagten die gaffende Menge oder tauschten Blicke und Grüße mit den Damen, die neugierig durch die Wagenfenster schauten. Den Beschluss machten zwei- bis dreihundert Soldaten, die so zierlich und sauber daherkamen, als gäbe es weit und breit keine verschlammten Straßen. Erst nachdem auch die Bagagewagen die Straßenkreuzung überquert hatten, durfte die schweizerische Gesandtschaft ihren Weg fortsetzen.

»Vater, war das der Kaiser?«, schrie Fritz aus dem Wagen, »Vater, hast du gesehen?«

»Schweig still«, sagte der Bürgermeister streng, »vorwärts, Hans Horn.«

»Die Leute sagten, es wäre der Herzog von Longueville gewesen, der mit seinen Damen aus Osnabrück zurückkam«, sagte Giggishans leise zu Fritz.

Der Bürgermeister von Basel zog von Herberge zu Herberge; nirgends war auch nur das kleinste Gelass unbesetzt.

Die Reisegesellschaft war still geworden. In den Köpfen der fünf Schweizer haftete das goldglitzernde Bild des französischen Aufzuges wie mit Nägeln in das Gehirn geschlagen.

Es war inzwischen, trotzdem die Turmuhr erst fünfmal geschlagen hatte, stockdunkel geworden. Die Stadt war nach allen Richtungen hin durchquert; nun hielt Wettstein schweigend vor dem redseligen Wirt der letzten Herberge, nahe am Osnabrücker Tor. »Wenn der Herr vorliebnehmen will«, schloss der Wirt seine lange Rede, »so könnte ich eine Kammer freimachen, aber sie ist kalt, und wir sind im Winter.«

»Führe uns immerhin hinauf, jedes Dach über dem Kopf ist fürs Erste gut genug.«

Aber selbst Wettsteins guter Mut konnte dann das Dach, das der Wirt ihm bot, nicht gut genug finden. Ein großer, kahler Bretterverschlag auf dem Estrich, der wohl gelegentlich zum Aufbewahren von Vorräten diente, sollte das Quartier der schweizerischen Gesandtschaft sein. Schmutz und Spinngewebe waren trotz der spärlichen Beleuchtung überreichlich zu sehen. Der Bürgermeister beschloss, dennoch zu bleiben. Unter zusammengezogenen Brauen, ein herbes Lächeln um den Mund, schaute er zu, wie Horn und Giggishans das Gepäck über eine äußere Treppe hinaufschafften.

Fritz, der auf der Gasse geblieben war, streichelte dem magern Gaul liebevoll die herausgetretenen Rippen. Ruedi Burckhardt versuchte, die Wirtsfrau zu veranlassen, mit einem Reisbesen den größten Unrat aus dem neuen Quartier auszufegen, und Wettstein war auf die offene Treppe herausgetreten; er hatte das Gefühl, ihm drücke eine Faust den Nacken nieder; fast scheu sah er zu seinem Sohne hinunter, den er in diese Lotterwirtschaft geschleppt.

Da streckt Johann Rudolf plötzlich den Kopf vor: Was tut der Bub, was hat er vor? Der Bürgermeister stützt breit die Arme auf das Treppengeländer, in seine Augen kehrt der alte Glanz zurück: Fritz hat aus den Tiefen seines Proviantsackes das eifrig gehütete Päckchen heimatlicher Leckerli hervorgeholt; er hält es dem stillen Fuhrmann hin, der mit trostlosem Blick in die Ferne sieht. »Für deine Kinder«, hört er Fritz sagen.

»Ich habe keine Kinder mehr«, erwidert der Fuhrmann.

»Dann nimm es für deine Frau.«

»Ich habe keine Frau mehr.«

»Dann ... dann«, stottert sein Bub verstört, »behalte es für dich selber.«

Da lächelt der junge weißhaarige Bauer. »Mein Nachbar hat noch seine Kinder, die sollen Eure Kuchen haben ... Ihr kommt aus einem Land, wo man noch geben kann; wie glücklich müsst Ihr sein!«

Wettstein richtet sich auf, er fühlt keine Faust mehr auf dem Nacken, »wie glücklich müsst Ihr sein«, klingt es in seinen Ohren nach, und, als sei neues Leben in ihn eingezogen, steigt er zum Fuhrmann hinunter, um mit offener Hand für die Fahrt abzurechnen.

Ohne Defensional* keine wahre Neutralität, und beides nicht ohne Souveränität

Fritz hatte sich schon während der Reise mehrmals als belebender Geist bewährt; denn mit der Unbefangenheit, die ganz gute oder sehr junge Menschen den Schattenseiten des Lebens gegenüber besitzen, tat er stets das, was am nächsten lag, um eine trübe Lage zu bessern. Widerwärtigkeiten, und seien sie noch so groß, rannte er, wie einstmals David den Riesen Goliath, ohne zu zögern an. Seinen hellen, jungen Augen schien Bosheit nur ein Irrtum, und sein Appell an das Gute im Menschen war so selbstverständlich, dass nur wenige die Rohheit besaßen, das Vertrauen dieses halben Kindes zu enttäuschen.

Aber in dieser eisigen Ankunftsstunde war auch Fritz ohnmächtig, irgendetwas zu bessern. Wohl trieb er mit Giggishans'

* Vereinbarung der 13 Orte zur bewaffneten Neutralität, um gemeinsame Feinde abzuwehren

Hilfe ein offenes Kohlenbecken auf, in dem sie einige Holzkohlen in Glut brachten, aber kaum hatten die Reisenden nur die Hände ein wenig darüber gewärmt, als auch die Gase schon solche Kopfschmerzen verursachten, dass man das klapprige Fenster aufreißen und das Kohlenbecken hinausschaffen musste.

»Kocht uns lieber etwas Warmes«, sagte Johann Rudolf, »Ruedi und ich wickeln uns inzwischen in die Bettdecken, und du, Korporal, gehst in die Stadt und versuchst zu erfahren, wer von den Herren Gesandten anwesend ist und wo sie Quartier bezogen haben.«

Als die drei Getreuen die Außentreppe hinunterklapperten, setzten Wettstein und Ruedi Burckhardt die Kerze auf einen Koffer zwischen sich und berieten, was zunächst zu tun sei.

»Erlach hat mir dringend angeraten, mein erster Besuch solle Longueville gelten.«

»Ob wir ohne weiteres zum Herzog werden vordringen können? Nach dem, was wir soeben gesehen, scheint er von einer Mauer von Hofschranzen umgeben zu sein.«

»Mauern von Hofschranzen sind wie Mauern aus Spinnweben; für den, der sie fürchtet, undurchdringlich; für den Unbekümmerten ... eben nur Spinnweben. Du sollst diese Mauer zuerst attackieren, mein Ruedi, und eine baldige Audienz festsetzen.«

Ruedi dachte bei sich, diese »Fastnachtsbööggen«, die den Herzog umgeben, werden sich ein Vergnügen daraus machen, ihre Überlegenheit zu zeigen. Er schwieg jedoch, um keine Schwierigkeiten heraufzubeschwören, die heute Abend auf keinen Fall erledigt werden konnten. So erhob er sich und öffnete die Truhe, auf der er gesessen.

»Ich denke, wir müssen auspacken, Onkel, wir werden so leicht kein anderes Quartier erhalten.«

»Wir müssen etwas Besseres finden; nach diesen zwei Wochen auf dem Wasser und dem heutigen kalten Ritt fühle ich meinen alten Feind, das Podagra*, mir wieder auf den Leib rücken, und wenn es mich hat, sitze ich fest wie der Verbrecher im Stock.«

Sie begannen, das Nötigste auszuräumen; nach einer langen Weile rief der Bürgermeister erfreut: »Da kommen unsere Köche; mach die Tür auf, Ruedi, und leuchte den beiden, sonst gießen sie noch die kostbare Suppe die Treppe hinunter.«

Giggishans stapfte herein, beladen mit Schwarzbrot, Speck und geräuchertem Fisch, Fritz setzte die Suppenschüssel auf den Koffer. Gerade, als sie zulangen wollten, polterte es wieder auf der Treppe, und Korporal Hans kam mit einem kalten Windstoß hereingeweht.

»Setze dich dazu, Hans; Fritz, sprich das Tischgebet.«

Dann tauchten sie ihre Löffel ein und nahmen hastig den ersten Schluck Wärme; aber alle fünf Löffel blieben in erhobenen Händen, und mit verzogenem Munde und entsetzten Augen sah einer den anderen an.

»Versalzen!«, sagte Wettstein vernichtend zu Giggishans. »Hast du denn die ganze Faust voll Salz genommen? So macht man das.« Wettstein hielt zierlich zwei Fingerspitzen aneinander. »Du glaubst wohl, weil sonst nichts in der Suppe ist, du müsstest den Mangel mit Salz ersetzen.«

»Die Butter ist schuld«, sagte Fritz bekümmert; denn Giggishans brachte kein Wort heraus; er war ein gebrochener Mann. »Ich habe die Butter probiert, man kann sie vor Salz nicht essen; Giggishans hat es nicht gewusst und obendrein noch gesalzen.«

»Trag die Suppe fort, Giggishans! Machen wir uns an den zweiten Aufsatz.«

Ruedi zerschnitt das Schwarzbrot, Fritz zog die Haut von den geräucherten Fischen und zerlegte den gesalzenen Hering. In schweigendem Misstrauen nahm jeder ein Stück

* Medizinische Bezeichnung für Fußgicht

und schob es mit einem Bissen Brot in den Mund; aber das klebrige, saure Brot und der Rauchgeschmack der Bücklinge waren stärker als ihr Hunger und ihr guter Wille. Wettstein lachte auf.

»Wenn das unsere Frauensleute daheim wüssten, du lieber Gott!«

»Ich mache eine neue Suppe«, sagte Giggishans und stand auf.

»Nichts da«, wehrte Wettstein entsetzt ab, »noch eine Suppe von dir, und wir haben unseren letzten Tag gesehen, schenke das Bier ein, Korporal, und sage, was du inzwischen ausgerichtet hast.«

Und während Korporal Hans vom Schloss erzählte, das der Herzog von Longueville als Quartier bezogen, und Wettstein stillschweigend das saure Bier dazu trank, trug Giggishans die Speisen beiseite. Fritz reichte ihm den gesalzenen Hering und flüsterte: »Im Hühnerstall hat es gegackert.«

Giggishans leuchtete auf, trug leise die Suppenschüssel hinaus, und bis Korporal Hans bei der Beschreibung des kaiserlichen Gesandtschaftsquartiers angelangt war, das sich im Rathaus befand, kam Giggishans zurück. Er stellte einen dampfenden Eisentopf schweigend vor den Bürgermeister auf den Koffer; vier Köpfe beugten sich über den Dampf.

»Eier«, sagte Ruedi verblüfft, »sechs, acht, zehn Stück! Giggishans, wo hast du die gestohlen?«

»Getauscht habe ich sie gegen eine Flasche von unserm Wein.«

Am nächsten Tag war es warm wie im April; aber das Gelass im Estrich blieb kalt und bei dem trüben Himmel dunkel bis weit über Mittag. Auch die Speisenfolge hatte sich nicht gebessert; zum Glück brachte Ruedi Burckhardt guten Bericht vom Herzog von Longueville.

»Der Zeremonienmeister fragte mich um die Bedingungen, die du zum Empfang machst«, sagte er in übertriebener Würde zu seinem Onkel, »er schlägt vor, dass der Herzog dir bis in das erste Vorzimmer des Audienzsaales entgegengeht. Sitzen würdest du auf einem Stuhl mit Armlehnen und niederer Rückenlehne, während der Herzog auf einem Sessel mit hoher Rückenlehne seinen Platz erhält. Man wird während der Audienz bedeckten Hauptes bleiben; gegen Schluss wird ein Kammerherr …«

»Hör auf!« Wettstein hatte bei Ruedis gesetzten Worten leise zu lachen begonnen, aber immer stärker schüttelte ihn die Fröhlichkeit. Schließlich wischte er sich die Augen und sagte mit schwacher Stimme: »Auf alle Fälle werden wir beide, der Herzog so gut wie ich, auf der Verlängerung unseres Rückens sitzen, und ob nun während der Audienz ein modischer Federhut oder ein altes Barett unsere letzten Haare bedeckt, die Hauptsache ist, dass darunter etwas Rechtes gedacht und ausgesprochen wird.«

*

Am Vormittag des 20. Dezembers legte Wettstein mit großer Sorgfalt sein schwarzes Feiertagsgewand an. Hans knöpfte die lange Reihe der Kugelknöpfe vom Hals bis zur Taille; Fritz hauchte auf die ziselierte silberne Schließe des Gürtels und polierte sie mit seinem Ärmel, während Wettstein sich den Bart sorgfältig über die steife Halskrause herunterstrich, damit das Bändchen verdeckt würde, mit dem sie unter dem Kinn zusammengebunden war. Ruedi, nach der herrschenden Mode, jedoch ohne besonderen Glanz angetan, hielt den schweren Samtmantel mit den gepufften, breiten Ärmeln und ließ den Bürgermeister hineinfahren, strich die engen Falten, die von der Schulterpasse bis zu den Knien in strenger Linie niederfielen, glatt, reichte ihm den hohen spanischen Hut und trat ein paar Schritte zurück, um den Herrn Gesandten zu betrachten.

»Die Spitzenmanschetten reißen dich heraus, Onkel. Aber an den Schuhen solltest du große Schleifen haben, deine Schnallen gehören nachgerade in ein Raritätenkabinett.«

»Schau du lieber, ob Korporal Hans sein Weibelkleid angelegt hat; Giggishans ist schon seit drei Stunden eine saubere, schwarz-weiße Elster. Fritz, du bleibst hier.«

»Vater, Ruedi hat gesagt, um den Zug zu vergrößern ...«

»Meine zwei Weibel und mein Amanuensis kommen mit; mehr Leute brauche ich nicht; hüte du inzwischen unsere Habseligkeiten.«

»Ruedi, gib mir die Kreditivbriefe.« Johann Rudolf schob sie in eine breite Tasche unter das Wams. »Wollte Gott, ich brauchte sie nicht zu zeigen; so, jetzt, *en route!*«

Der Bürgermeister sah auf seinem Weg nicht viel davon, ob und inwieweit sein kleiner Aufzug beachtet wurde. Einerseits kümmerte ihn der Eindruck, den er hervorrief, sehr wenig, andererseits memorierte er die Rede, in der er dem Herzog von Longueville das Anliegen der Eidgenossenschaft vorbringen wollte. Erlach hatte viel Gutes vom Herzog berichtet, er sei ein traitabler Mann. Das sagten auch in der Heimat alle, die ihn als Fürsten von Neuchâtel leutselig und großmütig hatten wirken sehen. Doch sollte er daneben alle Launen eines großen Herrn besitzen ... Gebe Gott, der Herzog nähme echten Anteil an seinen eidgenössischen Nachbarn; denn von seinem Benehmen hing ein großer Teil des Erfolges der schweizerischen Mission ab. Ohne Longuevilles Gunst würden die Kaiserlichen wenig Eifer zeigen.

Wettstein achtete es nicht, dass sie bis in den Schlosshof eingetreten waren; erst im äußersten Vorzimmer des Gesandten schüttelte er seine Gedanken ab.

»Du begleitest mich bis in das letzte Vorzimmer, Ruedi, da kannst du warten.«

Giggishans und der Korporal waren vor der Tür des ersten Vorzimmers geblieben.

Wettstein und sein junger Begleiter machten sich auf ein langes Antichambrieren gefasst; denn der Raum war mit Wartenden angefüllt. Aber schon nach wenigen Minuten trat ein hoher Kammerherr ein, sah sich suchend um und schien

Johann Rudolf sogleich als den schweizerischen Gesandten zu erkennen. Mit höflichen Phrasen geleitete er ihn durch drei weitere Gemächer, die mit so prächtigem Hausrat ausstaffiert waren, dass Wettstein am liebsten den Kopf geschüttelt und gegen Ruedi die Schulter gezuckt hätte.

Am Portal des Audienzsaals verließ der Kammerherr die Schweizer Herren und trat durch eine Seitentüre ab; gleich darauf öffnete er die weiße Flügeltüre, vor der Johann Rudolf wartete, und gab den Blick auf eine Gestalt frei, die einem Kleineren als Wettstein den Atem genommen hätte.

Als Johann Rudolf sich von seiner Verneigung aufrichtete, streckten sich behandschuhte Hände vor ihm aus, Spitze wallten ihm entgegen, nahe vor seinen Augen schwankten duftende Locken, Federn nickten auf ihn herunter, es knisterte von Seide, und überschwängliche Worte geleiteten ihn über das Parkett eines enormen Audienzsaals. Nur im hintersten Teil des Raums standen einige Möbel. Die vorgeschriebenen Sitze wurden von Lakaien herangerückt, dann gab der Herzog den Dienern einen Wink zu verschwinden, und nur ein junger, dunkel gekleideter Mann blieb in respektvoller Entfernung stehen.

»Jeremias Stenglin, mein Übersetzer«, sagte der Herzog, »wollen Sie sich bitte seiner bedienen?«

Johann Rudolf dankte für die Aufmerksamkeit, aber er beherrsche das Französische genügend. Darauf machte der Herzog ein kleines, rundes Mündchen und hob das Lorgnon an die Augen, um Wettstein näher in Augenschein zu nehmen. Johann Rudolf ließ sich nicht beirren und begann die Unterhaltung mit einer Gratulation über die Ernennung des Herzogs; er dankte ihm auch für die bisherige Unterstützung, worauf Longueville sich in wohlgesetzter Rede über das Zustandekommen der Delegation äußerte. Dann ging man zu den besonderen Anliegen der Basler über, ihrem elsässischen Guthaben, einer Frage, die allein die Franzosen anging; unmerklich aber leitete Wettstein dabei den Herzog auf die gemeineidgenössischen Anliegen hin. Er sprach vom Wachterschen Fall und von der wiederholten Vorladung der Basler nach Speyer, einem Eingriff in alte Schweizer Privilegien, dem endlich ein Riegel vorgestoßen werden müsse.

»Gewiss; äußerst ärgerlich!« Longueville schüttelte missbilligend sein Lockenhaupt. »Wie darf denn das Reich immer noch von längst aufgehobenen Rechten Gebrauch machen? Soviel ich weiß, besteht die Exemtion der Schweiz vom Reichskammergericht schon seit der Zeit des glorreichen Kaisers Karl V.«

»Schon der Schwabenkrieg gab den Eidgenossen die Unabhängigkeit vom Reich und allen seinen Gerichten; das sind nun etwa hundertsiebenundvierzig Jahre her; seitdem hat nie ein Kaiser versucht, an dem ungeschriebenen Recht unserer Freiheit zu rühren, aber förmlich ausgesprochen und beglaubigt wurde es nicht; deshalb beliebt das Reichskammergericht in Speyer, unser altes Vorrecht der Exemtion zu übersehen, sobald es ihm nützlich erscheint. Basel und auch unsere Schwesterstadt Schaffhausen müssen immer von neuem unleidliche Zwiste ausfechten.«

»Es handelt sich aber doch nicht um die Privilegien dieser beiden Städte allein?«

»Nein! Ich spreche im Interesse der gesamten Eidgenossenschaft, die eben muss jetzt förmlich anerkannt werden.«

»Tragen Sie die Kreditivbriefe bei sich?«

Wettstein zieht die Luft ein. »Gewiss, Eure Exzellenz.« Er nimmt den nicht ganz klaren Zürcher Brief hervor und zugleich, wie unter einer Intuition handelnd, sämtliche Briefe, die er zufällig bei sich trägt. Langsam durchblättert er die zahlreichen Bögen; der Herzog hebt entsetzt die Hände.

»Ein andermal, lieber Wettstein, ein andermal; jetzt sind die Vorzimmer voller Leute; geben Sie die Briefe gelegentlich in der Kanzlei ab. Wann gedenken Sie die kaiserliche Gesandtschaft zu besuchen?«

»Sobald ich von Eurer Exzellenz ein Empfehlungsschreiben erhalten habe.«

»Das bekommen Sie von d'Avaux; sein Palais liegt dort drüben.« Der Herzog erhob sich und trat an das Fenster. »Der arme d'Avaux hat sich mit einem Bürgerhaus begnügen müssen. Ach Gott, da fährt seine Karosse vor, und die schöne Lucinde muss durch den Schnee zur Haustüre waten; ja, das sind hier Unterkünfte!« Der Herzog riss den Hut vom Kopf und warf ihn auf seinen Zeremoniensessel, dann griff er zierlich unter die Perücke und ließ sich lachend auf einem Taburett nieder. »Setzen Sie sich, lieber Bürgermeister, gerade daher zu mir; bei euch Schweizern braucht man den Firlefanz von tausend Zeremonien nicht, mit dem wir uns hier umgeben. Aber ich sage Ihnen, Wettstein, die Welt will geblendet sein; nur bei euch verfängt der Glanz nicht.« Der Herzog lachte, stand auf und wanderte umher, auch Wettstein erhob sich, ging geschickt auf das Gespräch über Schweizer Art und Wesen ein und versuchte so, den Herzog wieder auf die Exemtion zu bringen, aber Longueville stand die Laune nicht nach politischen Gesprächen. Er redete mit Liebe von seinem Fürstentum Neuchâtel, ja, mit Begeisterung von dem Volk, das es bewohnte. Dann kam er auf Paris zu sprechen und erzählte Geschichten über das königliche Kind Ludwig, die ihm mit jedem Kurier getreulich berichtet wurden, und zitierte mit seiner brüchigen Stimme das letzte Spottgedicht auf Mazarin. Wettstein könne sich nicht vorstellen, wie geizig der Mann sei, aber dabei ein heller Kopf. Richelieu habe einen guten Griff in der Wahl seines Nachfolgers getan.

Der Herzog genoss es sichtlich, einmal ohne die misstrauische Vorsicht plaudern zu dürfen, die ihn bei den Gesprächen mit anderen fremden Gesandten nie verließ.

Wettstein, der sehr wohl merkte, dass er, durch das Lorgnon des Herzogs gesehen, nicht viel mehr als einer seiner schlichten Weinbauern in Neuchâtel war, lächelte im Stillen und tat nichts, sich in ein anderes Licht zu setzen. Mochte der Witz großer Herren getrost mit seiner breiten Biederkeit spielen, er kannte sich. Hinter dem derben Gehäuse vibrierte ein Werk, das jeden Hauch von außen empfand, ihn einschätzte und verzeichnete.

So packte Wettstein unauffällig zu, sobald nur das Wort »Frieden« in der Unterhaltung gefallen war, und erkundigte sich nebenher, wie der Herzog über die Einrückung eines Artikels in den Friedensvertrag denke, betreffend die Unabhängigkeit der Eidgenossenschaft vom Reich. Aber schon diese Frage war zu viel für des Herzogs Laune. Seine leichtfertige Miene wurde missmutig; gelangweilt drehte er die Ringe an seinen Fingern. Wettstein solle das mit d'Avaux besprechen, Mazarin sei nicht dawider, aber ...

»Aber das Reich würde bestimmt Schwierigkeiten machen«, fuhr Johann Rudolf mit sanftem Druck in der Stimme fort.

Eben das hatte er sagen wollen, gab der Herzog zu, denn wann machte das Reich keine Schwierigkeiten? Aber es könne nicht unschwer zum Nachgeben gezwungen werden, sofern Wettstein den Kaiser von dem einigen Willen der Schweiz überzeugen könne. Ferdinand würde sich wohl hüten, sich eine starke Eidgenossenschaft zum Feinde zu machen, lieber wird er das Reich zum Nachgeben zwingen. Longueville stockte, er betrachtete seine polierten Nägel und sagte, scheinbar ganz in die Schönheit seiner Hände vertieft: »Die Eidgenossenschaft hat den Kaiser ja in der Hand, sobald das Defensional Wirklichkeit ist.«

Nicht nur den Kaiser, auch Mazarin, denkt Wettstein. Wer den Herrn Herzog so wohl informiert habe, fragt er Longueville.

»Der General von Erlach; doch konnte er mir nicht berichten, wie viel Mann aufgestellt werden sollen.« Für Sekunden blitzen Longuevilles matte Augen auf und entzünden auch einen Funken in Johann Rudolfs Blick.

Da wendet der Herzog sich augenblicklich ab und zieht die Klingelschnur.

Kammerherren und Lakaien treten ein, beziehen ihre Plätze bei der Tür und in der Nähe des Herzogs, um das Abschiedszeremoniell ins Rollen zu bringen.

Wettstein spricht gelassen weiter: »Zunächst gedenken wir tausendzweihundert Mann einzuberufen«, er lässt sich von den Gesten der Kammerherren nicht beirren. »Wir hoffen aber, bei den dreizehn Orten eine Reserve von zweitausendvierhundert Mann durchzusetzen.«

Longueville nagt an seiner Lippe, dabei gibt ihm das Zucken seiner welken Wangenmuskeln ein böses, hinterhältiges Aussehen. »So viel? Ist das nötig? Ein so großes Heer wird die Eidgenossenschaft einen Sack Geld kosten! Die Neutralität ist ihr ja garantiert.«

»Gewiss, Herr Herzog«, Wettstein studiert Longuevilles Gesichtsausdruck aus halbgeöffneten Augen, »aber ohne Defensional keine wahre Neutralität und«, setzt er lauter hinzu, »beides nicht ohne Souveränität – die eben müssen wir durch einen Artikel im Friedensvertrag erhalten.«

»Nun, ihr besitzt ja die beste Souveränität«, meint der Herzog lauernd, »ist nicht die Einigkeit der Souverän, dem ihr euch alle beugt?«

Wettstein schluckt, rückt mit den Schultern und sagt so hart, dass es fast wie eine Drohung klingt: »So ist es, Eure Exzellenz.«

Wehe, wenn die Nachbarn unsere schwache Stelle entdecken!

Als Wettstein sich mit seiner Begleitmannschaft auf dem Heimweg befand, fragte Ruedi, der sich über die Schweigsamkeit seines Onkels wunderte, ob die Audienz schlecht ausgefallen sei.

Wettstein schüttelte den Kopf, schlecht nicht, aber der Herzog lasse sich auf kein bindendes Wort ein. Was jedoch schlimmer sei, der evangelische Kreditivbrief reiche nicht aus, nur mit knapper Not sei er der Bloßstellung entgangen, das halbe Attest vorweisen zu müssen. Der Herzog würde auf keinen Fall jetzt noch von seiner Mittlerrolle zurücktreten, meinte Ruedi beruhigend, doch Wettstein blieb skeptisch.

»Nur so lange wird er zu uns stehen, als Frankreich an unserer Bundesgenossenschaft gelegen ist. Aber, Ruedi, sind wir denn noch, was wir waren? Frisst nicht die Uneinigkeit wie verborgener Rost an unserm alten Glanz? Wehe, wenn die Nachbarn unsere schwache Stelle entdecken, sie könnten uns zerbrechen wie altes Eisen.«

»Ich denke oft«, sagte Ruedi nach einer Weile des Schweigens, »wir sollten einen Mazarin haben, einen Mann, der uns zur Einigkeit zwingt. Sieh doch Frankreich; es wird, bis das königliche Kind zur Regierung kommt, den Absolutismus, dem Mazarin entgegensteuert, haben, ob es will oder nicht.«

Wettstein sah seinen Neffen in ärgerlicher Verblüffung an. »Was in Frankreich gut sein mag, ziemt sich bei weitem noch nicht für uns!« Er schüttelte den Kopf. Die Eidgenossen sollten sich einem einzigen Manne beugen? War der Sinn des Wortes »Eidgenosse« schon so weit vergessen, dass die Jugend meinte, den Genossen des freiwilligen Eides einen Herrn geben zu müssen? »Einen Vogt wünschest du uns, Ruedi, der das Volk mit der Peitsche der Gewalt zusammentreibt und mit den Worten: Seid einig, wehe euch, wenn ihr nicht einig seid? Wollt ihr gewärtigen, dass man so zu euch spricht? Ihr Armen, wenn es je dazu käme! Ehe ihr es euch verseht, würde die Peitschenschnur sich klatschend um euch schlingen und euch zusammenbündeln ... zusammenbündeln zu einem wehrlosen, entmündigten Haufen!« Wettstein stand einen Augenblick still, die Luft tief einziehend, »aber gottlob, nur bis die Peitschenschnur sich wohl oder übel lösen muss; denn nichts ist dem alles ebnenden Zeitgeist mehr unterworfen als die Gewalt.«

»Ich denke nicht so weit hinaus wie du, Onkel, ich meine nur, warum wir uns weniger zum Gehorsam unter einem Willen eignen sollten als andere.«

»Warum? Weil wir nicht die anderen sind! Bei Gott, Ruedi, kennt ihr jungen Leute denn die Chronik unseres Landes so schlecht, dass ihr vergessen habt, wie die Männer der Urkantone zusammentraten, jeder ein freier Herr? Auf eigenem Boden geworden, wie gerade seine Berghänge, seine Wasser, seine Äcker, seine Abgeschiedenheit oder seine Straßennähe es geboten; aber alle erfüllt von dem Verstand zu Freiheit und Einigkeit? Verstehst du, Ruedi, was ich mit dem ›Verstand zu Freiheit und Einigkeit‹ sagen will? Die Hände, die sich im freien Willen zur Einigkeit ineinanderlegen, sind gesegnet; denn Gott hat uns das Wissen um freie

Menschenwürde verliehen. Wer deshalb die Freiheit des Einzelnen vergewaltigt und an ihre Stelle knechtischen Gehorsam setzt – mag es auch einen Zusammenschluss erzwingen –, hat das höchste Gut geschändet, das Menschen gegeben wurde.«

Johann Rudolf ging schwer atmend dahin. Ruedi, der im Grunde mehr der Meinung seines Onkels anhing als dem Nachahmungsdrang einiger Unzufriedener, bemühte sich, seinen Oheim zu besänftigen.

»Ich zürne dir nicht, Ruedi, ich kenne dich; aber es macht mir Sorge, dass die Jugend in Bewunderung vor der Macht eines Einzelnen, die viel edlere Macht der Gesamtheit unterschätzt. Es braucht zwar einen klugen Kopf, um eine Masse zu beherrschen; aber es braucht eine Masse von klugen Köpfen, um ohne Herrn sich selber zu beherrschen. Gehen wir schneller.«

Johann Rudolf zog fröstelnd die Schultern hoch, die feuchte Kälte drang ihm bis in die Knochen, ja, bis in die Seele, und die Aussicht auf ein ungeheiztes, dunkles Quartier und die fast ungenießbare Nahrung vertiefte seine Missstimmung noch beträchtlich. Schweigend stapfte er durch den schwärzlichen, aufgeweichten Schnee; von der weißen Decke, die sich am Morgen unter die Festtagsschuhe des Bürgermeisters gebreitet hatte, war nichts mehr zu sehen.

Als die eidgenössische Gesandtschaft zur Holzstiege an der Wand ihres Quartiers abbiegen wollte, traten ihr der Wirt und Fritz mit den strahlenden Mienen von Ehrenjungfrauen entgegen und führten den Bürgermeister und sein Gefolge vor ein geräumiges Zimmer zu ebener Erde.

»Hier herein, bitte«, dienerte der Wirt. Fritz ließ den Vater in den Hausflur treten, riss dann aber zur rechten Hand eine Tür auf. Köstliche Wärme schlug Johann Rudolf entgegen; Fritz zog ihn über die Schwelle, das Gefolge drängte mit langen Hälsen nach und sah sich in freudiger Verblüffung in dem wohlausgestatteten Raume um. Er enthielt zwar nur das Nötigste, ein schweres Kastenbett mit Gardinen, einen eichenen Tisch, eine Bank vor dem grünen Kachelofen, Bauernstühle, Truhen, einen mächtigen Schrank; aber alles schien frisch geputzt.

»Was ist mit dieser fürstlichen Stube?«, fragte Wettstein erstaunt.

»Du stehst in unserm neuen Quartier, Vater, und nebenan ist ein Raum mit Strohlagern für das Gefolge.«

»Du Guter, Lieber!« Johann Rudolf ließ sich mit einem Seufzer der Erleichterung vor dem Ofen nieder und rieb den Rücken wohlig an den warmen Kacheln. Lächelnd und ein wenig gerührt beobachtete er, wie Fritz und Giggishans den Tisch bestellten. Weißbrot aus der kaiserlichen Gesandtschaftsküche, gesottene Hühner und entsalzene Butter wurden vor ihm niedergesetzt; da dachte Johann Rudolf, und ein skeptisches Lächeln zuckte um seine Lippen: Der mit Vernunft begabte Mensch ist doch die Krone der Schöpfung, aber wie nahe zugleich der Kreatur.

»Du hast mehr für uns alle getan, als du ahnst, Fritz«, sagte er mit Nachdruck. »Wenn der Körper leidet, ist es dem Geist schwer, die Schwingen auszubreiten, und hier müssen wir fliegen. Giggishans, bringe den Wein.«

Fritz, der keine Einmischung in sein Amt als Majordomus erlaubte, sprang auf, öffnete die Lederflasche und goss den Inhalt in einen Krug, der zur Hälfte mit kochend heißem Wasser gefüllt war, zog aus dem Wams eine Handvoll Zimtstangen und Rosinen, würzte damit den Wein und süßte ihn obendrein mit ein wenig Honig.

Ruedi Burckhardt hatte nach den Zimtstangen gegriffen: »Hast du diese Kostbarkeit auch in der Wiener Küche erhalten?«

»Nein, ich war bei dem Krämer. Ach, Vater, was der Mann nicht für Merkwürdigkeiten verkauft! Eine Frucht, die heißt Ingwer, prrr, scharf! Und Zucker, schneeweiß, Vater, und Pfeffer; aber das ist Ware für sehr reiche Leute.«

»In unserm kleinen Münster solche Schätze?«

»Bremen ist nah, wo die indischen und amerikanischen Waren gestapelt werden. Bevor wir abfahren, darfst du für Mutter und die Schwestern einkaufen, Fritz.«

»Du sprichst schon von der Abfahrt, Onkel?«

»Nun, einige Geduld werden wir haben müssen; aber die ›Fasnachtschüechli‹ wollen wir in Basel essen.«

Nachdem das Mahl abgetragen worden war und Giggishans noch einige Holzkohlen in den Ofen geworfen hatte, holte Johann Rudolf sein Schreibgerät. Zunächst setzte er einen genauen Bericht an den Rat der Stadt Basel über die Audienz beim Herzog auf und bat noch einmal inständig um ein Favorschreiben aller 13 Orte; dann machte er seine Eintragungen in das Tagebuch, und als auch diese Arbeit beendet war, ergriff er noch einmal die Feder, um seinem Freunde Rippel eine eingehende Schilderung der Reise zu geben.

Seine Lippen zuckten in dem humorvoll spöttischen Lächeln, das seine Feinde fürchteten und seine Freunde liebten. Ruedi, der dem Onkel gegenübersaß, dachte, die Reisebeschreibung wird auf alle Fälle nicht wehleidig ausfallen. Er selber hatte versucht, Verse für Küngold Brand zu schmieden; aber das Lächeln des Bürgermeisters ließ ihn zur nüchternen Erde zurückkehren, er zerriss die Verse und faltete stattdessen die Briefe seines Onkels. Als der letzte versiegelt und überschrieben war, wurde Korporal Hans ausgeschickt zu erfahren, an welchem Tag die nächste Post nach Köln abgehe.

Die frühe Dämmerung war hereingebrochen; zwei Lichter brannten auf dem Tisch; Wettstein und Ruedi berieten über die Reihenfolge der kommenden Audienzen.

»Zunächst meldest du mich bei dem Grafen d'Avaux; bevor wir nicht seiner Unterstützung gewiss sind, darf ich mich nicht zur kaiserlichen Gesandtschaft begeben. Fritz mag dich begleiten, er soll nur ein wenig Welterfahrenheit lernen.«

*

Am nächsten Morgen war endlich Frost eingetreten; in der Nacht hatte es geschneit. Als Ruedi und Fritz sich um die Mittagszeit auf den Weg zu d'Avaux' Quartier machten, schwebte nur noch ein hauchfeiner Dunst vor der Himmelsbläue; wie mattes Gold schimmerten die beschlagenen Fenster in den ärmlichen Häusern der Stadt; Löcher und Risse der Dächer waren unter der weißen Samtdecke versteckt; die Misthaufen und Abfälle, die sich die Straßen entlangzogen, hatten sich in eine silberglänzende Verbrämung verwandelt, und über den schimmernden Teppich, der die Radspuren der hartgefrorenen Straße ausfüllte, schritt der Fuß leicht und schnell dahin.

Als die Jünglinge auf dem Platze anlangten, an dem Longuevilles Schloss lag, tauchten die roten Röcke französischer Vorläufer auf, die der herzoglichen Karosse Platz zu machen hatten.

»Halt, Fritz, das Schauspiel wollen wir uns nicht entgehen lassen.«

Die Vettern blieben stehen, aber sie wurden enttäuscht; die Karosse, die vorüberrollte, war leer, sie hielt vor der Schlosstreppe an. »Gehen wir zu d'Avaux, es kann noch lange währen, bis der Herzog einsteigt.«

»Lass mich hier warten«, bat Fritz; »ich möchte den Perückenmann gar zu gern aus der Nähe sehen.«

»Gut, dann treffe ich dich auf dem Platz wieder.« Ruedi wandte sich zum Hause d'Avaux', das klein, aber prächtig in einem umgitterten Hof lag.

Fritz hatte noch kaum die vergoldete Kutsche mit dem hellblauen Atlaskissen gehörig bestaunt, als eine zweite Karosse heranrollte und sich der ersten gegenüber vor dem Tor des d'Avauxschen Hauses aufstellte. Die Vorreiter, Kutscher und Diener, die Lakaien, die Jäger und Türhüter warfen einander böse oder auch lachende Blicke zu, zuckten die Achseln und schienen sämtlich auf eine altbekannte Szene vorbereitet zu sein.

Fritz sah erstaunt von einer Gruppe zur anderen; dann öffneten sich fast gleichzeitig das Tor rechts und die Tür links, und zwei prächtig gekleidete Damen begaben sich zu ihren Kutschen. Die Herzogin von Longueville, eine ältere Dame mit scharfer Habichtsnase, beeilte sich nicht merklich, aber die junge, übermäßig geputzte Frau, die aus der Tür des gräflichen Hauses getreten war, stürzte fast in ihre Karosse und winkte sogleich zur Abfahrt; aber da trat schnell ein Kammerherr, der die Herzogin begleitet hatte, vor und hob die Hand warnend auf; der Kutscher des gräflichen Wagens riss seine vier Pferde zurück, und die Karosse der Herzogin fuhr vorüber.

Die Herzogin sah mit zurückgeworfenem Kopfe durch die Fenster, schien aber den gräflichen Wagen nicht zu bemerken.

»Sie grüßt nicht einmal zum Dank, dass man sie vorfahren ließ«, dachte Fritz empört und sah zur Karosse der Gräfin hinüber. Die junge Frau saß steif aufgerichtet da, die Augen halb geschlossen; mit zitternder Hand gab sie das Zeichen zur Abfahrt. Da trat Fritz hingerissen einen Schritt vor, sah fest in das blasse Gesicht und zog den Federhut bis auf den Boden. Wie Sonnenschein zuckte es über das verkrampfte Frauenantlitz, und als Fritz sich aufrichtete, sah er gerade noch eine kleine, behandschuhte Hand, die ihm huldvoll dankte.

Fritz seufzte tief auf und sah zum Himmel empor, der jetzt strahlend über ihm stand ... wie schön sie war! Golden bebten die Locken um das blasse Gesicht; sie war zornig gewesen, dass die alte Hakennase es gewagt hatte, ihr vorzufahren ... nicht einmal zu grüßen ... wie schön die Gräfin war, sie hatte ihn gegrüßt, nicht nur mit dem Haupte genickt, mit ihrer feinen Hand hatte sie ihm gewinkt; vor seinem geistigen Auge flatterte immer noch die kleine, weiße Hand wie eine Taube in der blauen Luft. Er überquerte den schmalen Platz und stand gedankenvoll im Schnee, auf die Radspuren starrend, die an ihm vorüberführten, und auf die ausgetretene Stelle, wo die zurückgebändigten Pferde gescharrt hatten.

Mit einem kleinen seligen Schrei bückte er sich und raffte ein wenig Schnee auf; er wollte hineinbeißen, aber da traf er den erstaunten Blick des Türhüters, und das Blut schoss ihm in die Wangen. Den Kopf erhoben, trat er zu dem Manne und fragte ihn in kindlichem Hochmut, wann die Frau Gräfin zurückerwartet würde, er habe etwas gefunden, das er ihr selber übergeben müsse.

Der Türhüter sah den stolzen, sehr jungen Herrn lächelnd an und sagte langsam, ihn lauernd betrachtend: »Wir haben keine Frau Gräfin; der junge Herr fragt wohl nach der Demoiselle Lucinde.«

Fritz versteckte seine Verwirrung, so gut er es vermochte, dankte dem Manne und verlangte Eintritt in den Hof, um auf den Attaché der schweizerischen Gesandtschaft zu warten. Bei dem Zauberwort »Gesandtschaft« öffnete sich das hohe schmiedeiserne Tor vor ihm, und er betrat den Hof. Mit gekreuzten Armen stand er im Schnee und schaute zu den blitzenden Fenstern empor; welche waren die ihren? Ach, wenn Ruedi doch recht lange fortbliebe; den Tag und die Nacht hindurch würde er hier stehen und warten, wenn es ihm dafür vergönnt würde, noch einmal seinen Hut vor ihr zu ziehen ... Demoiselle Lucinde.

Grübelnd zog er die Augenbrauen zusammen; sie war nicht die Gräfin und lebte doch im Haus des Grafen. Er wusste wohl, was das bedeutete; aber was ging's ihn an! Wenn er wählen müsste zwischen einer alten Frau mit einem Habichtsschnabel und einer Demoiselle mit goldenen Locken, so würde er es machen wie der Graf.

»Fritz, Fritz«, rief ihn Vetter Ruedi an, »willst du dem Grafen ein Loch in die Fenster starren? Du Armer, hast lange warten müssen; du?«, er schüttelte den jungen Vetter, der geistesabwesend neben ihm herging, »... bist du eingefroren?«

»Nein.«

»Aber …«

»Nichts aber. Wann wird Vater eine Audienz zuteil?«

»Morgen Vormittag um zehn Uhr. Der Graf ist ein liebenswürdiger Mann und lacht gern, er ist viel jünger als der Herzog; schön und elegant; wir armen Raben können uns neben solchem Glanz gar nicht sehen lassen.«

Fritz sah zornig vor sich nieder; er wollte nicht hören, dass der Graf jung und schön war, er sollte ein altes, wackeliges Perückenmännchen sein, das Lucinde nur anschaute, weil sie musste … morgen um zehn Uhr geht Vater zur Audienz, und er darf mir nicht verbieten, ihn zu begleiten!

»Mach vorwärts, Fritz, du gehst, als klebten dir die Füße am Boden; ich glaube wahrhaftig, du hast dich erkältet. Giggishans muss dir einen Würzwein brauen.«

»Ich brauche keinen Würzwein«, Fritz lachte glückselig in den strahlenden Himmel hinauf; »ich habe mich nicht erkältet, mir war noch nie so warm!«

Die Hauptsache ist, dass Wettstein die katholische sowie die evangelische Eidgenossenschaft vertritt

Fritz steht am Fenster eines Vorzimmers des gräflichen Quartiers und starrt ungeduldig in den Hof hinunter, ob Lucinde nicht unter dem Portal erscheine und wie gestern in einer Sänfte bis vor das Tor getragen wird. Vor den Fensterscheiben ist die Luft voller Schnee, die Flocken tanzen auf und nieder; darum ließ man ihn nicht im Hof auf den Vater warten ... vielleicht fährt sie auch nicht aus, und er wird kein Zipfelchen ihres Gewandes sehen.

Hinter ihm hat die Türe geknarrt; er wendet sich um und sieht auf eine Kammerfrau, die knicksend in ihren breiten Röcken versinkt.

»Wie wir hören, hat der junge Herr etwas für die Demoiselle eigenhändig abzugeben; wenn er, bitte, mit mir kommen will.«

Fritz fühlt sein Herz im Schrecken kleiner werden; Lucinde wird ihn für seine Lüge verlachen … mag sie lachen; o Gott, dass er sie sehen darf! Er folgt der Jungfer über einen breiten, dunklen Flur; zu seiner Rechten wird eine Tür geöffnet, und er betritt einen Raum, der ihn wie ein seidengefüttertes Schmuckkästchen umgibt; der schimmernde Wandbehang ist unter dem Plafond zu einem mächtigen Knoten gerafft wie in einem Königszelt. Die Stimme der Kammerfrau hat keinen Klang, als sie bittet, in das Nebenzimmer zu treten, und seine eigenen gestammelten Worte klingen ebenso erstickt.

In einer nie gekannten Erregung, die ihm die Füße leicht macht wie in einem Traum und so süß ist, dass er zittert, sie könne sich mit dem nächsten Atemzug zur alltäglichen Schwere verdichten, tritt er über die Schwelle; aber erschrocken bleibt er stehen. An einem Frisiertischchen sitzt die Demoiselle; ihre erhobene Linke zieht eine Haarsträhne von der Schläfe fort; die Rechte schwenkt ein Brenneisen in der Luft, das einen heißen Geruch ausströmt. Auf Armen und Schultern liegt ein Spitzenumhang, aber so weit zurückgeschlagen, dass er kaum noch von den Schultern getragen wird.

»Wollen Sie mich nicht begrüßen, mein junger Ritter? Sie wussten doch gestern so galant den Hut zu ziehen.«

Aber Fritz greift hilfesuchend nach der Portiere und findet kein Wort.

Lucinde wendet sich auflachend zu ihrer Kammerfrau um: »Ich glaube, der junge Herr ist noch nie bei der Toilette einer Dame zugegen gewesen.«

Fritz tritt einen Schritt näher. »Meine Mutter und meine Schwestern versperren die Türe, wenn sie sich ankleiden«, sagt er streng.

»Da handeln aber eure Damen unfreundlich an den Männern.« Fritz lässt sich von dem neckenden Ton der jungen Frau zu keinem Lächeln bewegen; seine Stimme bleibt so nüchtern wie vorher: »Bei uns haben die Männer keine Zeit, in den Gemächern der Frauen zu sitzen.«

»Es wird auch nicht viel zu sehen sein!«, ruft nun die Demoiselle gereizt aus.

»Nein, nichts!«, gibt Fritz ebenso zornig zurück und errötet bei dem Gedanken, seine Mutter oder seine Schwestern könnten sich so leicht bekleidet einem Mann zeigen wie diese schöne Frau oder dieses Fräulein, oder was sie nun sein mochte.

Lucinde hatte wohl seine Gedanken erraten, denn sie zog wie unabsichtlich den Umhang über der Brust zusammen: »Wie alt sind Sie?«

»Fünfzehn Jahre.«

»So alt sind auch die Pagen der Königinmutter Anne.« Sie fuhr fort, die Haare aufzurollen; über die Schulter hinweg sagte sie: »Was hatte ich denn gestern verloren, kleiner Page?«

»Nichts«, sagte Fritz entschlossen. »Der Türhüter fragte mich, warum ich ... was ich in den Schneespuren Ihres Wagens suchte; wie konnte er wissen, dass ich ... nun, ich musste doch eine Ausrede finden; ich war sehr töricht gestern.«

»Ein Mann sollte nie sagen, dass die Bewunderungstat für eine Frau ›töricht‹ war.« Lucinde sah den grünen Zeisig gekränkt und verächtlich an. »Hofften Sie denn nicht, durch Ihre Lüge einen Empfang bei mir zu erzwingen?«

»Nein«, sagte Fritz in ehrlichem Staunen.

»Ein Mann muss aber immer hoffen und wünschen; denn wir erfüllen gern, wenn wir auch ungern anbieten.« Lucinde sah ihren Pagen erwartungsvoll an.

Fritz stand reglos in den unsichtbaren Schlingen, die die blauen Augen um ihn warfen. »Hoffen und wünschen?«, sagte er leise und rieb verwirrt die Fingerspitzen aneinander; »ich glaube, seit gestern ist nichts anderes in mir als Hoffen und Wünschen ...« Er stockte errötend.

Wie durfte er so sprechen? Lucinde nahm die Augen nicht von ihm; leise strich sie mit den Fingern der Linken über die Saiten einer Laute, die neben dem Spiegel lag; ein paar süße Akkorde durchzitterten das Schweigen zwischen ihnen. Die junge Frau sah, wie die Pupillen des Jünglings groß und dunkel wurden, da zog sie mit einem befriedigten Seufzer die Hand von den Saiten, schüttelte die Locken und bemerkte in kühlem Ton, ob er auch die Laute spiele. Nein? Nun, dann müsse er wiederkommen, sie wolle ihn unterrichten.

Fritz nickte stumm; in seiner Kehle war keine Stimme mehr. Lucinde streckte ihm zum Abschied die Hand hin mit einem Lächeln, das ihm bei allem Spott wehmütig erschien. Da überkam auch ihn eine vorüberhuschende Trauer oder gar Mitleid? Er küsste der jungen Frau in beinahe brüderlicher Zärtlichkeit die Hand.

Als er sich wieder im Vorzimmer sah, fragte er sich, ob er im Traum hierher zurückgelangt; sein Herz schlug, als hätte er ein unerhörtes Abenteuer bestanden; was würde der Vater sagen? Ach, wenn er doch nicht fragen wollte, wie er sich die Zeit des Wartens vertrieben; der Vater würde sein gefürchtetes Lächeln aufsetzen, wenn er Lucindes Namen hörte, und ihm verbieten, je wieder das Haus des Grafen zu betreten ... aber das durfte nicht sein ... Lucinde war bis in alle Ewigkeit sein Glück, sein Leben; bis zum Tod, bis über das Grab ...

Wieder knarrte die Tür hinter Fritz; diesmal trat der Vater, vom Grafen selber geleitet, ein; von Fritzens Wartezeit war nicht die Rede, er durfte nur mit gezogenem Hut hinter den Herren gehen. Der Graf begleitete Johann Rudolf bis in den Hof; Fritz war stolz über diese Ehrung, die keineswegs von der Etikette vorgeschrieben war. Auf dem Heimweg war der Bürgermeister ganz erfüllt von der Unterredung dieses Morgens. Fritz hörte kaum auf die politischen Auseinandersetzungen seines Vaters; wichtig war nur, dass Lucinde hinfort nicht mehr spöttisch seiner lächelte.

Im Losament* war er unfähig, Giggishans bei den Hausgeschäften zu helfen. Er saß an der Fensterbank, die Ellenbogen aufgestützt und schaute den Schneeflocken zu ... wie weiß ihre Haut war und wie zart ihre Hand; die Fingernägel schimmerten wie kleine Muscheln. Wenn er dagegen an die starken, verarbeiteten Hände der Frauen daheim dachte, war er geneigt, Lucinde unter Prinzessinnen und Königinnen zu versetzen; zarter von Antlitz und prächtiger gekleidet konnte selbst die Kaiserin nicht sein ... ob der Kaiserin auch Herren bei der Toilette aufwarteten? Wie töricht war er gewesen, die Gunst dieses ersten Empfanges mit seiner Prüderie zu verderben. Mit einem Ohr hörte er das Gespräch zwischen Ruedi und dem Vater.

»D'Avaux sagt, Mazarin selber habe dem Herzog nahegelegt, er sollte sich um den Einschluss der Eidgenossenschaft in den Generalfrieden bemühen.«

»Wenn er nur einen schriftlichen Vorschlag machen wollte!«

»Geduld, Ruedi, durch die mündlichen Versprechungen der beiden Herren fühle ich mich schon auf der ersten Sprosse der Leiter.«

»Nehmen wir bald die zweite, Onkel. Weihnachten wird eine Unterbrechung in den Verhandlungen bringen; heute haben wir schon den Zweiundzwanzigsten des Monats.«

Der Bürgermeister ging, die Hände auf dem Rücken, über den knarrenden Fußboden hin und her. Endlich blieb er neben Ruedi stehen. »Es wäre gut, wenn du noch heute in die kaiserliche Gesandtschaft gingest und für morgen eine Audienz verlangtest.«

*

In der kaiserlichen Gesandtschaft saßen die drei Herren Gesandten beim Morgentrunk; ein junger Sekretär las die

---

* Aus dem Französischen übertragenes Wort für Unterkunft

Liste der heutigen Geschäfte vor. Graf Maximilian von Trautmannsdorf lehnte seine hagere, große Gestalt im Stuhl zurück, zog den fadenscheinigen Schlafrock über den Knien zusammen und sah, den Kopf unter der riesigen Perücke schief geneigt, gutmütig auf den jungen Mann, der seine Liste mit einem derart entschuldigenden Ton vorlas, als könne man ihm einen Vorwurf aus ihrer Länge machen.

»Hör auf, mein Sohn«, sagte der alte Trautmannsdorf, »wenn wir alles das getan haben, was du auf deiner Liste hast, liegen wir heute Abend auf der Bahre. Mache ein Kreuz, wo du aufgehört hast. Wenn das Vorherige erledigt ist, können wir immer noch fortfahren.«

»Das geht nicht, Trautmannsdorf, es steht vielleicht noch Wichtiges am Schlusse.« Johann Ludwig, Graf von Nassau-Katzenelnbogen, war ein alter Offizier und mit Pflichterfüllung geladen. Er staubte einige Brotkrumen von seinem tadellos strammsitzenden, sandfarbenen Wams und fragte um Erlaubnis, sich eine Pfeife anzünden zu dürfen.

»Hier, so weit von Innsbruck, so oft Sie wollen«, sagte Doktor Volmar, der dritte der Herren, lachend. »In Innsbruck fliehe ich den Tabakrauch; er hängt sich in die Perücken, und dann hält meine junge Frau sich die Nase zu, wenn ich mich ihr nahe.«

Doktor Volmar schlug sein Knie mit einem Tannenreis, das von den Weihnachtsvorbereitungen her in seinen Bereich geraten war. Eine Weile schaute er träumerisch in das lodernde Kaminfeuer und gedachte seines schönen Kammerpräsidentenpalais in Innsbruck, wo Frau und Kinder nun allein das Fest begehen mussten. Doch dann erwachte das scharfe Licht in seinen klugen Augen von neuem, und er schlug vor, der Sekretär solle noch einmal die Liste vorlesen; bei den wichtigen Stellen möge er ein Kreuz machen.

Der junge Mann begann also von neuem. Hie und da rief einer der Herren »Kreuz«. Bei dem Passus: Audienz des schweizerischen Gesandten, des Herrn Bürgermeisters Wettstein, sagte Volmar »Kreuz«.

»Wieso denn«, brummte Trautmannsdorf, »ist der Mann so wichtig, dass er keinen Tag warten darf?«

»Sein Anliegen beschäftigt Zwyer und mich seit Jahren«, sagte Volmar in leichter Gereiztheit, »ich wäre froh, wenn es endlich erledigt werden könnte.«

»Was will er denn?«, fragte Nassau.

»Seine Pflicht tun.« Volmar unterdrückte ein schlaues Lächeln, und Nassau ging auf den Weg, den Volmar wollte.

»Dann ist er ein braver Kerl und soll gehört werden, aber er wird uns mit dem Wachterschen Prozess belästigen; diese guten Eidgenossen können jahrzehntelang auf Kleinigkeiten herumreiten, die unsereiner in kürzester Zeit mit ein paar Regimentern erledigt.«

»Und finden doch noch ihr Recht, wenn wir längst durch ein Gegenregiment zum Teufel gejagt sind. Die Schweizer verstehen es, unverrückt auf ihrer Rechtsgrundlage zu verharren! Übrigens hat der Kaiser empfohlen, den Gesandten zu seinem vollen ›Contento‹ zu empfangen.«

»Unser hoher Herr hat Bedenken, ihn den Händen der Franzosen zu überlassen.«

»Gerechtfertigte Bedenken, Trautmannsdorf. Wir können auf die Freundschaft eines neutralen Nachbarn, zudem eines waffentüchtigen, nicht verzichten«, rief Nassau mit einiger Bitterkeit aus. »Der Herr Gesandte wird wohl mit dem entsprechenden Stolz auftreten!«

Trautmannsdorf stand ärgerlich auf. »Lassen Sie ihn in den großen Empfangssaal führen, Volmar, da muss er vorher über vier Parkettböden gehen. Bis er bei uns anlangt, ist sein Bauernstolz gründlich ins Gleiten geraten ... er mag auf einem Taburett sitzen.«

Volmar lachte laut heraus: »Ich kenne meinen Wettstein von den Tagsatzungen her, den kümmert kein Parkett und kein noch so großer Saal, und ob wir ihn auf ein Armsünderbänkchen oder auf einen Thron setzen, er wird überall bleiben, der er ist: ein Mann, der um seinen Wert weiß, der nur das anzuerkennen bereit ist, was echt und ehrlich ist.«

»Solch seltene Vögel habe ich gern«, sagte Trautmannsdorf anerkennend. »In diesem Fall kann ich mir meine Zeremonienkleider aufsparen; ich hasse das Schleifenfutteral! Doktor, ich freue mich auf das schweizerische Unikum, führen Sie den Mann in mein Privatgemach, dort gibt es gute, ordentliche Stühle für jeden von uns … heute Abend müssen wir uns dafür auf Draht arbeiten lassen wie die Gliederpuppen; bei den Herren Spaniern wird kein Pardon in der Etikette gegeben. Ob d'Avaux wohl seine schöne Lucinde wird mitführen dürfen?«

»Niemals«, rief Nassau streng. »D'Avaux ist nicht der König, und Longuevilles Gemahlin ist eine Condé. Die Prinzessin bewegt ihren Fächer nicht in der gleichen Luft wie eine Lucinde.«

»Arme Kleine«, sagte Volmar, hinter den Herren zur Türe gehend, »ihr Liebesglück ist schwer erkauft.«

»Und armer d'Avaux«, lachte Trautmannsdorf. »Das Mädchen sieht aus, als wäre ihr Ehrgeiz stärker als ihr Herz, sie könnte ihm noch Schwierigkeiten bereiten.«

*

Schlag elf Uhr wurde Johann Rudolf von dem Leibjäger des Grafen von Trautmannsdorf in dessen Privatzimmer geführt. Das Erste, das Wettstein wahrnahm, war ein riesiger flatternder Schlafrock, der die hin- und hereilende Gestalt des alten Mannes umwehte; darüber wogte eine Perücke.

»Ah … der Herr Gesandte.« Trautmannsdorf stellte sich breitbeinig vor Johann Rudolf auf, verschlang die Hände im Rücken und betrachtete den Gesandten der Eidgenossenschaft wie ein seltenes Tier. Johann Rudolf legte ebenfalls die Hände auf den Rücken und schaute seinerseits den

Grafen mit schiefem Kopf an; der Sarkasmus, der so leicht in Johann Rudolfs Mienen zu spielen pflegte, aber stets frei von Bosheit war, entging dem Alten im Schlafrock nicht.

»Verzeihen Sie«, sagte er, leicht aus der Fassung gebracht, »dass ich nicht in Gala bin; aber Volmar hat mir gesagt, Sie hätten … Sie wären …«

»Nicht für die Kleiderfrage nach Münster gekommen.«

»Ganz recht, ganz recht«, Trautmannsdorf lachte schallend auf, »Sie goldener Mensch, setzen Sie sich da her zu mir … so, ans Feuer.« Der Graf klatschte in die Hände und rief einem eintretenden Lakaien zu: »Sage dem Grafen und Doktor Volmar Bescheid, unser viellieber Herr Gesandter beehre uns soeben.«

»Es ist mir eine Freude, Doktor Volmar hier zu wissen, er war uns immer ein verständnisvoller Freund«, sagte Wettstein gemessen.

»Ja, Doktor Volmar ist eine tüchtige Kraft; unsere kaiserliche Majestät versteht es, die rechten Leute auszuwählen.«

Wettstein verneigte sich mit einer huldigenden Handbewegung vor dem Grafen.

»Nur keine Komplimente, Herr Bürgermeister, die verdient keiner von uns, übrigens meint im Grunde ja immer jeder sich selber, wenn er den anderen lobt. Nehmen Sie ein Glas Tokaier, lieber Wettstein? Er kommt von meinen eigenen Gütern.«

Johann Rudolf nahm an, obgleich er mit Grauen an das Podagra dachte, das ihn von Nacht zu Nacht mehr plagte. Inzwischen waren auch Nassau und Volmar eingetreten, und kaum waren die Begrüßungen getauscht, hatte Nassau, der die Präliminarien hasste, schon die Speyerschen Schwierigkeiten attackiert.

Wettstein verlangte Liquidierung des Prozesses, den Basel am Reichskammergericht anhängig hatte, sowie offizielle Bestätigung der längst im Stillen anerkannten Exemtion, vom Einschluss in den Frieden sprach er vorläufig nicht.

Longueville hatte versprochen, sich der Sache anzunehmen; zunächst solle einmal Ferdinand III. die Exemtion bestätigen. Johann Rudolf sprach in kurzen schnellen Sätzen. Die Hörer, die ein vorsichtiges Tappen um den Brei gewohnt waren, spürten mit Erleichterung, wie furchtlos der Wille dieses Mannes auf sein Ziel marschierte.

Der Kaiser allein habe aber nicht das Entscheidungsrecht, das kurfürstliche Kollegium sowie die Reichsstände hätten auch ein Wort mitzusprechen, erklärte Trautmannsdorf. Wettstein nickte eifrig zum Zeichen, dass er mit dieser Tatsache vertraut sei. Wenn indessen die gesamte Eidgenossenschaft einhellig auf ein altes Recht bestünde, so könne es weder Kaiser noch Reich ihr vorenthalten. Wie stellen sich die katholischen Orte zum Streit Basels mit dem Reichskammergericht?

»Das katholische Frankreich unterstützt unser Anliegen.«

»Gewiss, aber Mainz, Trier und Köln könnten auf dem Rhein dem Schweizer Handel übel zusetzen, wenn ihnen daran gelegen wäre.« Ob Wettsteins katholische Gesinnungsgenossen das bedacht hätten?

»Unseren katholischen Orten sind diese Schwierigkeiten wohl bekannt; aber wo es um Recht und Freiheit geht, sind wir immer noch einig gewesen. Ich stehe hier im Interesse der gesamten Eidgenossenschaft.« Johann Rudolf wischte den Schweiß von der Stirn.

»So werden wir, wenn ein Schreiben in dieser Angelegenheit an den Kaiser abgeht, den Kreditivbrief sämtlicher dreizehn Orte beilegen.«

Trautmannsdorf warf einige Notizen auf einen Bogen Papier.

Nassau befragte Johann Rudolf derweil über allerlei militärische Dinge, und Doktor Volmar betrachtete seinen Freund Wettstein mit grenzenlosem Erstaunen. Er wusste durch seine engen schweizerischen Beziehungen, dass Wettstein ganz ungenügend akkreditiert war … was würde der Bürgermeister tun, wenn man geradeheraus das Schreiben aller 13 Orte verlangte.

Trautmannsdorf sah auf: »Wir werden noch heute Ihr Anliegen bei dem Kurmainzischen Reichsdirektorium einreichen und den Sekretär Reigersberger bitten, die gesamten Reichsstände baldigst zu einer Äußerung zu veranlassen. Sie täten gut, ihn aufzusuchen.«

»Für Kurmainz führe ich keine Kreditivbriefe mit mir. Mein Auftrag lautet an die kaiserliche und an die königliche Gesandtschaft«, sagte Wettstein mit großer Bestimmtheit.

»Ich halte es auch für weiser, der Herr Bürgermeister unterziehe sich keiner unnötigen Auseinandersetzung mit Reigersberger. Sein Herr, der Kurfürst Anselm Kasimir, ist, als Erzkanzler und Verwalter des Reichsterritoriums, ein gefährlicher Gegner in Sachen Exemtion, fangen wir ihn lieber mit dem Umweg über die Reichsstände.«

»Volmar hat recht; dann machen Sie baldigst den Ritt über den Teutoburger Wald: in Osnabrück sind die protestantischen Reichsstände versammelt.« Trautmannsdorf streckte die Hand aus: »Aber die Kreditivbriefe für uns besitzen Sie wohl?«

Volmar sprang auf. »Wenn wir zunächst eine kurze Besprechung ohne den Bürgermeister abhielten? Vorher nützen uns die Briefe ja nichts ...«

»Wie Sie meinen, Volmar.« Die Herren begaben sich in ein Seitenkabinett. »Was wollen wir eigentlich besprechen, Volmar«, fragte Trautmannsdorf ärgerlich. »Solange die Reichsstände sich nicht geäußert haben, können wir keine Bestimmungen treffen.«

»Ich möchte nur die Bestätigung der Herren haben, dass sie bereit sind, Wettstein in jeder Hinsicht zu unterstützen.«

»Habe ich je etwas anderes gesagt?«, fragte Trautmannsdorf gelangweilt. »Übrigens, Ihr Eidgenosse gefällt mir.«

»Er ist ein heller, rechtschaffener Mann«, meinte Nassau zögernd, »aber ich kann es den Schweizern nicht vergessen, was uns der Durchmarsch der Weimarischen durch ihr gepriesenes ›neutrales‹ Gebiet eingetragen hat. Die Basler haben damals nicht loyal gehandelt.«

»Sie waren in einer Zwangslage, Eure Exzellenz, was konnten sie gegen die Übermacht ausrichten? Übrigens ist derselbe Wettstein, der jetzt auf uns wartet, seit jenem Zwischenfall unermüdlich für die bewaffnete Neutralität eingetreten. Auch dürfen wir nicht vergessen, dass Basel den Kaiser dadurch zu versöhnen gewusst, dass in seinen Mauern fünfhundert unserer Flüchtlinge Aufnahme und Pflege fanden.«

»Trotzdem wäre noch einiges über gelegentliche Verletzung der Erbvereinigung zu markten; aber lassen wir die alten Geschichten ruhen, die Hauptsache ist, dass Wettstein die katholische sowie die evangelische Eidgenossenschaft vertritt.«

»Gewiss, das ist die Hauptsache«, sagte Volmar schmunzelnd und öffnete die Tür vor den beiden Herren. Ein schlauer Fuchs ist Freund Wettstein, dachte er, weiß er doch, dass mit der Ehrlichkeit allein selbst ein Schweizer nicht überall durchkommt und ein Kompromiss zur rechten Zeit wie Öl ist im Räderwerk der Ehrlichkeit.

Ihr werdet mir nicht die Schande antun, dass ich mit Winkelzügen unsere Uneinigkeit verstecken muss

Auf den Stufen des Gesandtschaftsquartiers blies Wettstein ein eisiger Wind entgegen, aber er öffnete trotzdem den Mantel; ihm war glühend heiß. In zorniger Hast schritt er dahin. Sollte nun bei jeder Audienz dieselbe Gefahr bestehen, Kreditivbriefe vorzeigen zu müssen, die ungenügend waren? Es war eine Teufelssache!

Da sah er den freien Weg vor sich, Großes zu erreichen, und die Kurzsichtigkeit und Parteilichkeit seiner Landsleute hatten ihm Fesseln angelegt, über die er jeden Augenblick zu Fall kommen könnte. Ha, und er durfte sie nicht einmal schelten! Die Katholiken hatten ihm klipp und klar erklärt, sie wollten von seiner Mission nichts wissen; wenn er, Wettstein, sie nun zu ihrem Glück zwingen wollte, so war die Gefahr die seine ... und doch ging es um den Vorteil aller.

Er blieb stehen und sah gedankenverloren um sich. Was würde ihm in diesen Mauern noch geschehen, wo so viel Ehrgeiz, so viel Eitelkeit, so viel Hoffnungen sich auf engem Raum zusammenballten! Aber wer unter den vielen Männern, die hier Schicksal spielten, dachte an die Zukunft der Völker? Dass einer den anderen übertrumpfte mit Glanz und Reichtum, dass jeder für sich einen Fetzen Nachruhm sichere, das war die Haupttriebkraft. Und er selber? Stach nicht auch ihn der Ehrgeiz? Ach, wenn man die guten und die bösen Triebkräfte seines Handelns immer zu unterscheiden vermöchte! Wer kannte sich selber?

Wettstein wurde jäh aus seinen Gedanken aufgeschreckt, weil das Stampfen von Hufen hart neben ihm ertönte. Vier Pferde hielten wie angenagelt am Straßenrand, er wandte sich um und sah Doktor Volmar aus seinem Wagen herausgrüßen.

»Wettstein, steigen Sie zu mir ein, ich bin Ihnen nachgefahren, um Sie allein zu sprechen.«

Johann Rudolf setzte sich neben Doktor Volmar; er fragte sich, was den kaiserlichen Gesandten wohl zu diesem Schritt verleiten möge, und bereitete sich vor, auf der Hut zu sein. Volmar rief dem Kutscher zu, er solle einmal um die Stadt fahren, dann wandte er Johann Rudolf frei sein scharfes, kluges Gesicht zu.

»Lieber Bürgermeister, warum sind Sie nicht vor der Audienz allein zu mir gekommen? Sie hätten mit Ihren mangelhaften Kreditivschreiben in eine böse Falle geraten können.«

»Ich muss im Namen der Eidgenossenschaft handeln, wie es mich als ihr Bevollmächtigter gut dünkt«, erwiderte Wettstein ablehnend.

»Im Namen der gesamten Eidgenossenschaft, Wettstein? Nein, zürnen Sie mir nicht, dass ich ohne Umschweife spreche ... Sie wissen, dass ich die Verhältnisse Ihres Landes kenne.«

»Wenn mein Land nicht als Gesamtheit gesprochen hat, so weiß ich doch aus dem Mund und dem Handschlag der Besten, was dem Volke frommt.«

»Ein europäischer Friedenskongress ist aber keine Landsgemeinde, wo Wort und Hand entscheiden, hier gelten nur beschriebenes Pergament mit Unterschriften und Siegeln.«

Wettstein lachte ärgerlich auf. Wenn er Volmar nicht als ehrlichen Freund kennte, würde er ihm die Kritik untersagen, aber so begnügte er sich, ihm seine Gesandtschaft mit humorvollen Worten zu schildern. Schließlich sagte er resigniert: »Bei uns werden Entschlüsse nach reiflicher Überlegung gefasst, das ganze Volk überlegt und nicht ein Einzelner wie bei euch, so hat der Entschluss eine späte Reife; aber ich denke, die fehlenden Kreditivbriefe werden nun bald eintreffen.«

»Ich wünsche es Ihnen, Wettstein. Kurmainz wird für einen Basler Handel allein kein Entgegenkommen zeigen ... Der Kaiser übrigens braucht das Favorschreiben weniger dringend, gründet sich doch Basels Anspruch auf Exemtion vom Reichskammergericht auf die alten kaiserlichen Privilegien, und diese ...«

»Nein, nein, aber Doktor!«, Wettstein fuhr mit beiden Händen durch die Luft. »Ihre Auffassung ist ein Erzirrtum! Basel gründet seine Ansprüche auf die Zugehörigkeit zur Eidgenossenschaft, die sich als unabhängig vom Reich betrachtet. Wir wollen nur das: die endliche, ausdrückliche Bestätigung unserer Souveränität. Was Sie vorhin von Siegel und Unterschrift sagten, trifft gerade in diesem Punkte zu. Ohne feierliche Erklärung unserer Unabhängigkeit kann das Reichskammergericht uns jederzeit neue Schwierigkeiten bereiten, das müssen Sie klar verstehen. Wenn wir die Privilegien Sigismunds und Friedrichs unserem Gesuch zugrunde legen, so geschieht es nur, um den Ausgangspunkt unserer Exemtion klarzustellen. Basel und Schaffhausen sind Glieder

der Eidgenossenschaft, daran gibt es nichts zu deuten und zu drehen! Sie sollten lesen, Volmar, was Bürgermeister Ziegler von Schaffhausen in einer juristischen Deduktion darüber sagt.«

Doktor Volmar hatte schon seit einer Weile entschuldigende Gesten gemacht. Jetzt unterbrach er Johann Rudolf mit flehender Stimme: »Ich bitte Sie, Wettstein, verzeihen Sie mir, ich habe Sie mit einem argen Missverständnis gekränkt; es ist gut, dass Sie mich aufgeklärt haben. Aber desto wichtiger ist mir die volle Unterstützung aller Ihrer Landsleute, denn gegen Ihre These könnte auch der Kaiser Schwierigkeiten machen. Es muss die gesamte Eidgenossenschaft hinter Ihrer Gesandtschaft stehen, damit wir die völlige Exemtion vom Reich durchsetzen können. Schätzen Sie sich glücklich, Wettstein, dass die Kriegstaten der Eidgenossenschaft in Europa noch in gutem Gedenken sind. Aber das rate ich Ihnen: Lassen Sie sich nicht mit Kurmainz ein; Reigersberger übernehmen wir.«

»Ihre Ratschläge sind mir unschätzbar, Volmar.«

»In nächster Zeit werde ich Ihnen nicht zur Seite stehen können, denn morgen reist unsere Gesandtschaft nach Osnabrück. Wir müssen uns endlich mit den Schweden auseinandersetzen; es ist in letzter Zeit viel hin und her und kreuz und quer gelogen worden.« Wettstein wiegte missbilligend den Kopf, und Volmar wünschte sich vor dem ehrlichen Schweizer zu rechtfertigen: »Gewiss halten Sie die Schleichwege der Diplomatie für unser Vergnügen und bedenken nicht, dass wir im Grunde die Ehrlichkeit ebenso sehr lieben wie jeder brave Mann … Sie geben sich nicht Rechenschaft, Wettstein, welche Last es für uns bedeutet, das Nesselhemd der Lüge anzuziehen.«

»Solange Sie nicht zu Ihrem eigenen Vorteil lügen, wird das Nesselhemd Sie nicht verbrennen. Glauben Sie, Volmar, ich kenne den widerwärtigen Zwang zur Umgehung der Wahrheit nicht?«

»Sie und lügen?«, Volmar fragte Wettstein mit deutlicher Enttäuschung in der Stimme. »Sagen Sie mir nicht, dass auch Sie lügen müssen.«

»Lügen, nein. Aber ich hülle meine Bergesspitzen in Nebel, wenn ich auf den Hängen gutes Wetter vortäuschen möchte.«

Volmar lachte herzlich auf. »Ich werde Ihrer Gutwetterprognose ein gläubiger Prophet sein … so, hier wären wir bei Ihrem Quartier angelangt. Folgen Sie uns bald nach Osnabrück; die Schweden sind eine wichtige Figur auch in Ihrem Schachspiel.«

Über die Weihnachtstage, an denen Wettstein um keine Audienzen nachsuchen durfte, wanderte er häufig sinnend in seinem warmen Zimmer hin und her. Einerseits tat ihm das Stillsitzen weh, denn das Podagra hielt ihn nun wieder fest in den Klauen, anderseits kämpfte er unablässig im Geiste mit den katholischen Orten. Hin und wieder warf Johann Rudolf eine Zeile auf ein Blatt Papier.

»Morgen schreiben wir einen Brief an die Herren von Zürich«, sagte er am Abend des zweiten Feiertages zu Ruedi Burckhardt, »aber zuerst sprichst du bei Longueville vor; ich muss mich vergewissern, ob er die Vertreter der Reichsstände zu unsern Gunsten beeinflusst. Volmar ist zwar ein ehrlicher Freund, sobald er aber die Franzosen uninteressiert wähnt, wird er sich mit unserm Fall alle Zeit lassen. Anfangs des Jahres reisen wir nach Osnabrück, bis dahin sollte ich eine schriftliche Erklärung der Franzosen in Händen haben, unsere kaiserlichen Gönner zu befeuern.«

Er bückte sich im Sprechen, rieb das Knie und nachher mit schmerzlich verzogenem Gesicht die Hüfte.

»Wirst du denn reiten können, Onkel?«

»Es muss möglich sein, Ruedi, ich habe jetzt keine Zeit, krank zu sein. Wo ist Fritz, er soll mir das Knie mit Butter einreiben.«

»Er wird bald zurück sein; er wollte an Stelle des Korporals eigenhändig deinen Brief d'Avaux bringen.«

»Ich sehe nicht gern, wenn er in der Dunkelheit ausbleibt; es ist viel wildes Volk in den Schenken und auf den Gassen.«

Aber gerade trat Fritz ein, strahlenden Auges, mit glühenden Wangen. Übermütig schüttelte er den letzten Schnee vom Mantel und lachte nur zu den Mahnungen seines Vaters.

»Auf allen Straßen gehen Träger mit Laternen vor den Karossen her, die ihrer Herrschaft zu dem großen Feste beim Herzog leuchten; es wird heute in seinem Palais getanzt ...« Fritz brach ab und sah träumerisch vor sich hin ... wie blass und irritiert Lucinde gewesen; aber sie hatte sich dennoch gefreut, dass er ihr die Langeweile für eine kleine Zeit vertrieben ... wie er die Herzogin hasste, dieses hochmütige Weib, das Lucinde von jedem Fest auszuschließen geruhte.

»Woran denkst du, Fritz?« Der junge Bursche errötete und wusste keine Antwort; sein Vater strich ihm lächelnd über den Kopf. »Der Herzog hat auch mir eine Einladung gesandt, aber mit meiner Halskrause und meinem Schusterbart passe ich nicht in den Reigen der Kavaliere, wir sind nicht zum Tanzen hergekommen.«

»Warum kaufst du dir nicht modische Kleider, Onkel, und lässt den Bader kommen, dass er dir ein dünnes Knebelbärtchen zurechtstutzt?« Ruedi hämmerte ärgerlich auf die Tischplatte, und Fritz, der wie erlöst war, dass sein Vater den gefährlichen Weg verlassen hatte, bestürmte ihn auch, einen eleganten Herrn aus sich zu machen, die Mode hindere doch niemanden, ein rechter Mann zu sein.

Aber Wettstein schüttelte lachend den Kopf. »Wenn man von Jugend auf gewohnt war, der Mode zu folgen, gewiss, dann spielt die Mode nur die Rolle eines unter vielen hübschen Nebendingen. Wenn man aber bis in sein Alter den

Äußerlichkeiten keine Beachtung geschenkt hat, so müsste man sich schon in einen lächerlichen Gecken verwandeln, wollte man in letzter Stunde noch mit dem Modedienst beginnen. Hinter meiner Halskrause und meinem breiten Bart steckt mehr als ein paar alte Gewohnheiten; aber das würdet ihr erst begreifen, wenn ich im Spitzenkragen mit einem Knebelbart daherspazierte ... aber genug davon, Fritz, reibe mir noch mein Knie, bevor du schlafen gehst.«

Johann Rudolf hatte stolz gesagt, er habe keine Zeit, krank zu sein, aber damit hatte er wohl den Krankheitsteufel erst recht gereizt; am Morgen erwachte er stöhnend vor Schmerz, unbeweglich lag er auf dem Rücken wie ein armes Opfer auf der Folterbank. Aber er wollte nicht krank sein! »Hans!«, schrie er laut und zornig, »bring mir die Morgensuppe und einen Strohsack, um den Rücken zu stützen, und der Fritz soll ein Brett suchen, ich will meinen Brief schreiben und werde ihn schreiben.«

Doch der eiserne Wille sprang ihm mehrmals davon wie eine zu stark gebogene Stahlklinge. Zweimal schleuderte Johann Rudolf mit einem erstickten Schrei Brett und Schreibgerät vom Bett, um sich in wahnsinnigen Schmerzen aufzubäumen; aber immer wieder bändigte er den aufsässigen Körper und nahm seine Arbeit von neuem auf. Wenn die rechte Hand vor Qual bebte, hielt er das Gelenk mit der Linken fest, damit die Schriftzüge hart und klar wie immer erschienen ... Ruedi Burckhardt durfte nicht für ihn schreiben; konnte er nicht zu den Seinen sprechen, so sollten sie doch seine Schrift sehen.

Endlich legte er sich erschöpft zurück und flüsterte mit heiserer Stimme: »Ruedi, lies vor.«

Der junge Mann nahm die Blätter auf und las; von Satz zu Satz wurden seine Worte schneller und die Stimme lauter. Wettstein verfolgte das Mienenspiel seines Neffen mit Genugtuung. So würde vielleicht der Inhalt des Briefes auch die Leser daheim mitreißen! Er ballte die Fäuste. Ach, wollte Gott, die Stimme der Beschwörung dränge ein in die harten Herzen der Zögernden. Ruedi kam zum Schluss:

»Wir evangelischen Orte vergessen es Euch nie, Euch Freunden aus den katholischen Orten, dass Ihr Euch vor Jahren nicht habt verführen lassen, als der Kaiser lockte. Damals sollten unsere eigensten Güter Euch zu reichen Herren machen, wenn Ihr uns verließet und Euch zum Kaiser schlüget. Aber wie ein Mann habt Ihr die kaiserlichen Gesandten abgewiesen und als treue Eidgenossen an der alten Freiheit festgehalten. Draußen im Reich hatten sie schon gemeint, unsern Zwist zu ihren Gunsten nützen zu können; aber was wissen die baderlustigen Fürsten von unserer Einigkeit. Mögen im Schweizerhaus auch einmal die Türen geschmettert werden, und sausen auch die Fäuste krachend auf den Tisch, sobald wir vor die Welt hinaustreten, so sind wir eine große Familie, in der jeder den Bruder bis auf das Blut verteidigt.

Darum werdet Ihr mir auch jetzt nicht die Schande antun, dass ich mit Winkelzügen unsere Uneinigkeit verstecken muss. Unsere Kraft liegt in unserer Einheit, lasst sie nicht zum Gespött werden vor der Welt. Schon weiß einer um die Zwiespältigkeit meiner Rolle; bald wird das Gerücht durchsickern, dass die Treue der Eidgenossen, einer für den anderen, ein Märchen ist. Unser wartet ein großes Geschenk, seien wir würdig, es zu empfangen.«

Ruedi warf das Blatt hin und raffte das letzte auf.

»Nicht weiter, Ruedi, ich kann nicht mehr ...« Wettstein lag steif wie ein Klotz mit geschlossenen Augen, die Zähne in die Lippen verbissen. Schweiß stand auf seiner Stirn, endlich presste er hervor: »Korporal Hans soll morgen in frühester Stunde den Brief nach Wesel tragen.« Ruedi siegelte den Brief und überschrieb ihn mit der Adresse. »Reite mit ihm, Ruedi, die Straßen sind unsicher, zwei können sich besser durchschlagen als einer. Ihr nächtigt in Wesel und kommt übermorgen auf die Nacht heim.«

Er winkte mit den Augen, Ruedi solle ihm den versiegelten Brief noch einmal zeigen. Johann Rudolfs Blick ruhte in leidenschaftlichem Schmerz auf dem verschlossenen Umschlag, ja, die Inbrunst seiner Miene schien einen Zauber über das Papier zu legen.

»Fünfzehn bis zwanzig Tage lang wird der Brief reisen, dann werden die Herren in Zürich ihn lesen; einer wird sich auf die Reise zu Herrn Zwyer von Evybach begeben, und haben die Orte eingewilligt, so muss das Favorschreiben verfasst und von allen Orten unterschrieben werden, bis dahin kann es Ende Januar sein ... du guter Gott! Und danach muss das Schreiben den ganzen Rhein abwärts reisen und über Land zu uns gelangen, vor Mitte Februar kann es nicht in unseren Händen sein.«

»Solange müssen wir die Reichsstände hinhalten.«

»Reigersberger wird schon dafür sorgen, dass das Schreiben an den Kaiser nicht zu früh abgeht ... geh, Ruedi, lass mich allein und melde mich bei Longueville.«

»Aber nicht auf morgen, Onkel.«

»Auf übermorgen, Ruedi, aber keinen Tag später.«

Mazarin und der Kaiser meinen, die Freundschaft der Schweiz nicht entbehren zu können

Der eine Tag, den Wettstein dem Krankheitsteufel zum Rückzug eingeräumt, hob schlimmer an, als je ein Krankheitstag vorher. Fritz und Giggishans waren ratlos. Der Wirt stand verstört in der Tür und sah auf das verkrümmte, leidende Stück Menschheit, das da vor seinen Augen einen wilden Kampf gegen die Schmerzen führte.

Gegen Mittag zischte Wettstein: »Hans, hole den Bader.« Fritz stürzte schon aus der Tür, froh, etwas tun zu dürfen, die Gasse entlang und in die Bude des heilkundigen Mannes. Der Bader war noch beschäftigt, einige Soldaten zu barbieren. »Wie lange zwackt's den Herrn Gesandten schon?«, fragte er über den Kopf eines schwarzhaarigen Tschechen fort, den er mit leichter Hand einseifte.

Fritz sagte, was er wusste, und der Bader rief seiner Frau, sie solle ihm die Ventusen* und die kurze Lanze bereitmachen.

* Begriff aus dem medizinischen Bereich für Schröpfglas

Als er Fritzens ungläubiges Gesicht sah, ereiferte er sich und schwang sein Rasiermesser in possierlicher Schnelligkeit um Kinn und Wange des Soldaten, der die Knie hochzog vor Angst.

»Ich könnte den Herrn auch mit dem Messer traktieren, aber die Lanze hat schon Wunder getan, mit der habe ich manchem das kranke Blut zum Fließen gebracht, morgen ist der Herr Vater wieder auf den Beinen.«

Fritz schauderte es; und sehr schweigsam führte er den Bader zu seines Vaters Losament.

Als der Mann, der sich auch gern Wundarzt nannte, neben Johann Rudolfs Bett stand, betrachtete er den Kranken, die Arme über der Brust verschränkt, und sagte: »Hmm ...«, als sei, was er da vor sich sah, nichts Absonderliches. »Nasse Kantonnemente und Wein, um die Seele warmzuhalten; auf diesen zwei Beinen lief das Podagra hinter jedem Manne her.« Der Bader befahl Hans und Fritz, den Kranken aufzurichten; das war ein schlimmes Stück Arbeit; aber schlimmer noch war es zuzusehen, wie der Wundarzt den verkrümmten Rücken mit Bürste und Sacktuch rieb, bis Johann Rudolf mit ergebener Stimme zu Fritz sagte, er solle schauen, ob noch ein Fetzen Haut vorhanden sei. Der Rücken war blutig gescheuert, und Fritz wandte sich empört ab. »Ihr schindet meinen Vater«, schrie er auf, die Hände über die Augen gepresst. »Vater, schicke ihn fort, das ist grauenhaft.«

»Muss sein, muss«, ächzte Johann Rudolf, »aber rücke einmal mit deinen Ventusen auf, Bader.« Als auch diese Operation unter viel Hokuspokus des Wundarztes vollzogen war – Wettstein hatte ohne einen Schmerzenslaut hingehalten –, verlangte er, niedergelegt zu werden; er atmete schwer, aber nun kam die wundertätige Lanze dran.

»Lass ihn dich nicht stechen, Vater«, schrie Fritz auf.

»Setz den Buben heraus, Hans«, sagte Wettstein rau, »das ist kein Anblick für ihn.«

»Nein, ich laufe nicht fort, ich bleibe«, sagte Fritz trotzig.

»Dann fang an, Bader.« Der Bader nahm die Lanze, wischte sie mit seinem unsauberen Rockzipfel ab. »Reinlichkeit muss sein«, sagte er und stieß mit schnellen, kurzen Stichen in Wettsteins Rücken. Fritz hielt sich die Ohren zu, weil der Vater mehrmals einen kurzen, gellenden Schrei ausstieß. Die Operation dauerte nicht lange, aber das Blut floss reichlich; Hans hielt ein Tuch unter die Wunden, aber schon sank Wettstein, seiner Sinne beraubt, auf den Strohsack zurück.

»So ist's gut«, sagte der Bader, »nun fließt die Krankheit ab«, wischte die Lanze im Bettuch rein, packte seine Siebensachen, ließ sich von Fritz einen Taler aushändigen und verließ im Hochgefühl seiner Wissenschaft den halb umgebrachten Patienten.

Johann Rudolf war bald wieder bei Besinnung, aber zu schwach, um ein Lebenszeichen von sich zu geben; Hans, der seinen Herrn unablässig beobachtete, sah das Leben in die Augen zurückkehren und winkte Fritz, er solle die warme Gerstensuppe aus der Ofenröhre bringen.

»Bin ich eine Wöchnerin?«, flüsterte Wettstein. »Bring Würzwein, Hans, aber starken.«

»Das Blut wird von neuem fließen, wenn du den Wein trinkst, Vater.«

»Es soll fließen, raus mit dem giftigen Zeug!«

Hans bereitete gehorsam den starken, heißen Wein; als Johann Rudolf ihn getrunken, trat zwar ein, was Fritz verkündigt, aber ein leichter Rausch half dem Bürgermeister über die Schmerzen fort, die ihm die Wunden bereiteten. Die frühere Plage hatte tatsächlich nachgelassen, oder war Wettstein nur zu schwach, sie zu empfinden? Immerhin, 24 Stunden später lehnte er blass und mit eingefallenem Gesicht in seinem Lehnsessel, arbeitend und schreibend wie zuvor.

Johann Rudolf hatte das Pochen an der Türe überhört. Erst beim Klang einer krächzenden Stimme hob er den Kopf.

Auf der Schwelle stand ein kleines Herrchen, das verschrumpft wie eine Backpflaume in seinen viel zu weiten Gewändern steckte und eine zierliche Begrüßung hervorgeschnarrt hatte. Bevor Wettstein nur ein Wort äußern konnte, war ein Diener an dem Alten vorbei in die Stube getreten und rief nun mit starker Stimme: »Der Herr Kanzler Reigersberger, Vertreter seiner kurfürstlichen Eminenz, des Kurfürsten Anselm Kasimir von Mainz!«

Oho, dachte Wettstein, Reigersberger in höchsteigener Person, Vorsicht! Glatteis. Über dem Haupt des kleinen Alten war Giggishans' Gesicht mit offenem Munde zu sehen. Johann Rudolf hieß ihn den besten Stuhl bringen. So war schon einige Zeit vergangen, in der Wettstein fieberhaft überlegen konnte, was Reigersberger vorhaben mochte und welchen Standpunkt er selber zu beziehen hatte.

Der Kanzler war mit seinem Stuhl ganz nahe neben Johann Rudolfs Sessel gerückt. Nun lehnte er schief über die Armlehne gebeugt, sein Anliegen ungnädig und quengelnd wie ein müdes Kind vorbringend; mit einem langen blauen Finger tippte er dabei dem Bürgermeister mehrmals auf die Brust, die andere Hand knisterte nervös in einem Brief, den er als Botschaft Longuevilles bezeichnete, die ihm soeben zugegangen.

»Auf diesem Blatt stehen die eidgenössischen Beschwerden gegen das Reichskammergericht; der Herzog rät mir, das Schreiben an die Vertreter der Reichsräte, hier und in Osnabrück, mit den nötigen Empfehlungen weiterzuleiten ... erstaunlich, welch warmes Interesse die Franzosen an Ihnen nehmen!« Seine Stimme überschlug sich vor Erregung. »Nachdem Frankreich das Elsass in die Tasche gesteckt hat, möchte es vom Reich noch manches Zipfelchen abreißen. Noch heißt es ›im Interesse der Eidgenossenschaft‹, aber wehe, wenn das Kind sich erst von des Vaters Hand losgemacht hat!«

»Das Kind ist seit langem gewohnt, allein zu gehen.«

»... Ja, was begehren Sie dann noch von den Reichsständen?«

»Nichts, Herr Kanzler, meine Instruktionen lauten auf die französische und die kaiserliche Gesandtschaft allein.«

»Ah, Sie meinen ein Druck von rechts, ein Druck von links, und das Reich wird euch die Exemtion gewähren.«

Bei dem Wort »gewähren« wollte Johann Rudolf auffahren, aber er sagte nur gelassen: »Die Exemtion steht nicht zur Diskussion, nur ihre schriftliche Bestätigung und damit die Aufhebung der schwebenden Prozesse in Speyer.«

Der Kanzler lachte höhnisch auf. »Steht nicht zur Diskussion, so, so! Das Reichskammergericht hat uns sein Verfahren gegen Basel als richtig und berechtigt dargestellt, also scheint man in Speyer von der indiskutablen Exemtion nichts zu wissen ... fahren Sie nach Hause, Herr Gesandter, wozu wollen Sie sich unnützer Mühen unterziehen?« Johann Rudolf lächelte ablehnend, so fuhr Reigersberger in erhöhtem Ärger fort: »Ja, wenn Sie wollen, kann ich Longuevilles Anregung nach Osnabrück schicken, reisen Sie hinterdrein und lassen Sie sich auch dort abweisen. Die protestantischen Reichsstände sind Ihren Forderungen ebenso abgeneigt wie mein Herr, der Kurfürst Anselm Kasimir.«

»Ich gedenke allerdings, in den nächsten Tagen nach Osnabrück zu reisen.«

»Mit Ihren Zürcherischen Briefen in der Hand? ...« Der Alte kniff ein Auge zu und sah Johann Rudolf lauernd an.

Wettstein fühlte sich erblassen ... was wusste Reigersberger von dem mangelnden Kreditivbrief ...? »Meine Papiere sind in der kaiserlichen Gesandtschaft niedergelegt.«

»Und ich, was bekomme ich?«

»Es besteht kein Befehl, mich bei dem Reichsdirektorium zu melden. Doktor Volmar wird Ihnen jede Information geben. Seit dem Jahre 1643 stehen wir mit dem Kaiser, als dem obersten Haupt des Römischen Reiches, wegen der Verstöße des Reichskammergerichtes in Verbindung; nur mit dem Kaiser habe ich zu verhandeln.«

»Und Sie meinen, Ferdinand könne irgendeinen Entschluss ohne die Genehmigung des Reiches ausführen? In dieser Zeit, wo die Fürsten dem Kaiser über den Kopf zu wachsen drohen? Nein, mein Lieber, Sie kennen unsere Macht Habsburg gegenüber noch nicht.«

»Wie sich der Kaiser mit den Reichsständen vereinigt, darf mich nicht kümmern.«

»Er wird sich nicht vereinigen!«

»Der Herzog von Longueville ist indessen der Ansicht, das Reich täte wohl daran, unser Anliegen ...«

»Ich weiß, ich weiß, Mazarin und Ferdinand meinen, die Schweizer Freundschaft nicht entbehren zu können, mögen sie um Ihre Gunst werben, das Reich aber gedenkt, auf eigenen Füßen zu bleiben und den Kampf mit ... den dreizehn Orten aufzunehmen.«

»Den Kampf mit mir, Herr Kanzler, als dem Vertreter eidgenössischer Interessen.«

Wettstein erhob sich schwerfällig, in der Hoffnung, das gefährliche Gespräch abzubrechen; der Schmerz schnitt ihm wie mit kleinen Messern in die Gelenke, er wurde noch um einen Schatten blasser, qualvoll zuckte es ihm um den Mund, aber er stand gerade aufgerichtet und sah auf den kleinen Herrn hinunter.

Der aber ließ sich nicht beirren. »Gut so, schön so«, krächzte der Alte, »dann halte ich mich an Sie; ich werde die Reichsräte in Osnabrück unterrichten, ganz nach Ihrem Wunsch, mein Lieber, aber Sie werden Widrigkeiten zu schlucken haben.«

Wettstein fühlte seine Kräfte schwinden, zum Glück aber brach gerade im schlimmsten Moment der Kanzler die Audienz ab. Johann Rudolf zwang sich, den alten Herrn bis zur Tür zu geleiten, nicht ohne seine Abschiedsworte in ein Rankenwerk von Komplimenten über die einflussreiche

Tätigkeit des Herrn Kanzlers einzukleiden. Das Lächeln wurde ihm schwer, und als er endlich wieder in seinem Stuhle saß, stöhnte und fluchte er sich alle unterdrückten Schmerzen von der Seele.

»Der Kanzler wird mir Schwierigkeiten machen, wie er kann«, sagte Wettstein verzweifelt zu Ruedi Burckhardt, der gekommen war, sich nach dem Verlauf der Unterredung zu erkundigen. »Ich werde dir einen kurzen Bericht an d'Avaux diktieren. Es wäre mir lieb, wenn er den Herzog vor meiner Audienz von der Einstellung des Reichsdirektoriums unterrichtete.«

»Lass mich zum Grafen d'Avaux gehen, Vater.«

»Es scheint mir, du liebst die Franzosen, mein Kleiner.«

»... Ja«, sagte Fritz ruhig nach einigem Zögern. Später, als Fritz mit dem Brief fortgegangen war, benutzte Wettstein die letzte Nachmittagsstunde, an Anna Maria und Freund Rippel zu schreiben. Anna Maria war leidend, wie Johann Rudolf aus ihrem letzten Brief erfahren. Er wusste, dass sein häufiges langes Fernsein eine krankhafte Eifersucht in ihr geweckt hatte; eine Eifersucht auf alles, das sie nicht mit ihm teilen konnte. Früher hatten auch unbekannte Frauen ihre Phantasie beängstigt. Wettstein lachte bitter vor sich hin, wenn er an diesen Grund ihrer Eifersucht dachte; er hatte in seinem Kämpferleben nie Zeit für Frauen gehabt, aber Anna Maria spürte wohl, dass er ihnen deswegen keineswegs abgeneigt war. Nein, ihre Eifersucht traf auch die Männer, mit denen er gemeinsam Kraft und Zeit verschwendete, wie Anna Maria sich auszudrücken beliebte; sogar die Eidgenossenschaft an sich mit ihren 100 Plagen, die der lange Krieg ihr gebracht, erschien der Frau als Störenfried ihres häuslichen Glücks. Für sie war Johann Rudolf nicht in erster Linie der führende Mann, sondern der unhäusliche Ehegatte, der die »Welt« mit dem Heim vertauscht hatte.

Johann Rudolf bemühte sich, in aller Liebe an Anna Maria zu schreiben. Würde sie denn nie begreifen, was er an

Ruhe, Frohsinn und wahrem Vergnügen dem Vaterland geopfert hatte? Wenn er dem Haus fern war, so schwebte ihm stets als lockendes Bild seine große getäferte Stube vor, wo er still in seinem geschnitzten Stuhl saß, dem Lautenspiel und Gesang seiner Töchter lauschte und auf Anna Marias immer fleißige Hände sah. Musste ihr die Freude an seinem Heim, die er so gerne zeigte, nicht Entschädigung für sein vieles Fortsein bedeuten? Es schien nicht so, auch jetzt wieder forderte sie zornig seine Rückkehr; aber er konnte doch nicht fort ... Und wenn sie an ihrer zornigen Sehnsucht langsam starb, wie sie es voraussagte? Johann Rudolf presste die Lippen aufeinander; daran durfte er nicht denken. Er war bereit, Leben und Besitz dem Vaterland zu opfern; was er begonnen, würde er durchführen.

Am folgenden Tag gelang es Johann Rudolf, außer dem Bett zu sein; er saß in einem Armstuhl, das umwickelte Bein auf ein Taburett gestützt; es war Zeit, dass es gebrauchsfähig wurde. Ärgerlich klopfte er mit seinem Stock den Takt zu einem Reitermarsch auf den Boden, den hier jeder blies und sang und pfiff und trommelte; für alle Zeiten würde ihm mit dieser Melodie der Begriff von Schmerzen, salziger Butter, saurem Bier, Kälte und Perücken verbunden bleiben; dieses »Mistphalen«, dieses elende Land. Johann Rudolf unterbrach sein Konzert mit dem Stock und lauschte; ein Wagen hielt vor dem Tor; fremde Stimmen ertönten im Flur, es wurde französisch gesprochen, das war d'Avaux selber, und schon riss Giggishans die Tür auf, und der französische Gesandte ließ in seiner vollen Eleganz die Bescheidenheit des Raumes zu völliger Ärmlichkeit herabsinken. Aber d'Avaux war zu höflich, einen Blick in die Runde zu tun, und Johann Rudolf focht die Einfachheit seines Quartiers nicht an.

»Was für ein Mann, dieser d'Avaux«, dachte Wettstein, während er mit ihm konferierte. »Wie viel Liebenswürdigkeit, wie viel Teilnahme; gewiss ist vieles nur ein hübsches Gewand, das blenden soll; aber die Mühe, die ein Mensch sich in der Liebenswürdigkeit gibt, darf nicht unterschätzt werden. Unsere berühmte ehrliche Grobheit ist sehr oft seelische Faulheit; wer würde sich bei uns die Mühe nehmen, seinen Mitmenschen in eine wohlig gehobene Stimmung zu versetzen. Er ist wohltuend, dieser d'Avaux.« Wettstein legte sich behaglich zurück, das lebhafte Mienenspiel seines Gastes mit dem Blick des Menschenkenners studierend.

»Der Herzog«, sagte d'Avaux und legte seine gepflegte Hand leicht auf Wettsteins gesundes Knie, »lässt Ihnen baldige Besserung wünschen, er wird Ihr Schreiben mit aller Gründlichkeit studieren; er ist genau wie ich fest entschlossen, die Exemtion in den Friedensvertrag aufzunehmen. Der Herzog sagte mir, als ich mich soeben von ihm beurlaubte, die Schweiz muss als souveränen Staat anerkannt werden; Wettstein, wenn Sie diese Auffassung auch dem Reich abgewinnen, haben Sie den großen Wurf getan.«

»Aber Anselm Kasimir hat neben dem Kaiser die oberste Macht im Reich; wie ich Ihnen schrieb, hat mir sein Kanzler rundheraus den Krieg erklärt.«

Da könne er wenig helfen, denn an Kurmainz wolle Frankreich sich nicht die Finger verbrennen, aber die Kurfürstentümer Bayern, Köln, Brandenburg werde man zu Wettsteins Gunsten beeinflussen können. Kurmainz dürfe die Beratung über die Schweizer Exemtion auf die Dauer nicht umgehen. Die Reichsstände müssten sich demnächst in Osnabrück mit der schweizerischen Angelegenheit befassen.

Wettstein erinnerte d'Avaux noch daran, dass er vorhin von der Schweiz als souveränem Staat gesprochen, ob er wohl einen diesbezüglichen Passus für den Friedensvertrag würde aufsetzen lassen?

»Gewiss, gewiss«, sagte d'Avaux zerstreut und erhob sich, um durch das Fenster nach seinem Wagen Ausschau zu halten. »Ich lasse Sie jetzt allein, Sie haben Schmerzen, auch wird meine schöne Freundin ungeduldig werden, die draußen in der Kutsche hin und wider fährt; zwar unterhält Ihr Sohn die Demoiselle wie ein gelernter Page.«

Wettstein hörte nicht auf die letzten Worte, d'Avaux sollte ihm jetzt nicht entschlüpfen. »So darf ich Ihren schriftlichen Entwurf demnächst erwarten?«, sagte er nachdrücklich, d'Avaux die Hand zum Abschied reichend.

»Schriftlicher Entwurf? Gewiss, den sollen Sie haben.« D'Avaux hatte Lucinde erspäht, so fiel sein Versprechen, obzwar ehrlich gemeint, doch in reichlich galantem Ton aus.

Als er gegangen und Fritz mit glühenden Wangen neben seinem Vater stand, strich Wettstein ihm gedankenvoll über den Kopf. »Willst du Bürger eines souveränen Staates werden, Fritz? Gott helfe uns zu Kraft und Einigkeit, dann werden wir es erreichen.«

»Wie weit mögen sie daheim mit der Aufstellung des Heeres sein, Vater?«

»Die Debatten über das Defensional sollten endlich abgeschlossen vorliegen. Fritz, setz dich nieder und schreibe der Mutter einen Brief, morgen geht die Post ab, erzähle ihr, was du tust und treibst und was du alles lernst, sie wird sich freuen.«

Fritz setzte sich gehorsam an den Tisch, aber seine Miene war einigermaßen skeptisch, als er zum Gänsekiel griff, um zu berichten, was er »tat und trieb und lernte«.

Noch scheint uns Basel eine Reichsstadt zu sein

Johann Rudolf hatte sehr gehofft, ein Schriftstück der Franzosen in Händen zu halten, bevor Reigersberger den Kurfürsten- und Fürstenrat in der Schweizer Angelegenheit zusammenrief; aber obgleich Kurmainz sich völlig untätig verhielt und der Januar immer weiter vorrückte, fand Longueville keine Zeit, mehr als freundliche Worte zu sprechen. Über die versprochene Friedensklausel keine Zeile.

Des Herzogs Dolmetscher, Jeremias Stenglin, ließ zwar durchblicken, dass die französischen Gesandten nach wie vor die Reichsräte mit gütlichen Ratschlägen traktierten, aber was wollte ein wenig Zureden gegen die hartnäckige Untätigkeit Reigersberger bedeuten!

»Ruedi«, sagte Wettstein nach Tagen vergeblichen Wartens, »ohne die schriftliche Erklärung Frankreichs, uns in den Frieden einzuschließen, können wir keinen Druck auf Reigersberger ausüben; mein Gott, womit sollen wir uns die Franzosen zu Willen machen?«

Johann Rudolf, der mit allem Schaffensdrang an den Kongress gekommen, sah sich vor Mauern der Passivität zu einer tatenlosen Blockade verurteilt. Oft ging er wohl eine Stunde lang in seinem Zimmer hin und her wie ein Tier im Käfig; warten, warten, warten, das lernte man hier, aber es war ein schweres Lernen für einen Mann der raschen Tat.

»Giggishans«, rief er an einem besonders leeren Morgen aus der Tür, »bringe mir die hohen Stiefel; ich will einen Lauf um die Stadt machen.«

»Herr Bürgermeister«, sagte Giggishans bedächtig, »das gibt wieder eine schlimme Nacht; alle Krankheiten stecken draußen in der Luft; ich halte die Fenster schon seit drei Tagen fest verschlossen.«

»Und ich ersticke in der muffigen Luft, draußen blitzt die Sonne auf dem trockenen Schnee, ich gehe spazieren!«

»Die Sonne hat noch niemanden kuriert, der Herr Bürgermeister soll nur beim warmen Ofen bleiben und heißen Würzwein trinken.«

»Verschwinde mit deinem Ofen und deinem Giftwein!«, schrie Wettstein wütend, »ich habe genug vom Stubenhocken! Bring die Stiefel.«

Giggishans ging mit beleidigtem Gesicht davon und murmelte vernehmlich: »Morgen muss ich den Bader mit der Lanze holen.« Aber Johann Rudolf ließ sich nicht abschrecken, befahl sogar Ruedi und Fritz heran und machte sich mit ihnen auf den Weg.

Giggishans behielt unrecht; Sonne und Luft hatten das Podagra nicht befördert, im Gegenteil, am nächsten Morgen fühlte Johann Rudolf sich wie neugeboren, seine Energie war wieder blank und stahlhart, und wenn er sich auch vor Kurmainz hüten sollte, heute beschloss er, den Alten selber aufzusuchen und zu sehen, woran es lag, dass das Räderwerk der Verhandlungen stockte. Er ließ sich also durch Ruedi bei den Kurmainzischen anmelden und trat am Nachmittag in das überhitzte Zimmer des greisen Kanzlers.

Dieser kam Wettstein mit einer Miene entgegen, die Freundlichkeit ausdrücken sollte, aber nicht mehr war als ein Wetterleuchten zwischen Bosheit und Heuchelei.

»Sie kommen zur guten Stunde, mein Freund, soeben wurde beschlossen, Kurfürsten und Fürstenrat auf morgen einzuberufen.«

Wettstein verneigte sich schweigend, um seinen freudigen Schrecken zu verbergen ... war das Volmars Werk? Als er sich aufrichtete, sah er mehrere Briefe in der Handschrift des kaiserlichen Gesandten auf dem Schreibtisch liegen. Reigersberger, der Johann Rudolfs flüchtigem Blick gefolgt, legte seine Spinnenfinger über die Schriftstücke.

»Die kaiserlichen Gesandten sind in großer Eile, Ihr Anliegen zu fördern; die Herren fürchten wohl, Longueville möchte Sie zu tief in seine Arme schließen.«

»Ich hoffe auf das Wohlwollen aller Parteien«, sagte Wettstein gemessen. »Auch der Erzkanzler des Reiches wird einer freundnachbarlichen Stadt ihr Recht nicht vorenthalten wollen.«

»Freundnachbarliche Stadt? Noch scheint uns Basel eine Reichsstadt zu sein! Mein lieber Herr Gesandter ... aller dreizehn Orte, wir wollen sehen, ob die gesamte Eidgenossenschaft gegen unsere Auffassung protestiert.«

»Die Eidgenossenschaft hat noch nie einen der ihren in der Not verlassen.«

»Ist der Herr Gesandte in Not?«

Johann Rudolf trat einen Schritt vorwärts und sah Reigersberger fest in die scharfen, bösen Augen. »Ja, Herr Kanzler, und Sie verhehlen mir nicht, dass Sie wissen, wo meine Not wurzelt, aber in einem ehrlichen Zweikampf«, Johann Rudolfs Antlitz überflog ein schönes Lächeln, »in einem ehrlichen Zweikampf gibt man dem Gegner Zeit, wieder fest auf die Füße zu kommen. Ich weiß, Sie werden mir morgen in der so wichtigen Versammlung keinen Rückenstoß versetzen.«

Reigersberger nahm die Brille ab und sah Wettstein aus seinen entzündeten Augen verblüfft an, dann putzte er umständlich die Brillengläser, murmelte, er wisse von keinem schwachen Punkt, durch den er seinen verehrten Gegner zu Fall bringen könne, und ging dann eilig zu Einzelheiten im Wachterschen Fall über.

Als der Bürgermeister sich verabschiedet hatte, nahm Reigersberger den Brief der kaiserlichen Gesandtschaft noch einmal zur Hand, rückte nahe an die lodernde Flamme des Kamins und las ihn mit ärgerlich spottender Stimme halblaut durch: »Wir wollen den Herren und Exzellenzien nicht verhalten zu sagen, dass die Stadt Basel schon seit hundertvierzig Jahren als ein Glied der Eidgenossenschaft gehalten und vermöge ihrer Freiheit nie zu irgendwelcher Dienstbarkeit dem Reiche gegenüber angehalten worden. Es ist auch nimmer zu gedenken, dass die Schweizer dergestalt einen Bruch und Eingriff in ihren freien Stand werden machen lassen, es steht vielmehr zu erwarten, dass der Abgeordnete, wenn man seiner Vaterstadt die Freiheit disputierlich machen wollte, sich alsobald bei den französischen und schwedischen Gesandten beschweren würde. Diese aber würden sonder allen Zweifel zu höchstem Nachteil des Heiligen Römischen Reiches den Anlass nicht versäumen, die Gunst und Zuneigung der Stadt Basel und gemeiner Eidgenossenschaft in erhöhtem Maße zu gewinnen. Die Notdurft erfordert also, dem Kammergericht zu befehlen, dass die angefangenen Prozesse gänzlich dahingestellt und inskünftig derlei Kläger an die Obrigkeiten, worunter die Beklagten gesessen sind, gewiesen werden, allwo sie billig das ergehende Recht ihnen wohl und weh tun lassen und sich keine weitere Provokation anmaßen sollen.«

Reigersberger warf den Brief beiseite.

»Wenn mein schlecht akkreditierter Herr Gesandter den Inhalt dieses Schreibens kennte, er würde mit größerer Zuversicht den Verhandlungen entgegensehen.« Der Greis lachte höhnisch auf. Aber sein Hohn galt nicht Johann Rudolf, sondern den Großen, die um die Freundschaft der Kleinen buhlten; dieser Wettstein! Er wird Recht bekommen und mehr als das. Ein Jammer, dass so ein Eidgenosse kein besserer Intrigant ist! Der könnte, wenn er die Fäden gehörig durcheinanderzubringen wüsste, jeden Vorteil erzwingen. Aber vielleicht schafft er's auch durch die Ehrlichkeit; in diesem Schlangennest, wo Intrigen die tägliche Nahrung sind, schnappt jeder mit Lust nach einem ungewohnten Bissen.

Der Alte wackelte mit dem Kopf und lachte sein brüchiges Lachen …: »Man nennt ihn hier den Schweizerkönig; sie wollten ihn ausspotten, aber über Nacht ist das Wort zu einem Ehrentitel geworden; ich mag ihn gut leiden, diesen furchtlosen Mann, der bei keinem Hieb auch nur mit der Wimper zuckt.« Der Kanzler läutete seinem Sekretär und begann einen Brief an die Reichsräte in Osnabrück zu diktieren, der bedeutend günstiger ausfiel, als es noch am frühen Morgen seine Absicht gewesen.

Johann Rudolf hatte trotz der trüben Aussicht für die morgige Ratssitzung die gute Wirkung bemerkt, die er bei Reigersberger hinterlassen, und fragte sich in bescheidenem Erstaunen, was wohl die Veranlassung sein mochte. Es war ihm schon mehrmals in Münster bei Verhandlungen mit höheren und untergeordneten Persönlichkeiten so ergangen und auch früher in der Heimat, dass Widersacher sich unversehens in Freunde wandelten.

Johann Rudolf war bei seiner überragenden Klugheit nicht ohne Selbstbewusstsein; er kannte Wert und Nutzbarkeit seiner Befähigungen ziemlich gut, aber er war nicht eitel, jedenfalls nicht mehr, als zur Selbsterhaltung jedes Menschen nötig ist; so gab er sich keine Rechenschaft von der Überlegenheit, die er seiner rechtlichen Gesinnung und der durchgeistigten Güte seines Wesens verdankte. Er war sich auch dessen nicht bewusst, wodurch er in wichtigen Debatten, wenn er Ärger, Neid und Beschämung auf den Gesichtern seiner Widersacher sah, das gestaute Gewitter zu zerstreuen vermochte.

Aber seine Mitarbeiter wussten es. In jenen Momenten, die auf der Schärfe der Schneide Feindschaft für das Leben balancierten, brach die wundertätige Sonne seines tiefmenschlichen Empfindens hervor. Mit einem leichten Wort, einem halb spöttischen, halb wehmütigen Lächeln konnte er die eigene Unzulänglichkeit betonen, dass das verwundete Selbstgefühl, eben noch sprungbereit geduckt, sich befreit aufrichtete, den Schmerz über die Unterlegenheit vergaß und freudig die Größe des anderen anerkannte.

*

Am Abend nach dem Verhandlungstag saß Johann Rudolf noch in später Stunde mit Ruedi Burckhardt auf; alle Möglichkeiten über den Ausgang der Konferenz erwägend.

»Du musst morgen auf irgendeine Weise das Resultat erfahren, Ruedi.«

»Die Sitzung war geheim, nur die kurmainzische Kanzlei, wo wir keine Freunde haben, kann Auskunft geben.«

»Es hat geklopft, Ruedi, alles schläft schon, geh, öffne du.« Ruedi ging hinaus, und Johann Rudolf spähte durch das Fenster ins Dunkle hinaus; aber er wurde vom Licht geblendet und konnte nicht sehen, wem Ruedi Einlass gab. Es war der Sekretär Reigersbergers, wie Ruedi ihn kurz darauf mit einem Verschwörerlächeln vorstellte.

Der Mann entschuldigte seinen späten Besuch, aber der Kanzler hätte den Herrn Gesandten heute noch informieren wollen, soeben sei die Sitzung beendet worden.

»Ich danke dem Kanzler für sein freundliches Gedenken, setzen Sie sich.«

»Oh, nicht doch, Eure Exzellenz.«

Johann Rudolf drückte das Schreiberlein auf einen Stuhl nieder: »Bei uns wird kein später Bote ungestärkt entlassen.

Ruedi, hole neuen Wein … und nun sagen Sie, wie steht es, Sie waren bei den Verhandlungen zugegen?«

»Ich habe das Protokoll geführt.«

»Dann sagen Sie mir vor allem: erkennt das Reich uns als Glied der Eidgenossenschaft an?«

Der Mann schüttelte den Kopf. »Nein.«

Johann Rudolfs Faust sauste auf den Tisch. »So werden wir es den Reichsräten beweisen müssen.«

»So meint auch der Herr Gesandte Bambergs; man müsse zunächst ein juristisches Gutachten über Basels Rechtsstand einholen.«

Johann Rudolf stöhnte auf in Gedanken an den neuen Umweg. »Hat denn niemand die Herren auf meine schriftliche Erklärung an die französischen und die kaiserlichen Gesandten hingewiesen?«

»Doch, der Kanzler hat Instruktionen Doktor Volmars verlesen, aber Johann von Greiffen, der Gesandte des Deutschmeisters, sagte, es sei ›berühmt worden‹, dass keine Empfehlung der gesamten Eidgenossenschaft vorläge, und somit wären alle Verhandlungen verfrüht.«

Wettstein klemmte die Lippen zusammen. »Und?«

»Der Herr Kanzler Reigersberger hat diesen Einwurf nicht gelten lassen wollen, die Kreditivbriefe lägen in der kaiserlichen Gesandtschaft, auch habe der Schweizer Bevollmächtigte keinen direkten Auftrag an das Reich.« Johann Rudolf blickte in freudigem Erstaunen auf.

»Und was sagten darauf die Herren?«, warf Ruedi Burckhardt hastig ein.

»So wolle man den Wachterschen Fall gelegentlich eines Reichstages gütlich beilegen.«

Johann Rudolf machte eine ungeduldige Bewegung, worauf ihn der Sekretär sogleich zu beschwichtigen suchte … gütliche Vergleiche seien Schweizer Brauch.

»Haben die Herren vergessen, wie viel Schweizerblut in ungütlichen Vergleichen geflossen ist?« Johann Rudolf war aufgestanden, beugte sich über den Tisch und sah den Sekretär drohend an.

»Der Herr Kanzler hatte das letzte Wort«, rief der Mann verängstigt aus. »Er hat ernstlich darauf hingewiesen, wie gefährlich eine Verzögerung des Handels für die Reputation des Reiches werden könnte.« Der Mann brach ab, als habe er zu viel gesagt. »Endlich kam ein Mehrheitsbeschluss zustande.«

»Und welcher Art ist dieser Beschluss?«

»Die Privilegien Basels anzuerkennen und die Stadt vom Reichskammergericht zu eximieren.«

»Ah, und weiter?«

»Worunter aber auf keinen Fall das Ausscheiden aus dem Reichsverband verstanden werden soll.«

Johann Rudolf fasste sich an den Kopf ... »Die Herren wollen unseren Standpunkt nicht begreifen.«

»Die Reichsräte haben beschlossen, den Herrn Gesandten um Geduld zu bitten«, sagte der Sekretär flehentlich, »bis sich das Reichskammergericht noch einmal geäußert hat; in Osnabrück wird die entscheidende Versammlung stattfinden.«

»Aber wir sind doch seit langem frei vom Reichskammergericht«, unterbrach Ruedi Burckhardt erbittert, »und dennoch beliebt es dem Reich immer wieder, unsere Exemtion zur Diskussion zu stellen.«

Der Sekretär, der sich einem jungen Manne wie Ruedi Burckhardt gegenüber eine eigene Meinung erlaubte, hob ermahnend einen Finger und sagte schulmeisterlich: »Bisher hat es immer geheißen, dass, solange Basel sich nicht auf legitime Weise vom Reichskörper zu trennen vermöge, das Reichskammergericht die Stadt als ein Glied des Reiches ansehen müsse.«

Johann Rudolf, dem die Debatte mit dem untergeordneten Mann unlieb war, sagte abschließend: »Um ebendiese legitime Trennung zu erreichen, befinden wir uns hier.«

»Mein Herr trägt sich mit den besten Hoffnungen auf einen glücklichen Ausgang.«

»Ich auch.« Johann Rudolf saß, den Kopf in die Hand gestützt, und sah den Sekretär mit leichtem Spott an. Er sah ihn gewissermaßen zur Tür hinaus. Ruedi Burckhardt geleitete ihn mit aller Höflichkeit. Als er wieder zu seinem Onkel trat, sagte dieser müde: »So ist nun die jahrelange Vorarbeit umsonst getan; und nutzlos die schönen Versprechungen Volmars und Longuevilles … Wir schweben in der Luft wie ein Federchen, jeder kann es nach Belieben hierhin und dorthin blasen … die Bestätigung unserer Souveränität, wie fern scheint die Erfüllung gerückt! Dieses zweihundertvierzigköpfige Ungeheuer trägt zweihundertvierzig verschiedene Gesichter. Wer soll sie allesamt zu einer zustimmenden Grimasse zwingen? Niemand hat den Willen und die Autorität dazu; einzig wir, wir als einiges Volk hätten die Macht … Ach, Ruedi, warum sind sie so grausam daheim! Sie töten mich mit ihrem Schweigen!«

»Das Favorschreiben kann jeden Tag eintreffen, Onkel; wir haben noch Zeit bis zur Osnabrücker Verhandlung!«

»… Ich muss Volmar so bald wie möglich sprechen; setzen wir unsere Abreise nach Osnabrück auf übermorgen fest.«

*

Vor Wettsteins Quartier stand der Reisewagen, ein flaches Brettergerüst auf Rädern mit einem grünen Wachstuch überspannt. Der Wirt schichtete Stroh auf den Karren, Giggishans und der Korporal verteilten Koffer darauf wie Bänke. Hans sollte fahren, Ruedi neben ihm sitzen, zwei geladene Pistolen im Gürtel, als Hüter der Dokumente. Fritz wies man die hinterste Bank zu, wo er über seinem Weltschmerz brüten durfte, wie der Bürgermeister sagte, der nicht begriff, welcher Trauerteufel in seinen sonst so fröhlichen Buben gefahren war. Er selber und der Korporal wollten voranreiten.

Johann Rudolf stand neben dem Wagen und gab seine Anordnungen; er blies in die blaugefrorenen Hände, bis sein viereckiger Bart sich silbern bereifte. Es herrschte an diesem 30. Januar eine Kälte, dass die Luft erklang; auf dem knirschenden Schnee dunkelte die Sonne; tiefblau stand der Himmel über der Kongressstadt.

Gegen neun Uhr brach die Reisegesellschaft auf, der Wirt schlug die eisenbeschlagenen Torflügel des Hofs weit zurück; der Aufzug, der an ihm vorüberzog, war nicht glänzend, zwei in Pelze und Kappen gehüllte Männer auf mageren Pferden und ein alter Planwagen. Fritz zitterte, man könne der goldstrotzenden Kutsche d'Avaux' begegnen; in dieser Lage wünschte er Lucinde trotz seiner brennenden Sehnsucht nicht zu sehen ... Gestern Abend hatte er in dem geliebten, atlasgefütterten Kabinett Abschied von ihr genommen; der süße Duft ihrer Hände! In Gedanken beugte er sich noch einmal über ihre kleine Hand, die ihn so fest zu halten wusste ... Wenn nur der Vater nicht zu lange in Osnabrück weilen müsste!

Ruedi Burckhardt schaute mit glänzenden Augen unter dem Verdeck hervor, denn in der Ferne hatte er Berge entdeckt, einen Höhenzug immerhin! Es war der Teutoburger Wald, und der Wirt hatte erzählt, dass einst in dieser Gegend eine Römerschlacht getobt, nach deren siegreichem Ausgang für den Germanenführer Armin Varus, der römische Feldherr, sich in sein Schwert gestürzt hatte.

Der Weg stieg an. Durch friedliche, weiße Tannenwälder suchten die Pferde ihren Weg; Totenstille lastete auf den Zweigen. Wo die Sonne zwischen den dichten Wipfeln einen schmalen Eingang fand, webte sie golden glänzende Muster in die weichen Schneekissen. Niemand sprach; wie durch ein Märchenland zogen lautlose Hufe und Räder auf dem weißen Weg dahin.

Von den Herbergen, in denen Wettstein und seine Begleiter speisten und zur Nacht ruhten, waren Stille und Märchenzauber weit entfernt. Die Wirte hatten es gelernt, aus der guten Zeit ihren Vorteil zu ziehen. Früher sahen sie das runde Jahr kaum einige Jäger und Holzfäller zu einem schnellen Trunk einkehren; aber jetzt war die Straße zwischen Münster und Osnabrück fast ständig begangen. Die größten Herren aller Länder hielten in ihren Staatskarossen vor den niedrigen, verräucherten Häusern, und die seidenrauschenden Herren und Damen, die so gar nicht für eine Fahrt durch Wald und Sumpf gerüstet waren, freuten sich, wenn sie nur ein Dach über dem Kopf hatten und ein Feuer, um sich zu wärmen.

Wettstein wurde mit weniger Katzbuckeln empfangen als andere Gesandte, aber er bezahlte, ohne zu markten, und hatte eine Art, anzuordnen und sich die Wirte dienstbar zu machen, dass sie bald den Herrn in ihm erkannten.

Am Abend des zweiten Tages erreichten die Schweizer Osnabrück. Der Herzog von Longueville hatte Johann Rudolf schon darauf vorbereitet, dass die zweite Kongressstadt bis unter das letzte Dach überfüllt sei, und ihm Quartier in der französischen Gesandtschaft angeboten. Aber Wettstein hatte es ausgeschlagen, um nicht den Eindruck zu erwecken, er führe im Kielwasser des mächtigen Franzosen dahin.

Der Herzog hatte recht prophezeit, in keinem Wirtshaus, in keiner Bürgerwohnung war Platz für fünf Mann. Es herrschte tiefe Dunkelheit, als Johann Rudolf beratschlagend mit den Seinen vor einer überfüllten Herberge hielt. Ruedi schlug vor, die nächste Scheune zu ihrem Quartier zu machen, der Bürgermeister war einverstanden, und als die Kavalkade sich wiederum in Bewegung setzte, wurde die Wirtshaustüre aufgerissen, und zwei Männer mit schwankenden Laternen traten heraus.

»Heinrich, Peter!«, rief Giggishans aus, »kommt heran und gebt uns einen Rat.«

Die Männer waren verblüfft stehen geblieben; es waren zwei Kutscher des Grafen von Trautmannsdorf, sie hatten schon mehrmals den schweizerischen Gesandten in seinem Quartier zu Münster abgeholt und kannten Giggishans, wie jeder in der Kongressstadt ihn kannte.

»Wir suchen Quartier«, sagte Johann Rudolf von seinem Pferde herunter, »wisst ihr eine Herberge?«

»Ach, Herr, wir sind alle verstreut untergebracht; unsere Herren wohnen bei dem Bürgermeister, dort wäre vielleicht noch Platz.«

»Nein«, unterbrach Wettstein kurz, »ich muss eigenes Quartier haben.«

Die beiden Männer dachten einen Augenblick nach, schließlich schauten sie sich fragend an, und der eine sagte zögernd: »Unserer Herberge gegenüber hat ein Wollenweber seine Werkstätte, der hat heute ein Papier herausgehängt, er habe freies Quartier; aber es besteht aus einem Hühnerhaus, und am Morgen waren die Tiere noch darin. Es wird dem Herrn Bürgermeister zu schlecht sein.«

Wettstein wandte sich lachend zu Ruedi um: »Wollen wir die Nacht auf den Hühnerstangen zubringen?«

»Es wird so schlimm nicht sein, und auf der Straße können wir bei dieser Kälte nicht bleiben.« Johann Rudolf zögerte dennoch, den Wink zum Aufbruch zu geben. »Denke an dein Podagra, Onkel«, drängte Ruedi Burckhardt, »du bist zwei Tage durch die Kälte geritten.«

Wettstein seufzte. »Also führt uns hin, ihr Retter in der Not.«

Im Haus des Wollenwebers war es schon dunkel und still, aber Giggishans und die beiden Kutscher trommelten an die Tür, bis ein verschlafener Mann erschien, den auch die Aussicht auf Logiergäste nicht wachrüttelte, er hatte es nicht eilig mit dem Vermieten; wenn er diese Gäste abwies, standen morgen früh andere vor seiner Türe. Aber wenn der Bürgermeister befahl, wurde immer gehorcht. So schloss der Mann brummend seinen Hühnerstall auf und ließ Ruedi eintreten.

Der schlotternde Wollenweber hob seine Laterne in die Höhe. Ruedi hielt sich die Nase zu und wäre fast ausgeglitten auf dem ungereinigten Boden; er hatte Lust, sofort in die Winterluft hinauszustürzen, aber im Hintergrund entdeckte er zwei riesige Betten, die einigermaßen hergerichtet schienen. Ein eiserner Ofen war vorhanden, dessen Rohr, strohumhüllt, zur Fensterluke hinausragte.

»Auf dem Estrich sind noch einige Betten, und eine Unterkunft für die Pferde ist auch vorhanden«, murmelte der Mann mit klappernden Zähnen.

»Wir nehmen das Quartier«, sagte Ruedi, »Stroh für die Pferde und Betten für die Männer, was können wir mehr verlangen.«

Als die beiden Kutscher mit Dank und Trinkgeld entlassen und der Wollenweber zu seinem Weibe und seiner Schar Kinder, die man weinen und husten hörte, zurückgekehrt war, machten Hans und der Korporal sich daran, die Pferde zu versorgen. Wettstein und die beiden jungen Männer trugen die Koffer hinein. Der Bürgermeister öffnete eine Fensterluke neben dem Ofenrohr.

Ruedi untersuchte die Betten; das grobe Leinen war feucht, das Stroh, über das es gebreitet war, festgefroren. »Wir müssen in den Kleidern schlafen, Onkel«, sagte er, »denn das faule Stroh wird unter uns auftauen.«

Fritz kam vom Estrich zurück. Er lachte leise vor sich hin. »Vater, du solltest unsere Betten sehen. Weißt du, woraus sie bestehen? Aus leeren Futterkisten; wir müssen die Beine von den Kniekehlen an heraushängen lassen.«

»Nehmt doch das Stroh heraus und legt es auf den Boden.«

»Das geht nicht, Vater. Die drei Kisten stehen in einem winzigen Verschlag, der übrige Estrich ist die Räucherkammer; er liegt wohl über der Küche; du erstickst fast, wenn du hindurchgehen musst, und stößest mit dem Scheitel an Würste und Schinken.«

»Gehen wir schlafen«, sagte Wettstein trocken, »wir sind nicht zu unserem Vergnügen hier! Morgen wollen wir weitersehen.«

Es gibt nur einen Weg, den Weg des Anstandes und der Furchtlosigkeit

Am anderen Morgen, als Giggishans vor dem eisernen Ofen kniete und unter Husten und Spucken ein Feuer in Gang zu bringen versuchte, stand der Bürgermeister mit gespreizten Beinen, die Hände auf dem Rücken, in der Mitte des Raumes, von seinen übrigen Mannen und den Wollenwebersleuten umgeben, wie ein Feldherr bei der Parole.

»Bevor ihr Tische und Stühle bringt«, sagte er zu dem Wirtspaar, »muss der Boden gefegt werden.«

»Der Boden gefegt?« Die Frau legte entrüstet die Hände über dem Bauch zusammen. »Der ist noch nie gefegt worden, und was jetzt darauf liegt, hält warm, es muss nur gut antrocknen.«

»Herunter muss es! Ich wate nicht im Hühnerdreck herum und trage ihn nachher den hohen Herren in ihre gebohnerten Gemächer. Das Fenster wird gewaschen, das Stroh in den Betten erneut, wenn es auftaut, ist es fauler Mist.«

Giggishans, der den Widerstand der Frau empfand und sich der Schwäche in der Position seines Herrn bewusst war, denn Mieter, die weniger anspruchsvoll waren, standen jede Stunde zur Verfügung, sagte vom Ofen her, die Reinigung würde er selber übernehmen, und winkte dem Ehepaar, es könne gehen. Dann riet Giggishans dem Bürgermeister mit dem Wohlwollen des langjährigen Dieners, er solle mit seinem Herrn Amanuense und dem Korporal auf Besuche gehen.

»Tue das, Vater«, redete auch Fritz zu, »ich werde dir schon mit Hans ein Quartier zurichten.«

Als Johann Rudolf gegangen war, um zuerst die fürstlichen und städtischen Vertreter aufzusuchen, begann Fritz mit Hans' Hilfe, sekundiert von etwa vier Kindern des Wollenwebers, den Boden und die Fenster zu säubern, frisches Stroh für die Betten zu holen, Möbel zu beschaffen und einen Wollteppich auf die Erde zu legen.

An Möbeln war zwar nicht viel zu finden: ein Tisch, zwei Hocker und ein Lehnstuhl, der nur eine Armlehne aufwies. Um der Möbelnot abzuhelfen, hatte Fritz die gute Idee, aus zwei Reisekisten und einigen Brettern einen Schreibtisch herzustellen, als Decke diente ein Tuch, das des Bürgermeisters Staatsgewand zu umhüllen pflegte. Schreibzeug, Bücher, Papiere wurden daraufgelegt.

Fritz und Giggishans verharrten stumm vor ihrem Werk, die Wollenwebersfrau mit einer Traube kleiner Kinder an ihrem Rock stand an der Tür, der Weber, die unruhigen Hände hin und her schiebend, eine Strange Wolle über den Nacken gehängt, schaute seiner Frau über die Schulter. Fritzens Kunststück der Innenausschmückung verschlug allen die Stimme.

Wenn nur der Vater käme ... aber der saß neben Ruedi Burckhardt im überfüllten Vorzimmer eines Abgeordneten der Reichsräte. Vor der Tür stand der weiß-schwarze Korporal. Ein Wartender nach dem anderen wurde empfangen;

es schlug zwölf Uhr, der Diener erklärte die Audienzzeit als beendet, und Johann Rudolf musste unverrichteter Dinge heimkehren. Wenn er nicht die freudige Überraschung eines sauberen Quartiers und des fürstlichen Schreibtisches gehabt hätte, so wäre ihm der Zorn über diesen verlorenen Morgen in die Knochen gefahren, denn »Ärger ist die Großmutter des Podagras«, pflegte Freund Rippel zu sagen.

Die Reichsräte zeigten sich auch an den folgenden Tagen nicht. Wie zürnende Götter thronten sie hinter undurchdringlichen Wolken. Wettstein ließ endlich seinen Neffen allein antichambrieren, er selber attackierte die kaiserliche Gesandtschaft, ohne aber mehr zu erreichen als Ruedi bei den Reichsräten, denn die Vertreter des Hauses Habsburg waren in tiefe Konflikte mit den Schweden verstrickt. Hochmütig in ihrem Siegesbewusstsein, gedachten die Schweden, keine Konzessionen zu machen, und obzwar Volmar sich wie eine Schlange wand, Trautmannsdorf die genussfreudigen Schweden beim Becher zu überreden versuchte, und Nassau, streng und humorlos, die Gegenpartei mit ethischen Gründen meinte rühren zu können, beharrten Oxenstierna und Doktor Adler Salvius, diese hartgesottenen Ketzer, auf ihrer Forderung gegenüber der kaiserlichen Majestät.

So kam Volmar schließlich auf den Gedanken, von Wettstein, der in seiner eisernen Hartnäckigkeit die kaiserliche Gesandtschaft nicht losließ, eine Gegenleistung zu fordern. Der Bürgermeister sollte als Mittler bei d'Avaux wirken, der mit den Schweden Hand in Hand arbeitete und ja Wettsteins großer Gönner war. Aber Johann Rudolf ließ sich nicht auf das Glatteis politischer Intrigen locken, weder durch Komplimente über seine staatsmännischen Talente noch durch die Andeutung, der Kaiser wisse besondere Verdienste mit offener Hand zu belohnen, noch durch die Drohung, Volmar werde die Frage des halben Kreditivschreibens aufrollen.

Wettstein pflegte Doktor Volmar, als dieser sich durch mehrere Audienzen hindurch die Zunge müde redete und aus seinem Hirn die überzeugendsten Argumente vorlegte, mit leicht geneigtem Gesicht anzusehen, fast als sei er schwerhörig. Ja, er warf hin und wieder ein »Wie bitte?« hin, so dass Volmar gezwungen war, Worte zu wiederholen, die er am liebsten, kaum dass sie gesprochen, schon wieder ausgelöscht hätte. Aber Johann Rudolf war unerbittlich. Jedes Verführerwort wurde festgenagelt. Dabei hielt er die Brauen kummervoll gehoben, aber seine Augen lächelten; eine beunruhigende Miene. Doktor Volmar wurde sich nicht klar darüber, ob sie einer spöttischen Überlegenheit entstammte oder einem schmerzlichen Humor, der sich über menschliche Abwege und Umwege keine Illusionen macht. Es mochte beides auf dem Grunde von Wettsteins Gedanken liegen: ein peinvolles Erstaunen darüber, dass ein ehrenhafter Mann wie Doktor Volmar ein klares Ja oder Nein, einen geraden Weg für so ganz und gar unwahrscheinlich hielt, dass er durch Tage glaubte, Johann Rudolf zum Zwischenträger und Aushorcher benutzen zu können, und anderseits, eine kleine boshafte Vorfreude auf den Moment, wo der siegesbewusste Volmar vor dem so unwichtigen schweizerischen Gesandten würde kapitulieren müssen.

Daneben beschlich Johann Rudolf allmählich eine tiefe Beunruhigung. Er begann zu fürchten, Volmar könne sich von einer Stunde zur anderen aus einem Freund in einen Feind verwandeln, und was geschah dann? War seine, Johann Rudolfs Ehrlichkeit eine so wichtige Figur in diesem Spiel, dass er ihr den Vorteil seines Landes opfern durfte? War es nicht ratsamer, Volmar nachzugeben? Herr des Himmels, hatte man ihn schon dahin gebracht, dass er sich fürchtete, ehrenhaft zu handeln? Nein, Angst durfte ihm nicht die Füße unsicher machen, nur das nicht! Was immer auch die Stimmen rechts und links und im eigenen Herzen zischelten, es gab nur einen Weg, an dessen Ende wahrer Erfolg lag, den Weg des Anstandes und der Furchtlosigkeit. So ließ er sich nicht brechen, nicht einmal biegen, und während ihn noch die

Gespenster des Zweifels bedrohten, war ihm der Lohn schon zugefallen. Denn Volmar, der den klaren Schönheiten in Wettsteins Charakter kaum zu glauben gewagt und im Herzen zitterte, Wettstein möchte nachgeben, war Wettstein tief dankbar für seine Beständigkeit, und eine scheu verborgene, aber heiße Zuneigung zwang ihn, sein eigenes Anliegen aufzugeben und sich stattdessen mit Geist und Gemüt für Wettstein einzusetzen. Nur eines hemmte sein Vorwärtsdrängen: das mangelnde Favorschreiben. Solange Johann Rudolf es nicht zu beschaffen vermochte, waren die Streiche, die Volmar für ihn tat, in die Luft geschlagen. Zu Johann Rudolf aber sprach Volmar nicht von dem leidigen Brief, wusste er doch, wie heiß er seine Ankunft ersehnte. Die trübe Nachricht von der ersten Tagung des Fürstenrates konnte er ihm jedoch nicht vorenthalten.

Am Tage von Wettsteins Ankunft hatten die Vertreter der Kurfürsten und Fürsten sich mit dem Wachterschen Fall – mehr wollten sie in dem schweizerischen Anliegen nicht sehen – beschäftigt, und was Wettstein mit aller Anstrengung zu verhüten gesucht, wurde beschlossen. Die Angelegenheit solle als eine stadtbaslerische auf einem allgemeinen Reichskonvent erledigt werden, dort könne man im besten Fall der Exemtion Basels vom Reichskammergericht zustimmen, aber niemals einer Lostrennung vom Reich. Von Anerkennung der Souveränität des gesamten Landes, die doch seit bald 150 Jahren bestand, verlautete kein Wort. Wettstein war es, als müsse er sich zerreißen in seiner Ungeduld; anstatt vorwärts, ging er rückwärts, und ihm waren die Hände gebunden. Hatte er doch keine Vollmacht und vor allem keine Gelegenheit, diese große Frage, die im Hintergrund aller Verhandlungen stand, gewaltsam aufzuwerfen. Seine ganze Hoffnung hing daher an Volmar und d'Avaux, die sich als Paten des Freiheitsgedankens gaben, doch fehlte noch Schweden als dritter Gönner.

Die Schweden. Sie saßen wie ein Alp auf der Brust des Reichsrates und waren somit Wettsteins natürliche Verbündete. Aber wie sollte er mit Doktor Adler Salvius und dem Grafen Oxenstierna, die nicht einen Hauch von Interesse für die Eidgenossenschaft besaßen, in fruchtbare Beziehungen treten? In der kaiserlichen Gesandtschaft durfte Johann Rudolf die Namen der Schweden nicht aussprechen, ohne dass sich Gewitterwolken zusammenballten, und d'Avaux, der vielleicht einen vermittelnden Schritt tun würde, war in Münster. So musste er selber den peinlichen Versuch einer ersten Annäherung wagen, und er unternahm, was irgend zu unternehmen möglich war. Er schrieb, er wartete, er saß in Vorzimmern, aber er gewann keinen Fußbreit Terrain. Schon war ein Drittel des Februars vergangen, und noch hatte Johann Rudolf kein Wort weder mit den Reichsräten noch mit den Schweden getauscht.

Johann Rudolf trug die Demütigung, die in der schweigenden Abwehr lag, wie einen Stachelring um den Hals; er schämte sich vor seinen jungen Männern, dass er wehrlos hinunterwürgen musste, was er am liebsten den hochmütigen Herren mit Gleichem vergolten hätte; aber er hielt nicht einen einzigen Trumpf in der Hand. Ja, wenn er die Gesamtheit des Volkes hinter sich wüsste, aber als halber Abgesandter durfte er nicht einmal auf die bewaffnete Neutralität hinweisen, die inzwischen Tatsache geworden und sein Stolz und seine Freude waren. Die Herren in Zürich mussten nun seinen zweiten Brief erhalten haben ... würde Salomon Hirzel seine Freundschaft zu dem Luzerner Schultheißen Dulliker wohl zugunsten des Favorschreibens ausnützen können?

In mancher Nacht lag Johann Rudolf wach und sprach in Gedanken auf seine Landsleute ein. Ach, wenn es ihm gelänge, die Freiheitserklärung der Schweiz in den Friedensschluss aufnehmen zu lassen, mit 1000 Freuden wäre er bereit, noch viele dieser entsetzlichen Monate auf sich zu nehmen; aber einem uneinigen Volk würde Gott eine solche Gnade nicht erweisen, und im Dunkel der Nacht faltete Johann Rudolf die Hände und flehte Gott an, die Männer in der Heimat zu erleuchten, dass sie begriffen, wie Hohes hier draußen auf dem Spiel stand.

In der Mitte des Monats luden ihn einige Reichsräte zu einer inoffiziellen Unterredung ein. Johann Rudolf machte sich nicht ohne Stöhnen auf den Weg; mit dem Tauwetter hatte ihn sein Leiden von neuem angefallen. Mühsam ging er an Ruedi Burckhardts Arm durch die aufgeweichten Straßen; sie sprachen beide kein Wort in der schmerzlichen Spannung um das Resultat der Unterredung.

Als Ruedi zwei Stunden später seinem Onkel im Vorzimmer abermals den Arm reichte, um ihn die Treppe hinunterzuführen, erschrak er über das gealterte Antlitz an seiner Seite. Er fragte nichts, und auch Wettstein schwieg. Erst auf der Straße sagte der Bürgermeister bitter: »Unser Anliegen ist so unbedeutend, dass man es auf den nächsten Reichstag verschieben will. Speyer hat zwar eingewilligt, die Prozesse bis zu diesem Zeitpunkt schweben zu lassen; aber von der Bestätigung der Exemtion im Friedensvertrag wollen die Reichsräte nichts wissen, damit sich nicht etwa eine Souveränitätserklärung in das Friedensinstrument einschleiche. So sagte der Vorsitzende und fügte hinzu: Eure katholischen Orte werden uns wohl keinen Widerstand machen, oder können Sie das Gegenteil behaupten? ... Ruedi, immer wieder dieses Messer, das jede Hand in mir umdreht.«

Und als hätten die seelischen Schmerzen die körperlichen geweckt, blieb Johann Rudolf stöhnend stehen. »Warte einen Augenblick, Ruedi, es geht fast nicht mehr.« Johann Rudolf war totenbleich, er biss die Zähne in die Unterlippe und schloss die Augen. »Zieh mich von der Stelle, Ruedi, ich kann nicht zum Gaudium des Volkes hier stehen bleiben.«

Unter entsetzlichen Schmerzen gelangte Wettstein in seine Herberge zurück; er weigerte sich, ins Bett zu gehen, weil er dann erst recht unbeweglich sein würde, und er musste sich doch jeden Augenblick bereithalten, den Schweden aufzuwarten.

So saß er denn den Nachmittag und die ganze Nacht in dem zerbrochenen Lehnstuhl, das eingebundene Bein auf einen Hocker gestützt, und versuchte mit angespanntem Willen, die Krankheit zu vertreiben. Anna Maria würde ihm empfehlen zu beten; für Frauen mochte das gut sein, aber Johann Rudolf, der sich Gott als einen großen Herrn vorstellte, glaubte, es müsse ihm besser gefallen, wenn ein Mann sich selber half, als um Hilfe jammerte. Helfen würde Gott ihm, daran zweifelte er nicht, und dem Starken lieber als dem Verzagenden.

Am Vormittag diktierte er Briefe an Ruedi Burckhardt. Seine Stimme war rau, und die Augen lagen matt in den eingesunkenen Höhlen. Plötzlich reißt Giggishans die Türe auf und führt einen grüngekleideten Vorläufer herein, und bevor Johann Rudolf noch recht erfasst hat, was geschieht, hat der Mann schon seine Botschaft hervorgeschmettert: »Herr Doktor Adler Salvius, Gesandter Ihrer Majestät der Königin Christina von Schweden, wird sogleich dem Herrn schweizerischen Gesandten seine Aufwartung machen.«

Wettstein protestierte, er selber werde seine Exzellenz besuchen; doch es stellte sich heraus, dass der hohe Herr schon auf dem Wege sei. Kaum war der grüne Mann aus der Türe, als Wettstein seine Leute zusammenrief. »Giggishans, reiß mir den Verband herunter, ich will nicht als Kranker verhandeln ... Schnell, keine Widerrede.«

Giggishans wickelte das Bein seines Herrn aus, Fritz brachte Strumpf und Schuh. Gemeinsam hoben sie den Bürgermeister, der mit einem erstickten Schrei den Fuß auf den Boden setzte, aus dem Stuhl. »Weg da, ihr beiden! Ich *will* gehen.« Und er ging, hin und her, hin und her, aber seine Wangen wurden noch um einen Schatten fahler. »Die Wagen kommen«, rief Korporal Hans zur Tür herein und stürzte in den kleinen schmutzigen Hof. Drei Karossen mit je vier Pferden bespannt, rot ausgeschlagen und reichlich mit Gold verziert, füllten das ganze Gässchen aus. Ein großer und sehr dicker Mann, der mühsam an der Pracht seiner Kleider zu schleppen schien, stapfte langsam durch den Hof. Zwölf Kavaliere folgten ihm. Lakaien liefen vor ihm her und rissen die Tür zu Wettsteins Zimmer auf, die Korporal Hans als Vertreter des schweizerischen Gesindes hütete.

Johann Rudolf ging dem Gesandten, so schnell er es vermochte, entgegen, führte den Herrn zu dem einarmigen Stuhl und bat ihn, sich zu setzen. Doktor Adler Salvius aber, der wie ein Turm in der Mitte des Gemaches stand, sah zweifelhaft auf das gebrechliche Möbel. Johann Rudolf entschuldigte sich für das schlechte Losament.

»Das kennen wir«, sagte Salvius gleichgültig. »Man kann sein Quartier nicht mit sich tragen. Nun, versuchen wir es mit diesem Thronsessel.« Er ließ sich vorsichtig nieder, rückte den Stuhl von rechts nach links, aber niemals kamen auf dem unebenen Boden mehr als zwei Stuhlbeine zugleich zu stehen; so schaukelte der unglückliche Mann bei jedem lebhaften Wort hin und her. Er hatte nämlich Johann Rudolf, der ihm auf einem Dreibein gegenübersaß, sofort mit Reden überschüttet, und das in einem harten, raschen Deutsch, das Wettstein nur mit Mühe verstand. Er sagte zum Beispiel: »Ssie ssind krank?« Und Johann Rudolf antwortete: »Oh, nicht der Rede wert.« Und der Schwede: »Ssie ssehen aber sschlecht aus.« Dann kam er auf die Exemtionsfrage zu sprechen und meinte, man könne die Kleinigkeit auch bis zum nächsten Reichstag verschieben; warum der Bürgermeister seine Zeit auf diesem Kongress verlieren wolle, die Anerkennung der schweizerischen Souveränität würde er doch nicht erreichen.

Wettstein durchzuckten Schreck und Ärger. Auch hier Hinauszögern und Widerstand? Lebhaft und eingehend begann er die schweizerischen Verhältnisse zu erklären und wies darauf hin, dass die Eidgenossenschaft gerade auf Schwedens Hilfe zähle, um bei der allgemeinen Verteilung nicht übergangen zu werden. Nach langer Debatte schien Salvius endlich bis zu einem gewissen Grade überzeugt. Vor allem tue die Schweiz gut daran, sich an Schweden zu halten. Auf d'Avaux und Volmar sei kein Verlass ... Was sie versprachen, war von vornherein verdächtig. Wettstein solle klar auf Seiten der Protestanten stehen, hier allein sei Recht und Hilfe zu finden.

Salvius war in Zug geraten. Wenn er auf die Konfessionen zu sprechen kam, gingen ihm die Worte nicht aus. Er war, dem Geiste seiner Zeit gemäß, als Lutheraner ein gewaltiger Katholikenfresser und sagte Wettstein, er sei einzig wegen der protestantischen Schweiz zu ihm gekommen, und für Johann Rudolfs dringenden Einwurf, es gehe aber um die gesamte Schweiz, hatte er nur eine abwehrende Handbewegung. Den protestantischen Eidgenossen wolle er, wenn es denn durchaus sein müsse, helfen, den katholischen niemals. Übrigens unterstütze die katholische Schweiz, soviel er gehört habe, Wettsteins Bemühungen ja auch in keiner Weise. Er, Salvius, könne nur wiederholen: warum so viel Wesens um die Lostrennung vom Reich? Die Schweiz sei doch ein Kind der deutschen Mutter, sie spräche ihre Sprache und dächte ihre Gedanken, zu welchem Zweck also die Errichtung politischer Grenzen, wo keine Geistesgrenzen bestehen?

Wettstein lachte freimütig auf. Wie konnte man die Schweizer Freiheit diskutieren? Der Schwede hätte geradeso gut fragen können: Warum habt ihr Blut in den Adern? Aber dann wurde Johann Rudolf ernst, fortlachen durfte man diese Frage nicht, was wusste der Mann aus dem fernen Norden von dem uralten Bund der Eidgenossen?

Er dachte einen Augenblick nach, dann sagte er ruhig: »Das Kind steht schon lange außerhalb des Vaterhauses. Redlich kämpfend und sich mühend, ist es zu einem eigenen Wesen geworden, es lebt ein schwereres Leben als die Mutter, deshalb hat es ein Recht, endlich das Gängelband zu durchreißen, an dem die Gestrenge immer noch zu zupfen beliebt. Wir verlangen keinen Schutz von außen, aber wir wehren uns auch gegen Bevormundung. Wenn wir endlich die letzte Freiheit errungen haben, dann, aber erst dann, werden wir uns in voller Liebe der Gaben erinnern, die wir der mächtigen Mutter danken. Ja, ihr sei allezeit Dank für die Geschenke des Geistes, der Dank des freien, reifen Mannes, aber niemals der demütige Dank des hörigen Kindes.«

Doktor Adler Salvius nickte mehrmals mit dem Kopf, plötzlich richtete er sich auf, mit anderen Augen sieht er Wettstein an als bei seinem Eintritt, »hier meine Hand für die protestantische Eidgenossenschaft« ... und plötzlich auslöschend, »Ihre katholischen Landsleute mitzureißen, muss Ihre eigene Sorge sein.«

Nach dieser Unterredung blieb Johann Rudolf den ganzen Tag über sehr schweigsam, erst als die jungen Leute ihm eine gute Nacht wünschten, sagte er unvermittelt und mit einer Festigkeit, als ziehe er einen Schlussstrich unter die Gedanken dieses Tages: »Ich will seine Hilfe für die evangelischen Orte alleine nicht. Allen ein Vorteil, oder keinem. Anders halten wir es nicht ... Wenn der einarmige Stuhl nicht gewesen wäre, hätte ich den Gesandten gern zum Bleiben genötigt und diesen Punkt klargestellt, aber ich durfte ihn nicht auf dem brüchigen Möbel festhalten.«

Johann Rudolf kratzte sich nachdenklich hinter dem Ohr, »was meinst du, Ruedi, ob wir auf Staatskosten einen gediegenen Stuhl anfertigen lassen?«

»Ich denke, wir dürfen uns diese Ausgabe gestatten, und wäre es nur deinetwegen, Onkel.«

Doch davon wollte Johann Rudolf nichts wissen. Er brauche keinen Extrastuhl, aber da er in nächster Zeit viel mit d'Avaux zu verhandeln habe und er, Johann Rudolf, vielleicht nicht werde gehen können, so müsse der Graf sich zu ihm bemühen, und man könne wirklich einem so verwöhnten Herrn den wackligen Stuhl nicht zumuten.

Als die jungen Leute gegangen und Johann Rudolf sich stöhnend entkleidete und mit Vorsicht ins Bett legte, blieben seine Gedanken bei d'Avaux. Die besten Helfer waren letzten Endes doch die Franzosen. Wenn Salvius nur für die Evangelischen zu gewinnen war und Volmar die Sache der Eidgenossen fallenließ, musste er d'Avaux bestimmen, den nötigen Druck auf die Reichsräte auszuüben. Johann Rudolf war müde von der Geistesarbeit dieses Tages, aber gerade darum vermochte er den Schlaf nicht zu finden. Ruhelos umkreisten die Gedanken Probleme, die in dieser Nacht auf keinen Fall aufzuhellen waren, er wusste es, aber die Waagschalen des Wenn und Aber schwankten unablässig auf und nieder.

Welchem Geist gehört eigentlich d'Avaux an, fragte sich Wettstein und versuchte, Gesicht und Wesen des Grafen deutlich hervorzurufen; aber er sah nie den ganzen Mann, nur schöne, bewegliche Hände, unruhig flatternde Augenlider und ein weiblich schöner, immer lächelnder Mund umflimmerten ihn. Ein bewegliches, diplomatisches Geranke umhüllt ihn, meinte Johann Rudolf in ärgerlichem Selbstgespräch, und doch, hin und wieder lässt es die feste Mauer eines aufrechten Charakters durchschimmern ... besaß er die Freundschaft dieses Mannes, oder war er ihm nur eine Figur im Spiel, die man bald vor- und bald zurückschob?

Johann Rudolf drehte sich der Wand zu, d'Avaux und seine wechselnden Launen waren es nicht wert, dass er schlaflos lag. Aber als hätte er sich mit der Wendung einem anderen Manne gegenübergestellt, stand Volmar vor seinem inneren Auge. Volmar ... was bedeutete sein langes Stillschweigen? Volmars Zurückhaltung kränkte Johann Rudolf bis in die tiefste Seele, und was der Politiker mit Zorn hingenommen und wieder abschütteln würde, war in den Menschen Wettstein als schmerzliche Enttäuschung eingedrungen, hatte sich festgesogen und vergiftete sein ganzes Wesen mit Misstrauen.

Johann Rudolf zog die Decke fester um sich, als fröre ihn in Gedanken an die Bosheit der Menschen. Er zwang sich, freudige Dinge zu sehen: sein Basler Haus, seine Kinder, Anna Maria. Und da war es ein Bild, das ihn im Dunkeln lächeln machte und ihn an die Grenze brachte, wo der große Tröster Schlaf den Müden an der Hand fasst, um ihn hinüberzuziehen: Anna Maria, die von einem Kinderbett zum anderen geht, hier über ein Köpfchen streicht, dort eine Decke zurechtzieht, über jedem ihrer Kinder in zärtlich strenger Stimme flüsternd: So, so, nun aber geschlafen, Mutter ist da, Mutter wacht.

Wie lange hatte er das nicht mehr gesehen, nicht mehr gehört, viele, viele Jahre nicht mehr …

Wenn nur die Franzosen standhalten

Die erste schwedische Unterredung, der keine zweite gefolgt war, hatte Johann Rudolf einen peinvollen Eindruck hinterlassen. Was nützte Schwedens Hilfe, wenn sie nur den evangelischen Orten galt? Wettstein hatte seither mehrfach um eine erneute Audienz gebeten, aber Oxenstierna und Salvius ließen sich entschuldigen. Merkte die Welt das Nachlassen des kaiserlichen Interesses? Lohnte es nicht mehr die Mühe, der Eidgenossenschaft ein Ohr zu leihen?

Wenn nur die Franzosen standhielten. Wettstein verlangte eine dringende Audienz bei d'Avaux, der vor zwei Tagen mit großem Pomp eingetroffen war. Sie wurde ihm zugesichert. Gott Lob und Dank! Aufatmend sah er dem entscheidenden Tag entgegen.

Fritz hatte das Schreiben seines Vaters in das Rathaus tragen müssen, in dessen linkem Flügel d'Avaux einquartiert war, und dabei Gelegenheit gefunden, Lucinde seine Aufwartung zu machen. Sie hatte mit ihm kokettiert wie mit einem erwachsenen Mann, jedenfalls war Fritz dieser Ansicht und balzte nun blind vor Stolz, Verliebtheit und Hingebung wie ein Auerhahn im Morgengrauen. Am Tag vor der Audienz bei d'Avaux, von der Wettstein den entscheidenden Schritt vorwärts erhoffte, war Fritz am Morgen bei Lucinde gewesen, hatte ein wenig unter ihrer Anleitung auf der Laute geklimpert, aber nichts Rechtes gelernt; seine schöne Freundin war in ungnädiger Laune und schien überdies von einem Gedanken besessen, den sie noch nicht preiszugeben wünschte.

»Fritz«, sagte sie schließlich wehleidig, »ich habe Kummer, und niemand hilft mir, auch du nicht.«

»Mademoiselle, was soll ich tun? Ich warte nur darauf, Ihnen dienen zu dürfen!« Er war aufgesprungen und stand mit blitzenden Augen vor der jungen Frau, die ihn unter halbgeschlossenen Lidern hervor betrachtete. »Sagen Sie ein Wort, Lucinde, alles werde ich tun.«

»Alles, Fritz?«

»Befehlen Sie, Lucinde! Wen soll ich umbringen ... oder krumm und lahm schlagen«, beendete er zögernd; das Umbringen war doch eine bedenkliche Sache.

Lucinde lachte. »Es soll niemand umgebracht werden.« Fritz atmete auf. »Zu dem Auftrag gehört aber dennoch Mut.«

»Mut, Lucinde? Wenn es nicht mehr braucht!«

»Und Geschicklichkeit.«

»Wenn kein Unrecht bei dem Auftrag ist, will ich schon geschickt sein, wenn ich aber ...«

»Wenn du tust, was ich verlange, sollst du belohnt werden«, unterbrach Lucinde schmeichelnd.

»Womit?« Er hob schon die Hände, als solle jetzt gleich ein goldener Apfel hineinfallen.

»Mit dem, was ein Mann nur wünschen kann ...«

Fritz war errötend einen Schritt zurückgetreten. »Was ein Mann nur wünschen kann?«, flüsterte er. »... Ich weiß, was Männer wünschen.«

»Und das wäre, Fritz?«

»Aber Sie dürfen mir nicht zürnen, Lucinde, ich sage nur, was Männer wünschen, ich bin ja in Ihren Augen noch kein Mann.«

»Wenn ich einen Mannesdienst von dir verlange, darfst du auch sprechen wie ein Mann.«

»Dann, Lucinde ... dann wünsche ich wohl, Sie einmal küssen zu dürfen«, Lucinde brach in ein fröhliches Gelächter aus. »Nicht nur auf die Wange«, rief Fritz schnell, »auf den Mund.« Lucindes Lachen wurde hart vor Spott.

»Ich weiß nicht, Fritz, ich weiß nicht«, sagte sie in spöttisch ehrbarer Sorge, »ein Kuss auf die Lippen, das will überlegt sein.« Dann stützte sie den Kopf in die Hand und sah ihren jungen Verehrer neugierig an. Er war doch noch ein Kind, obgleich er einen halben Kopf größer war als sie selber; ob sie nicht lieber einen anderen Ritter suchte?

Fritzens Augen waren ängstlich ihrem Mienenspiel gefolgt. »Sie zürnen mir, Lucinde«, sagte er entmutigt, »hätte ich so viel nicht fordern dürfen?« Die junge Frau hörte nicht auf ihn, sie überdachte ihren Schlachtplan. »Lucinde! Und wenn ich auch zu viel forderte, was tut's, Ihr Herz und Ihre Hände verschwenden doch so gern.« Bei der Leidenschaft seines Tones sah sie auf, lehnte sich tief im Stuhl zurück, nahm einen Fächer auf und ließ ihn laut klappend auf- und zuschlagen. »Wenn du mir blind versprichst zu tun, was ich verlange«, sagte sie langsam, »dürftest du mich schon heute küssen ...«

Fritz sah sie an, rang nach Worten und schloss die Augen, dann stammelt er: »Wie kann ich Ihnen blindlings versprechen ...«

»Liegt dir so wenig an meinem Kuss?« Lucinde fasst seine Hand und zieht ihn näher heran. Ihr Kopf ruht auf der Lehne des Stuhles, sie schaut von unten her zu ihm auf. Zum ersten Mal in seinem Leben sieht Fritz den zurückgeworfenen Kopf einer Frau so nahe unter seinen Augen; wie mit Fangarmen zieht es ihn zu ihr nieder ... »Versprich!«, flüstert die Frau. Fritz sieht die glänzenden Augen wie kleine Spiegel vor den seinen und findet sein eigenes winziges Spiegelbild in ihnen; so ganz besitzt sie ihn? ... Was kümmert ihn, was sie verlangt.

Ihr frischer Atem berührt seine Lippen … »Versprich!« … »Ich verspreche dir!« … »Alles?« … »Was du willst!«

»Und hältst dein Wort?« Sein Ja erstickt zwischen Lucindes Lippen.

Fritz ist taub für die Welt, aber auch Lucinde hört unter dem Ansturm dieses frühlingsfrischen Temperamentes keinen Ton von außen. Das Pochen an der äußeren Türe ist ihr entgangen und der leise Schritt im Nebenzimmer. Sie sieht nicht den Spalt zwischen den Portieren sich weiten und das lächelnde Zynikergesicht von d'Avaux' Sekretär hindurchspähen. Sie ahnt nicht, dass der Lauscher zurückschleicht und auf dem Korridor nachsinnt, ob er sogleich dem Grafen Bericht erstatten soll, oder noch warten, was weiter folgt.

Warten, beschließt er, warten. Es scheint ihm, er sei Zeuge eines ersten Aktes einer Tragikomödie gewesen, deren zweiter und dritter nicht ausbleiben wird. Lächelnd hebt Monsieur Muguin die zierlichen Hände und bewegt sie, als ließe er Marionetten tanzen. Dann setzt er sich auf einen Stuhl am Fenster des Ganges in der Haltung eines ehrbar geduldigen Bittstellers.

In dem himmelblauen Zimmer hat Lucinde die Hände gegen Fritzens Brust gestemmt und ihn zurückgeschoben. »Genug«, sagt sie erschöpft.

»Nein, nicht genug!«

»Doch. Setze dich da hinten hin, ja, ganz dort hinten an die Wand!« Fritz taumelt in einen Stuhl und bedeckt das Gesicht mit den Händen. Lucinde betrachtet ihn lächelnd. »Quäle ich dich?«

»Ja!«

»Nicht mehr lange werde ich dich quälen, Fritz, wenn du deine Aufgabe erfüllt hast, dann …«

»Dann, Lucinde?«

»Dann will ich darauf hören, wenn du sagst: ›Nicht genug, Lucinde.‹«

Er springt in der Pein seiner Ungeduld auf. »Was soll ich tun, wann soll es geschehen, noch heute, jetzt gleich?«

Die junge Frau streckt den Fuß gerade aus, dass ihr Atlasschuh Fritzens Knie berührt. »Halt, mein Freund.« Fritz will sich über die Fußspitze beugen, aber schon ist sie wieder unter dem Kleidersaum verschwunden. »So schnell ist der Auftrag nicht zu erfüllen. Höre zu. Du wirst heute zu Hause eine Einladung vorfinden, die den Schweizerkönig mit seinen beiden Prinzen in das Quartier des Herzogs von Longueville zum Tanze bittet, ein in aller Eile einberufenes Fest.« Lucinde atmet schwer auf.

»Ich werde nicht anwesend sein, Fritz.«

»Das ist ein schmachvolles Unrecht!«

»So denke ich auch; aber du wirst auf dem Fest Gelegenheit haben, die Beleidigung, die mir zugefügt wird, zu rächen.«

»Wen soll ich fordern?«

»Fordern? Eine Frau ist meine Feindin. Du wirst der Herzogin öffentlich einen Tort* antun, den ich mir in allen Einzelheiten ausgedacht habe.« Fritz steht wie erstarrt. Lucinde redet überstürzt, um ihrem Pagen keine Zeit zum Erwachen zu geben, sie muss den Stachel noch tiefer treiben. »Du weißt wohl nicht, dass die Herzogin nicht nur über mich lästert, sondern auch über deine Pagenschaft bei mir zu lachen liebt. Wenn du mich rächst, rächst du zugleich dich selber.«

Fritz macht eine ungeduldige Bewegung. »Wie dürfte es mich kümmern, was eine so hohe Frau von mir meint.«

»Ah, du bist auf ihrer Seite?«

»Nein, aber ...«

»Kein Aber; willst du mich rächen?«

»Gewiss, aber nicht auf diese Weise. Lucinde! Die Herzogin wird mich keines Blickes würdigen.«

---

* Aus dem Französischen übertragenes Wort für Kränkung

»Haha! Du kennst uns Frauen schlecht! Du, als *mein* erklärter Page, *ihr* Gast! Sie wird dich schon bemerken und ahnungslos in meine Netze gehen. Lass mich dir erklären ...«

»Nein, ich will nichts hören, Lucinde.« Er hält sich beide Ohren zu ... »Ich eine Herzogin beleidigen!« Er lacht Lucinde an.

»Lache nicht, sie hat es verdient, was ich für sie ausgesonnen!«

»Vielleicht, aber meine Tat würde auf Sie zurückfallen.«

»Sei unbesorgt, ich würde von keinem Auftrag wissen!« In Fritzens Augen erlischt das Feuer der Hingebung, einen Augenblick steht er wie erstarrt, dann nimmt sein Knabengesicht einen Ausdruck gefasster Überlegenheit an. »Lucinde, ich bin bereit, dich zu decken, aber nicht für eine sinnlose Torheit.« Das »du« fällt zum ersten Mal von seinen Lippen, aber ohne zärtliche Vertrautheit.

»Allerdings wirst du mich decken, ob du dich dabei heroisch aufblähst oder nicht.«

»Ich, den du liebst, Lucinde«, sagt er tonlos, »ich soll nicht ehrlich für dich kämpfen, sondern durch einen unwürdigen Bubenstreich dem allgemeinen Gelächter und dem Zorn des Herzogs anheimfallen? ... Lucinde, wenn du mich liebst, kann das dein Wunsch nicht sein!«

»Wenn ich dich liebe!« Lucinde wirft sich im Stuhl zurück und lacht schallend auf. »... wenn ich dich liebe! Du gutes Kind!«

»Aber unser Kuss ...«

»Was hat ein Kuss mit der Liebe zu schaffen? Freue dich, dass ich dich nicht liebe! Nein, widersprich mir nicht. Die Liebe ist immer ein Unglück, höchstens, dass sie sich bei ihrem Auftreten der Maske des Glückes bedient.«

»So bedeutet dir unser Kuss kein ›Glück‹?«

»Du Armer, nun ja, ich will ihn ein ›Glück‹ nennen, aber auch nur, weil dieses Glück so kurz war, dass der Schmerz nicht Zeit hatte, es zu bemerken.«

»Der Schmerz hat unser kurzes Glück doch bemerkt. Er hat es schon erwürgt.«

Lucinde sieht betroffen auf, aber sie fasst sich schnell wieder. »Bitte, Fritz, jetzt keine sentimentale Debatte über Glück und Unglück. Ich liebe dich nicht, und du liebst mich nicht, deshalb gilt mir der Zorn, der dich treffen wird, nicht mehr als das!« Sie schnippt die Finger nahe vor Fritzens Nase. »Ich will meinen Plan ausgeführt sehen, und du wirst dein Versprechen halten und ... wirst entschädigt werden.«

Langsam wie eine schöne Katze erhebt die junge Frau sich aus dem Stuhl, gleitet zu Fritz hinüber und schlingt die Arme um seinen Nacken. »... Liebesernst oder Liebesspiel? Du hast unter meinem Kuss gebebt; wie anders wirst du erbeben, wenn du erst den vollen Lohn erhältst«, sie gräbt ihre Fingerspitzen tief in seine blonden Haare.

Fritz löst die weichen Arme von seinem Hals. »Und wenn ich mich auch opfern wollte für das Glück deiner Umarmung, und wenn ich der Schuft sein wollte, eine Frau öffentlich zu kränken, meinem Vater werde ich niemals schaden.«

»Du hast versprochen, blindlings zu folgen ... ein Mann, ein Wort!«

Fritz presst die Handballen in die Augen, »ich war ein Narr, ein Schwächling, ein Dummkopf!«

»Aber du hast dein Wort gegeben ...«

»Lucinde, um Gottes willen, ich wusste nicht, was ich tat!«

»... ›ich bin ja ein Kind‹, willst du sagen, jetzt noch weinen, und ich weiß, dass ich einen Unwürdigen zu meinem Ritter machte.«

»Ich weine nicht, und ich bin kein Kind ... aber als ich heute zu dir kam, da war ich noch ein Kind ...«

»Oh, nein, dein Kuss war kein Kinderkuss«, Lucinde nähert sich ihm wieder, »du bist ein Mann«, sagt sie schmeichelnd, »und ein Mann hält das Wort, das er als Liebespfand gegeben ... und wenn er Totschlag begehen müsste.«

Fritz starrt ratlos vor sich hin, beide Hände hält er zu Fäusten geballt. »Ich kann nicht«, stöhnt er, »Lucinde, es ist Wahnsinn, was du verlangst ... ich würde meinem Vater unaussprechlich schaden. Und du, was nützt es dir, wenn die Herzogin auch einen Augenblick lang Ärger empfindet?«

»Sie wird mehr als einen Augenblick lang Ärger verspüren, alle hassen die Herzogin für ihren Hochmut ... die Männer werden dich bewundern ...« Fritz will sich losreißen, aber die Frau zieht ihn an der Hand neben sich auf die Couchette, »dein Vater wird seine Mission trotz allem erfüllen.«

»Du irrst, ich könnte ihm mit einem Affront gegen den Herzog keinen größeren Schaden tun. Gerade jetzt hat er fast unüberwindliche Schwierigkeiten mit den Reichsräten zu bestehen; auch mit der kaiserlichen Gesandtschaft steht es nicht zum Besten. Der Herzog und dein Graf sind sein einziger Rückhalt, es wäre schlimmster Verrat, wollte ich dieses Spiel hinter seinem Rücken einfädeln. Nein, Lucinde, lieber dir mein Wort brechen, als an meinem Vater zum Verräter werden.«

Die Frau kneift die Lippen zu einem schmalen Spalt; sollte sie auch vor diesem törichten Knaben unterliegen? »Man hat mir gesagt, ein Schweizer würde eher sterben, als dass er sein Wort bräche, deshalb habe ich gerade dich unter allen Männern zu meinem Ritter gemacht.« Fritz schließt gequält die Augen und verkrampft die Finger um die Knie, Lucinde beobachtet ihn mit vorgestrecktem Kopf; noch windet er sich, aber er wird es tun, noch ein Kuss, und sein Widerstand ist gebrochen.

Sie lehnt ihren Kopf an seine Schulter. »Fritz«, flüstert sie, »das Tanzfest wird bis zum Morgen dauern, von Mitternacht an werde ich auf dich warten, dann wirst du vergessen, was du für mich erduldet. Und jetzt mein Plan.« Lucinde beginnt leise mit hastiger Verschwörerstimme ihrem »Helden«, wie sie Fritz nennt, die näheren Umstände ihres Schlachtplanes zu entwickeln. Fritz schweigt und gibt kein Zeichen des

Widerspruches! Als Lucinde geendet, fragt sie unsicher: »Und habe ich auch dein Wort?« Sie sucht mit ihren Lippen seinen Mund.

Fritz hat den Kopf zurückgebogen, »du hast mein Wort«, sagt er rau; mit einem hellen Schrei umschlingt sie ihn mit klammernden Armen, aber Fritz erhebt sich und schüttelt die Frau ab. »Lass das«, sagt er kalt, Lucinde weicht einen Schritt zurück, sie sieht Fritz misstrauisch an ... »du wirst dein Wort nicht brechen?« Fritz schüttelt stumm den Kopf, verneigt sich und geht wie blind durch das Vorzimmer hinaus, ohne den Sekretär zu sehen, der ihm neugierig nachschaut.

Das war eine gründliche Schäferstunde, denkt Monsieur Muguin, wartet diskret noch eine Weile und tritt dann in Lucindes Zimmer. »Der Herr Graf erwarte die Demoiselle um vier Uhr zu einer Spazierfahrt.«

Die junge Frau erschrickt. »Es ist schon fast vier Uhr, warum haben Sie mir nicht früher berichtet?«

»Mademoiselle war in einer Weise beschäftigt, dass mir eine Störung nicht ratsam erschien.«

»Wie meinen Sie das?«, flüstert die junge Frau.

»Wie ich es sagte. Oh, nur keine Angst! Ich halte zu Mademoiselle. Wer würde der Schönheit nicht dienen!«

Lucinde lacht wohlgefällig; ihrem törichten Kopf fiel eitles Vertrauen leichter als kluges Misstrauen. Was sie an scheinbarer Klugheit besaß, war nichts als die instinktive Schlangenschlauheit, die bei schönen Frauen so leicht und üppig gedeiht, der Schmeichelei aber niemals standzuhalten pflegt.

»Muguin, reden Sie mich bei dem Grafen heraus«, sagt sie vertraulich, »aber schnell, schnell, ich mache mich inzwischen bereit. Und schicken Sie mir Berthe!«

Der Graf stand mit untergeschlagenen Armen im Vorzimmer seiner Gemächer, eine Falte der Ungeduld auf der Stirn, als Muguin zu ihm trat.

»Warum ist die Demoiselle verspätet?«, rief ihm der Graf entgegen. »Haben Sie meinen Auftrag nicht ausgerichtet?«

»Gewiss, Herr Graf, aber Mademoiselle hatte Besuch von dem jungen Wettstein.«

»Sie hätte ihn doch zur Spazierfahrt mitnehmen sollen.«

»Das konnte Mademoiselle wohl nicht gut einrichten.«

Der Graf, der auf seine hingeworfene Bemerkung keine Antwort erwartet hatte, sah Muguin erstaunt an. »Was soll das heißen, Mademoiselle habe es nicht einrichten können?«

Muguin zuckte die Achseln. »Der junge Herr verließ in sichtlicher Hast und Verstimmung die Gemächer der Demoiselle.«

»In Verstimmung? Wieso denn?«

»Vielleicht, dass Mademoiselle gezwungen war, ihn fortzuschicken ...«

D'Avaux stieß ein ärgerliches Lachen aus. »Mein guter Muguin, verdächtigen Sie mir nicht meinen jungen Schweizer Freund, der ist so wenig wie sein Vater einer Falschheit fähig.«

»Es scheint aber ...«

»Genug. Sie wissen, dass ich Klatschereien nicht dulde!«

*

Lucinde lehnt neben d'Avaux im Fond des Wagens. Zerstreut spielt sie mit ihren Handschuhen und schaut nicht wie sonst aus dem Fenster, die vorübergehenden Einheimischen ihrer spöttischen Kritik unterziehend. Sie sieht vor sich nieder; der Mund ist bittersüß verzogen, und die langen Wimpern der Augenlider flattern auf und nieder wie Schmetterlingsflügel.

Der Graf betrachtet seine Freundin von der Seite ... kleine Lucinde, denkt er zärtlich, denn er liebt sie am meisten, wenn er sie bekümmert sieht; ich weiß um den *einen* großen Wunsch deines Herzens: einmal unter der Anerkennung der Welt über das Parkett deiner großen Feindin schreiten zu dürfen. Wie gern würde er ihren Wunsch erfüllen! Nach dem heutigen Besuch bei dem polnischen Gesandten schien es nun, als läge die Erfüllung nahe. Wenn der Pole darauf bestand, seine Geliebte auf das französische Fest mitzubringen, so durfte der Herzog auch ihm nicht abschlagen, Lucinde zu präsentieren. Noch ein wenig Geduld, ma belle, denkt d'Avaux und freut sich zum Voraus an Lucindes Triumph.

»Warum so nachdenklich«, fragt er freundlich, »ist dein kleiner Page daran schuld?« Lucinde fährt auf und sieht den Grafen verwirrt an. »Du brauchst doch nicht zu erschrecken, Lucinde«, der Graf zieht sie neckend an den langen blonden Hängelocken. »Muguin, der alte Schwätzer, hat eine Bemerkung fallenlassen, als habe der vorwitzige Jüngling … dich bedrängt.« Lucinde runzelt zornig die Stirn. »Was willst du, er ist jung, und du bist schön, es wird so gefährlich nicht gewesen sein, oder?«

D'Avaux betrachtet verliebt das schöne Gesicht. Im Halbschatten des flachen Barettes, umschmeichelt von schweren Straußfedern, erscheint es ihm rührend kindlich, und er ist geneigt, nichts ernst zu nehmen.

»Er hat keine Courtoisie«, stößt Lucinde voreilig heraus, »und überdies ist er so ungeschickt …«

»Ungeschickt? Was will er denn von dir, oder besser gefragt: worin möchtest du denn, dass er geschickter vorginge?«

Lucinde beißt sich auf die Lippen bei dem scharfen Ton in d'Avaux' Stimme. Das eine Wort »ungeschickt« hat sie verraten. »Er wollte mich küssen«, stößt sie blindlings hervor.

»So?«

»Ja, gewiss doch! Was denkst du denn von mir … ich war so überrascht …«

»Bist du ein solch ahnungsloses Lämmchen, dass du nicht zum Voraus siehst, was im Herzen eines Jünglings vorgeht? Muss ich dich die Weisheit erst lehren, dass stets der Wille der Frau, und sei er auch unausgesprochen, den Mann zum Angriff lockt?« D'Avaux' Augen funkelten drohend. »Du hast mir doch den jungen Menschen nicht verführt? Wie würde ich seinem Vater gegenüber dastehen?«

Fieberhaft arbeitet Lucindes Gehirn. »Dein geliebter Schweizerkönig! Wie du dir von ihm Sand in die Augen streuen lässest! Und verteidigst den Sohn! Weißt du, was ihm im Zorn entwischte? Sein Vater habe Schwierigkeiten mit den Schweden, und mit der kaiserlichen Gesandtschaft stünde es ganz schlecht, nur du und der Herzog könnten ihm helfen, da solle er durch mich, weil ich bei dir etwas gelte ...«

Der Graf winkt mit der Hand, Lucinde solle nicht weitersprechen. Er lehnt den Kopf zurück und pfeift leise durch die Zähne. Lucinde atmet auf, sie fühlt wieder Boden unter den Füßen; jetzt kann sie nicht schweigen.

»Der Ungeschickte«, ruft sie unter kleinen, nervösen Lachstößen aus, »er hat seine Mission, die der Alte ihm aufgetragen, schlecht erfüllt. Begreifst du jetzt, warum ich das Wort ›ungeschickt‹ benutzte und weshalb er mich im Zorn verließ?« Leise schiebt sie ihren Arm durch den des Grafen und lehnt sich, ungeachtet, dass ihre kunstvollen Puffärmel zerdrückt werden, zärtlich an ihn. »Aber du wirst trotzdem gut mit dem alten Wettstein sein, nicht wahr?« Sie bittet wie ein müdes Kind, das noch eine letzte Gunst erbettelt, und ist über sich selber gerührt, die so selbstlos ihres Freundes Sache vertritt.

Der Graf räuspert sich. »Natürlich«, sagt er geistesabwesend. In Gedanken aber sinnt er auf einen Hieb, mit dem er den Schweizerkönig strafen kann, strafen für die Enttäuschung, die er ihm bereitet ... hat er geglaubt, nicht ohne Intrigen zu seinem Ziel kommen zu können? Der ehrliche, biedere Bürgermeister! Nein, was er getan, ist unverzeihlich. Wenn man von aller Welt als Fels der Verlässlichkeit gepriesen wird, hat man nicht das Recht, seine Mitmenschen zu enttäuschen.

Als d'Avaux am Ende der Spazierfahrt Lucinde aus dem Wagen gehoben hat, sagt er zu dem aufwartenden Kammerjunker, er solle den Wagen zu morgen Vormittag, Schlag elf Uhr, bereithalten. Das war die Stunde, in der Johann Rudolf bei d'Avaux zu der ausschlaggebenden Audienz bestellt war.

Die große Stunde ist verpasst

Fritz hatte wie im Traum d'Avaux' Quartier verlassen; nun wankte er durch die aufgeweichten Straßen, nahm die erste Seitengasse und wanderte in das freie Land hinaus. Um nicht denken zu müssen, nahm er jeden Eindruck um sich her gewissenhaft auf: die spärlich aufschießende Wintersaat im nassen Acker, die Schneeresten in den Furchen, das erste süße Zirpen ungeduldiger Vögel und die dünnen Wolkenstreifen vor dem hellen Himmel, dessen Bläue noch winterlich kalt war wie klares Eis. Aber je weiter er ging und je ängstlicher er sich wehrte, dem Geschehen ins Auge zu sehen, desto hartnäckiger drängte sich ihm das Bewusstsein auf, eine ungeheure Torheit begangen zu haben. Wie eine giftige Wunderpflanze, die im Augenblick Wurzeln, Blätter und Blüten entfaltet, wuchs und wuchs die Qual seiner Einsicht, bis sie ihn so ganz und gar erfüllte, dass daneben auch für die kleinste Ablenkung kein Raum verblieb.

Nichts als ein Werkzeug bin ich dir, Lucinde, dachte er in Wut und Beschämung, und ich glaubte, du liebtest mich, und tappte jubelnd in deine Schlinge. Du hältst die Schnur in der Hand und kannst zuziehen, denn du besitzest mein Wort ... ach, der Teufelsspuk der Liebe!

Fritz setzte sich erschöpft auf einen gefällten Baumstamm und sah hilfesuchend um sich. Wie still und leer war es um ihn her, er schlug die Hände zusammen wie zum Gebet, o Gott, könnte er doch zu seinem Vater stürzen und ihm alles sagen; aber in seinen Augen war er ein Kind; lachend würde der Vater ihm sein gegebenes Wort ausreden, doch Fritz wollte sich nicht als unmündigen Buben behandeln lassen; auch sein Wort galt! Lucinde sollte sehen, dass er ein Mann war, der Wort hält oder ... stirbt.

Schon als er neben Lucinde auf der Couchette gesessen, hatte er gewusst, dass er den Tod wählen würde ... er sann in den hellen Abend hinaus, der in seiner Vorfrühlingsbereitschaft in tausendfältigem Leben vibrierte und auch seine aufbrechende Jugendkraft ganz durchströmte und umfasste ... wie stirbt man wohl, dachte Fritz und versuchte, sich alle Todesarten auszumalen, von denen er je gehört. Nun, gleichgültig, ob er sich ertränkte, erhängte, vergiftete oder erschoss, sterben musste er, das stand fest; Lucindes Befehl auszuführen war unmöglich ... wenn er tot war, würde sie ihre Grausamkeit bereuen und ihn lieben.

Fritz war sehr jung, in dem glücklichen Alter, in dem der Geist noch unfähig ist, die Wahrheit des Todes zu erfassen. Er konnte sich wohl jede Todesart ausmalen und versuchen, den Kummer seiner Eltern zu ermessen; aber es war nicht anders, als blättere er in einem Buch, das in fremder Sprache geschrieben war.

»Morgen ist der sechsundzwanzigste Februar«, wiederholte er immer wieder, »morgen muss ich sterben.« Und weil er kein rechtes Todesgrauen empfand, steigerte er seine Phantasie, bis ihm die Tränen kamen und er überreizt und übermüdet den Kopf in die verschränkten Arme wühlte und vor sich hin schrie: »Mutter, Mutter, Mutter, was habe ich getan? Hilf mir, ich kann nicht tun, was sie verlangt, und sterben mag ich nicht, ich will nicht sterben!«

Ihn fror; der letzte Rosenschimmer war hinter dem fernen Wald erloschen, und klebrige Nebel stiegen von den feuchten Äckern auf; Fritz erschauerte. Er verließ seinen Baumstamm und lief in langen Sätzen der Stadt zu. Außer Atem langte er im Losament an.

Ruedi Burckhardt sah erstaunt von seiner Schreiberei auf, als Fritz sich keuchend auf die Bank am Ofen fallen ließ. »Was ist dir?«, fragte er, »wo warst du?«

Fritz streckte einen Fuß in die Luft: »In den Feldern, wie du an meinen Stiefeln siehst.«

»Warum läufst du denn?«

»Kümmere dich um deinen Brief, was gehen dich meine Wege an. Frage ich dich jemals aus, wo du warst?«

»Du dürftest mich ruhig fragen.« Fritz saß teilnahmslos zusammengesunken am Ofen und hörte nicht. Da stand Ruedi auf, puffte seinen jungen Vetter liebevoll in die Seite. »Du, Fritz, glaubst du, ich hätte nie … ich machte nie eine Dummheit … wenn ich dir helfen kann …«

»Niemand kann mir helfen, du am wenigsten«, schrie Fritz auf, »lass mich in Ruhe!« Er wollte zur Tür hinausstürzen. Ruedi rief ihm nach: »Ich will mich dir nicht aufdrängen. Übrigens, Fritz, morgen Abend gehen wir mit deinem Vater zum Fest, das der Herzog allen Gesandten gibt … freut dich das nicht?«

»Ich gehe nicht zum verdammten Fest!« Die Tür flog hinter Fritz in das Schloss. Ruedi setzte sich wieder hinter seine Arbeit, strich nachdenklich die Feder am Schreibkiel glatt und machte große, besorgte Augen.

Am Morgen des 26. Februars machte sich der Bürgermeister zur verabredeten Zeit, kurz vor elf Uhr, zu d'Avaux' Quartier auf, um die so lange ersehnte Unterredung zu absolvieren. Ruedi Burckhardt begleitete seinen Onkel eine

Strecke weit, musste dann aber abschwenken, weil er bei Trautmannsdorf zu antichambrieren hatte.

»Ich verspreche mir viel von dieser Audienz«, sagte Johann Rudolf im Moment, als sie sich trennten.

»D'Avaux hat lange nichts mehr für uns getan. Es ist gut, dass er Ärger mit den Schweden hat; wenn er hört, dass Salvius unser Anliegen auf die lange Bank schieben will, wird er den Schweden zum Trotz die Erledigung beschleunigen. Lebe wohl, Ruedi, hoffentlich hast du heute mehr Erfolg als gestern.«

»Wenn ich die Herren nur zu sehen bekäme, wollte ich ihnen schon eine Audienz abringen.«

Johann Rudolf ging an seinem Stock, die Pfützen vermeidend und in Gedanken mit d'Avaux diskutierend, dahin. Als er auf den Rathausplatz einbog, setzte sich vor d'Avaux' Quartier gerade die Kutsche in Bewegung. Johann Rudolf erkannte die Gestalt des Gesandten in den Polstern und gab sich augenblicklich Rechenschaft, dass der hohe Herr die versprochene Unterredung völlig vergessen hatte. Mit Geistesgegenwart wandte der Bürgermeister sich in ein Seitengässchen. War er von d'Avaux noch erkannt worden? Voraussichtlich nicht, denn es war zu dieser Zeit viel Volk auf den Straßen.

Wettstein blieb stehen; die Hand auf dem Krückstock zitterte; seine Augen blickten hart und zornig ... er war vergessen worden! Rundheraus vergessen, übersehen, nicht beachtet in seiner Unbedeutendheit! War er denn als Vertreter seines Landes ein Nichts? Musste er jede Beleidigung schlucken? Johann Rudolf stieß den Stock zornig auf den Boden, warf den Kopf in den Nacken und ging weiter.

Heute Abend sollte er über das Parkett des Herzogs trippeln, Komplimente machen und sich den Anschein geben, als hätte er den Fußtritt nicht gemerkt. Er musste hinunterwürgen, was man ihm vorsetzte; aber wartet nur, ihr Herren, ob ihr nicht trotz allem meine Helfer sein werdet!

In seinem Quartier setzte sich der Bürgermeister nach dem Mittagsmahl an den Tisch und schrieb d'Avaux einen Brief. Um seine Lippen spielte ein feines, boshaftes Lächeln: es sei ihm leider im letzten Augenblick unmöglich gewesen, zur Audienz zu erscheinen, der Herr Graf möge ihm, bitte, eine zweite Gelegenheit gewähren. Johann Rudolf atmete tief auf. »Trage das zum Grafen d'Avaux, Fritz ... zu dem Walchen, dem Seegroppen!«, zischte er halblaut vor sich hin.

Fritz, der wie geistesgestört den ganzen Morgen auf seinem Fensterplatz gesessen, sah wie aus einem Traume auffahrend in seines Vaters zornentstelltes Gesicht. »Was ist, Vater?«

»... Fritz, wenn du ein Mann bist, arbeite mit an der Einheit unseres Landes; unsere Gemeinsamkeit können sie nicht brechen, aber steht der Einzelne von den Seinen verlassen da, so wagen sie es, ihn mit Füßen zu treten.«

»Warst du bei dem Grafen? Zürnt er dir? Warum? Was sagte er?«

»Nur Ruhe, Fritz, Ruhe, ich hab's nicht so blutdürstig gemeint, es wurmt mich nur gewaltig, dass der hohe Herr geruht hat, mich zu vergessen. Er wäre gleichgültig in seiner Karosse an mir vorübergerollt, dass ich nichts anderes als Kotspritzer von ihm bekommen hätte, wenn ich dieser ehrenvollen Begegnung nicht ausgewichen wäre ... geh jetzt ... wie blass du bist. Heute Abend musst du tanzen, bis du rote Wangen hast.« Johann Rudolf lachte schon wieder, »ich lasse mich nicht aus dem Sattel werfen!«

Fritz ging langsam und auf einem Umweg zum Logis des Grafen. Ihm klopfte das Herz, und die Haut brannte, als hätte er einen Schlag erhalten ... war er der Grund zu d'Avaux' Ungnade? Hinter dem Rücken seines Vaters hatte er sich in das Privatleben seines hochmütigen Beschützers eingeschlichen ... so wenig edelmännisch war sein Denken, dass er dieses Ende nicht vorausgesehen? Gewiss hatte Lucinde dem Grafen gestanden, was zwischen ihnen geschehen ... ach, noch heute sterben! Ruedi Burckhardts Pistole schwebte vor seinem geistigen Auge; zum ersten Mal, seitdem er mit den Todesgedanken spielte, fühlte er, dass die Scham ihm die Kraft geben könnte, das Spiel in Ernst zu verkehren. Heute Abend, wenn die anderen auf dem Fest sind, dann soll es geschehen … ein Schuss ist schnell abgefeuert … man fühlt auch wohl nichts vom Tod … derweil wird Lucinde mich erwarten; er erschauerte zugleich vor der Gewalt des Lebens und des Todes.

Fritz stand in der Kanzlei des Grafen. Wie im Traum bat er einen Schreiber um Papier und Feder und schrieb an der Ecke des Tisches: »Lucinde, deinen Auftrag kann ich nicht ausführen, aber ich werde sterben. Ich wollte, mein Tod könnte dich rächen! Lebe wohl, Lucinde.« Er faltete den Brief mit zärtlicher Sorgfalt, so, als streichle er noch einmal Lucindes Hände, überreichte ihn Muguin, ebenso den Brief seines Vaters und ging wortlos davon.

Muguin wog die beiden Briefe in den Händen wie in zwei Waagschalen. Fritzens Schreiben eröffnete er ohne jeden Skrupel. Im Lesen zog er die Brauen hoch … sterben? Er schüttelte skeptisch den Kopf. Es wird so ernst nicht gemeint sein, aber der gefühllosen Demoiselle, die den armen Buben aussog und wegwarf, gönnte er den Schrecken von Herzen. Gewissenhaft brachte er zuerst den Brief des Bürgermeisters an den Gesandten und später, nachdem er ein längeres Diktat aufgenommen, auch Fritzens Brief in die Gemächer der Demoiselle.

Johann Rudolf saß derweil im Dämmern und grübelte über die Zauberformel nach, mit der er seine festgefahrene Mission ins Rollen bringen könnte. Ja, wenn er mit dem Favorschreiben in der Hand vor die Reichsstände treten könnte, sie würden williger auf sein Begehren hören und die Kaiserlichen und die Franzosen wieder Anteil an dem Spiel um Macht oder Ohnmacht der Eidgenossenschaft gewinnen. Ein Gesandter aber, zu dessen schwacher Position nachgerade jeder Unterschreiber seine Glossen machen durfte, war niemandem einen Federstrich wert. Die Qual der Unruhe trieb Johann Rudolf in den engen vier Wänden seines »Ställchens« hin und her; der Fußboden knarrte, und die dünnen Fenster klirrten; er schloss sie fester zu und blieb in Gedanken versunken hinter den Scheiben stehen. Der letzte Schimmer des Tages flog über das platte, grauschwarze Land ... der Frühling war noch weit, und weit der Erfolg seiner Mühen.

Heute war der 26. Februar, dieses Datum war der äußerste Punkt für die Ankunft des Favorschreibens, denn morgen sollte die letzte entscheidende Versammlung der drei Reichskollegien stattfinden. Alles hing davon ab, ob er vor Beginn der Auseinandersetzungen den heißersehnten Brief würde auf den Verhandlungstisch legen können. Wünschten doch die Stände nichts mehr, als die Exemtionsfrage als eine stadtbaslerische Angelegenheit darzustellen und mit einigen Phrasen zu erledigen. Ohne Unterstützung der Heimat würden auch ihm die geneigten Vertreter der Kurfürsten und Fürsten seinen Wunsch nicht durchdrücken können, sein Anliegen als gemeineidgenössische Lebensfrage in den Friedenstrakt aufzunehmen.

Wo mochte Korporal Hans jetzt sein? In der vorletzten Nacht, als Johann Rudolf schlaflos das Für und Wider seiner Chancen abwog, war er um drei Uhr aufgestanden, hatte den Korporal aufgeweckt und ihn sogleich nach Münster gejagt, um darüber zu wachen, dass die Post, falls sie eingetroffen war, ihm unverzüglich ausgehändigt würde und nicht etwa von Gewissenlosen zurückgehalten werde.

Vor dem Fenster ging Ruedi Burckhardt vorbei, Wettstein wandte sich in das Zimmer zurück, um ihm entgegenzugehen. Ruedi trat ein und setzte sich stumm auf den Hocker neben seines Onkels Schreibtisch. Er stützte den Kopf in die Hand und sagte müde: »Volmar hat mich zum vierten Mal auf morgen bestellt. Ich habe ihn wieder nicht gesehen ... dass wir das dulden müssen, Onkel! Salvius' und

Longuevilles' Boten werden empfangen wie die Prinzen! Mir ist die ganze Freude auf das Fest vergangen.«

Johann Rudolf lachte bitter auf: »Glaubst du, mir sei zum Tanzen zumute? Aber ihr jungen Leute sollt euch die Freude nicht verderben lassen. Ich gehe morgen selber auf die Gesandtschaft. Volmar ist müde, einen Mann zu unterstützen, der auf einem Beine hinkt. Trifft heute das Favorschreiben nicht ein, so wird ihm unser Anliegen nicht mehr wert sein als eine lästige Kleinigkeit.«

»Wie kann ihm die Freiheitserklärung eines ganzen Volkes eine Kleinigkeit bedeuten!«

»Eines ganzen Volkes! Sind wir denn noch ein ganzes Volk, Ruedi? Er kann ja unsere Uneinigkeit mit Händen greifen und wird es nicht für lohnend halten, uns zu helfen.«

»Noch darfst du nicht so bitter sprechen. Heute könnte die Freudenbotschaft eintreffen.«

»Korporal Hans sollte schon zurück sein. Ich habe auch seit langem keine Nachricht von den Meinen erhalten.«

»Um Frau und Kinder brauchst du dir zum mindesten keine Sorgen zu machen, Onkel.«

»Doch, Ruedi, deine Tante Anna Maria ist krank; im letzten Brief warf die arme Frau mir bitter vor, ich sei schuld an ihrem Dahinsiechen; ich stünde ihr nicht zur Seite und hätte ihr noch den Sohn genommen ... ich ließe *sie* sterben und *ihn* verderben ...« Es war ganz dunkel geworden im Zimmer. Johann Rudolf sprach leise wie zu sich selber ...: »Aber kann ich denn fort, um ihr beizustehen? Und Fritz ist doch gut aufgehoben bei mir.«

»Onkel«, sagte Ruedi zaghaft, »wenn Fritz gut bei dir aufgehoben sein soll, so musst du ihm die vielen Gänge zu d'Avaux beschränken«, er stockte, um Atem zu holen, »die Lakaien haben Giggishans geneckt, sein junger Herr sei Schoßhündchen bei d'Avaux' Mätresse.«

Ruedi hatte schärfer geendet, als er wollte; aber die höhnischen Worte, die man ihm hinterbracht, steckten in ihm wie Pfeile, und nun hatte er sie im Zorne herausgerissen und seinem Onkel hingeworfen. Johann Rudolf war mit zwei Schritten bei Ruedi, er packte ihn bei der Schulter.

»Hältst du diese Anschuldigungen für wahr?«

Ruedi zögerte einen Augenblick mit der Antwort. »Fritz ist über beide Ohren verliebt, das ist nicht schwer zu sehen, trotzdem mag die Beschuldigung übertrieben sein.« Ruedi fühlte die Hand auf seiner Schulter sich noch fester verkrampfen, besorgt sah er zu Johann Rudolf auf. »Nein, Onkel, ich wollte dir nicht weh tun; du musst nicht gleich das Schlimmste denken, Fritz ist ein rechtschaffener Bub, es ist sicher nichts geschehen, das ihm oder dir zur Unehre gereicht.«

»Er ist jung, Ruedi«, flüstert der Bürgermeister und lässt sich schwer in einen Sessel fallen, »und das Mädchen gewitzigt im Männerfang. Wenn sie ihn verleiten wollte und ihn bei der Eitelkeit zu packen wusste ...« Er faltete die Hände zwischen den Knien, der Kopf sinkt ihm so tief, dass die Adern wie dicke Stränge über der Stirne liegen. »O Gott, wie soll ich vor Anna Maria treten, wenn ich ihr Kind verderben ließ ... Ruedi, er ist auch jetzt dort, immer wieder schickte ich ihn selber in ihr Haus ... warum hast du nicht früher gesprochen!«

»Die spöttischen Worte sind mir erst gestern zu Ohren gekommen.«

»Ob wohl Fritz der Grund ist, dass d'Avaux mich heute seine Verachtung fühlen ließ? ... Gewiss, es wird so sein ... Ruedi, du musst sofort ...«

»Korporal Hans reitet in den Hof!«, schreit Ruedi auf und eilt zur Tür. »Denke jetzt nicht mehr an Fritz, es wird so arg nicht sein, ich bringe die Post!«

Johann Rudolf ist allein; mit schweren Schritten geht er zum Schreibtisch ... die Post ist gekommen, denkt er, die Post ... er zündet zwei Lichter an, seine Hand bebt, noch durchwühlt ihn die Angst um Fritz, und schon greift die qualvolle Frage nach ihm, was über seine Schwelle kommen wird.

Einen Augenblick wird ihm dunkel vor den Augen, er greift nach der Stuhllehne; dann ringt er die Schwäche nieder. Wie durch einen Nebel sieht er Ruedi die Tasche hereinbringen und seine eigenen Hände wie zwei fremde das Schloss aufschließen und den Inhalt auf den Tisch leeren. Es sind nicht viele Briefe; sein Blick überfliegt die Aufschriften. Immer langsamer nimmt er Brief nach Brief auf, ein Schreiben gibt er an Ruedi Burckhardt, dann sinken ihm die Hände wie zwei Klötze auf die Tischplatte ... nichts aus Zürich.

Er sieht schweratmend vor sich nieder, die übrige Post beachtet er nicht mehr, es ist ihm, als schwebe er in einem leeren, schwarzen Raum, alles, was war und Bedeutung in seinem Leben hatte, ist mit der entflohenen Hoffnung entschwunden; seinem Herzen ist das Leben entströmt und an seine Stelle ein Meer der Bitternis eingebrochen. Sie haben ihn nicht gehört, sie haben ihm nicht geglaubt, die große Stunde ist verpasst.

»Onkel«, sagt Ruedi Burckhardt zaghaft, »nimm die übrigen Briefe«, er schiebt sie ihm unter die Augen.

»Ach, Ruedi, was hat jetzt noch Wert?«

»Da ist ein Brief vom Basler Rat ...«

Der Bürgermeister nimmt ihn gleichgültig auf. »Es wird die Bestätigung meiner Abrechnung sein.« Er lässt sich in den Stuhl fallen und öffnet mechanisch den Brief; seine Augen wandern über die Schrift, zunächst dringt ihr Sinn nicht in ihn ein, plötzlich bückt er sich weit vor, liest noch einmal und lässt das Papier sinken; fassungslos sieht er seinen Neffen an, der wie entrückt einen Spitzenkragen betrachtet, den er seinem Briefe entnommen.

»Verzeihe mir, Ruedi, wenn ich dich deinen holden Träumen entreiße, aber höre einmal das!« Der Bürgermeister schlägt mit der flachen Hand auf das Blatt und lacht schallend vor sich hin. »Wir leben zu üppig, Ruedi, ich solle nicht glauben, ein Herzog zu sein! Man rät uns, die schweizerische Einfachheit nicht zu vergessen, die Rechnung, die ich gestellt, sei unverhältnismäßig hoch. Fünfundzwanzig Reichstaler pro Tag könne die Eidgenossenschaft auf Monate hinaus nicht tragen ... Wenn die dreizehn Orte nachträglich meine Gesandtschaft bestätigt hätten, könne ich in der Pracht auftreten, die ich schon jetzt zu entfalten scheine! ... Ruedi, die Pracht, die ich zu entfalten scheine!« Er lacht nochmals laut auf, aber in seinen Augen liegt eine todwunde Gekränktheit und um seinen Mund ein Zug so tief schmerzlicher Verachtung, dass der Anblick Ruedi das Herz umdreht.

»Die Urheber des Briefes werden die Neider sein, die dir deinen Gesandtschaftsposten nicht gönnen«, sagt Ruedi Burckhardt begütigend. »Herr Rippel, der aus deinen Briefen weiß, wie wir leben, wird für dich sprechen.«

Johann Rudolf wirft den Brief auf den Tisch. »Mich ekelt es vor diesem ganzen Geschäft, Ruedi, und andere Männer sollten mich beneiden? Kein Wort vom Favorschreiben! Wenn sie wüssten, was sie mir antun mit ihrem Schweigen, wenn sie je das Grauen eines so tiefen Absturzes in die Enttäuschung erlebt, sie würden mich bei Gott nicht beneiden! ... Aber es geht ja nicht um mich, sondern um das Land. Ruedi, wie ist es möglich, dass die Herren daheim so starrköpfig sind! Was soll aus unserer Mission werden, wenn die Kleinlichkeit uns jeden Rappen nachrechnet und die besten Köpfe blind und taub sind für die große Stunde, die wie nie zuvor unsere Einigkeit verlangt. Ich fasse es nicht! Haben sie denn keinen Funken Vertrauen in mein Können, oder ist ihnen mein Misserfolg lieber als der Vorteil des Landes? Heute ist mir der letzte Trumpf aus den Händen geglitten ... Ruedi, es ist mir, als hätte ich Gift in den Adern anstatt Blut und eine Stachelkugel an Stelle des Herzens. Warum kränken sie mich so über alles Ertragen hinaus!«

Ruedi Burckhardt suchte nach Trostworten, aber der Bürgermeister schnitt ihm das Wort ab. »Nichts mehr davon, ich bitte dich! Ich kann nicht davon reden ... gib mir die übrige Post, vielleicht fühle ich dann nicht, wie der Giftpfeil der Enttäuschung immer tiefer dringt ... da steckt er, Ruedi, da tief drinnen.« Johann Rudolf schlägt mehrmals mit der Faust auf die Brust.

»Hier ein Brief von Herrn Rippel und noch ein Schreiben von Base Ester, sie wird dir von Tante Anna Maria berichten.«

»Gib, Ruedi, es wird ihr doch nicht schlechter gehen?« Ruedi vertieft sich in seine Post; eine Weile bleibt alles ruhig, aber dann dringt ein so qualvolles Stöhnen in seine Versunkenheit, dass er auffährt. Der Bürgermeister lehnt zusammengesunken im Stuhl, der Brief liegt am Boden. Es ist ganz still, Johann Rudolf starrt vor sich hin, nicht einmal die Augenlider zucken, dem halbgeöffneten Munde scheint kein Atem zu entströmen.

Eine furchtbare Ahnung befällt Ruedi Burckhardt, er hebt den Brief seiner Base Ester vom Boden auf und wirft einen Blick hinein ... dort steht, was er gefürchtet: Unsere gute Mutter ist tot ... oh, Himmel, auch dieser Schlag noch musste fallen? »Es kommt viel über dich, Onkel«, flüstert er erschüttert. »... Tante Anna Maria lebt nicht mehr?«

»Ja, Anna Maria ist gestorben!«

»Wie grausam ist der Tod.«

»Ach, Ruedi, der Tod ist ein guter, aber gestrenger Herr ... die Menschen sind grausam. Ester schreibt ...« Johann Rudolfs Stimme bricht; er schweigt, um dem Schluchzen zu wehren.

Ruedi nimmt noch einmal den Brief seiner Base zur Hand, er überfliegt ihn; am Schlusse steht: »Wir Kinder können dir nicht verhehlen, dass unsere Mutter an ihrer Verlassenheit gestorben ist.« Ruedi wirft den Brief entrüstet auf den Tisch. Seine Base Ester war immer eine boshafte, harte Frau gewesen, eine ewige Hetzerin zwischen ihren Eltern. Er rüttelt Johann Rudolf an der Schulter. »Ester schreibt in der

Verwirrung ihres Schmerzes, du kennst sie doch, Onkel, du darfst dich nicht von der gedankenlosen Schreiberei einer Frau niederdrücken lassen.«

»Ester spricht aus, was mir mein Gewissen schon lange sagt.«

»Hättest du denn das Vaterland deiner Familie opfern dürfen?«

»Vaterland!« Das Wort war ein Zornesschrei in Johann Rudolfs Mund. »Wo ist das Vaterland, für das ich mich geopfert? Wir besitzen ja gar kein Vaterland!«

»Du hast ihm hier seit Monaten mit deiner ganzen Kraft gedient.«

»Zwei feindlichen Parteien, ja. Um diese musste Anna Maria sterben. Ah, Ruedi, die Frau hingegeben zu haben, ist eine schwere Last für das Herz, aber noch schwerer die Einsicht, sie umsonst geopfert zu haben.« Leidenschaftlich bewegte er die Hände gegen Ruedi und sprach in heftigen, selbstzerfleischenden Worten zu ihm von seiner Liebe zu der Toten. Ruedi widersprach nicht; aber Johann Rudolf mochte den stummen Zweifel empfinden, so schrie er plötzlich dem jungen Menschen in das Gesicht: »Es ist so, das Geständnis meiner Liebe gibt mir nicht die Reue ein. Ich habe sie geliebt, wie man einen Menschen liebt, mit dem man durch fünfunddreißig Jahre gekämpft und gelitten hat. Bei Gott, sie hatte verdient, dass ich ihr am Ende unseres Lebens meinen Ehrgeiz opferte.« Bitter lachend warf er den Kopf zurück, »denn welch andere Triebkraft als blinder Ehrgeiz konnte mich zu dem Phantasten machen, der ich bin? Zu dem Narren, der immer noch einer Einigkeit glaubt, die längst zu Grabe getragen?«

Er begann nach Luft zu ringen. Nur Ruhe, nur Ruhe für das rasende Herz. »Lass mich allein«, keucht er, »und sage es den Männern und ... und suche Fritz.« Er streicht mit langsamen, zitternden Händen über die Wangen, »ich habe den Buben ganz vergessen«, flüstert er. »Geh, Ruedi, geh und hole ihn fort von da, wo er jetzt ist.« Ein Schauer rüttelt ihn von Kopf bis Fuß. Die Toten sind allwissend. Oh, Anna Maria, sieh nicht auf ihn herunter.

Ruedi Burckhardt läuft ohne Mantel aus dem Hause, Johann Rudolf aber, kaum dass die Tür in das Schloss gefallen, wirft die Stirn auf die verschlungenen Arme … nun wusste er, was über seine Schwelle getreten war: Enttäuschung, Neid und Tod. Zwischen seinen qualvollen Gedanken spießrutenlaufend, fragte er sich endlich, als jedes Selbstvertrauen aus ihm herausgeblutet war, wozu er noch an diesem Orte blieb. Es war eine grenzenlose Überhebung gewesen zu glauben, er, er allein könne das große Werk der Lostrennung vollbringen. Nichts anderes war er als ein krankhafter Phantast und in den Augen der Herren daheim und der Gesandten hier ein lästiger Quengler, mit dem man eine Weile Geduld hat, um ihn hernach in stiller Verachtung stehenzulassen. Zu Hause hatte er sich aufgebläht, hier sich treten lassen und war immer wieder gekommen, so blind in seiner Eitelkeit, dass er nicht einmal gesehen, wie der eigene Sohn ihm eine Falle grub und sich zum Gespött machte.

Johann Rudolf krümmte die Schultern und stöhnte ingrimmig auf: zu diesem Ende hatte er sein Lieblingskind mitgeschleppt und sein Weib geopfert … Fritz in den Händen einer Kurtisane und Anna Maria im Zorne gestorben …

Die Konferenz wird sich über alle unsere Wünsche hinwegsetzen

Ruedi Burckhardt eilte durch die Dämmerung in Richtung von d'Avaux' Quartier, aber der kürzeste Weg wurde ihm verstellt, denn schon hielten französische Soldaten die Straße frei, damit die schmale Auffahrt zum Palais des Herzogs nicht durch Neugierige verstopft würde. Erst jetzt erinnerte Ruedi sich wieder des Festes; in dieser Stunde noch hätte er zum Tanze gehen sollen.

Er machte einen Umweg durch die Nebengassen, um von hinten her zu d'Avaux' Haus zu gelangen. Er vermutete, Fritz weile bei seiner Angebeteten, um sie zu trösten, da sie nicht geladen sei. Weshalb sonst hätte Fritz sich in solchem Zorn geweigert, zum Fest des Herzogs zu gehen?

Als Ruedi durch die Seitengasse wieder an eine Hauptstraße gelangte, sah er Fritz vorüberstürzen und den Weg zum Bremer Tor einschlagen. Mit einem Sprung setzte er sich in Bewegung und hatte den jungen Vetter in wenigen Schritten erreicht. »Fritz«, keucht er und hält ihn an der Schulter fest, »wohin gehst du? Unser Quartier liegt hinter dir.«

»Ich weiß nicht«, sagt Fritz traumwandlerisch, »ich weiß nicht, ich glaube, ich wollte spazieren gehen.«

»Um diese Zeit geht man doch nicht spazieren. Komm mit.«

»Nein, lass mich, Ruedi, ich habe so viel zu denken.«

Ruedi steckt seinen Arm durch den des Vetters und hält ihn wie in einem eisernen Ring. »Jetzt ist keine Zeit für sentimentale Promenaden.«

»Du hast gut spotten, Ruedi, lass mich los, ich komme später nach Hause.«

»Nein, jetzt, Fritz.«

»Was brauchst du dich um mich zu kümmern!« Der Jüngere will sich losreißen. »Ich musste einer Frau ...«

Ruedi zerrt unwirsch an Fritzens Arm, der ihm zu entschlüpfen droht. »Schweig, was gehen mich deine Weibergeschichten an! Deine Mutter ist tot!«

Ruedis Hand, mit der er Fritz wie einen Gefangenen gehalten, sinkt matt herunter ... Fritz hatte gelacht. Der Ältere bleibt stehen und starrt in seines Vetters Miene, die immer noch in Verklärung lächelt ... Ruedi schauert es; hat Fritz den Verstand verloren?

»Mutter ist tot?«, flüstert er. »Ruedi, so können wir nicht auf das Fest gehen? Wir werden daheim bleiben müssen und um Mutter trauern ... und, nicht wahr, Ruedi, in allen Gesandtschaften wird man wissen, warum wir fortbleiben. Die Nachrichten laufen hier schnell.«

»Fritz, bist du bei Verstand, Fest oder nicht Fest, dein Vater wartet auf dich.«

»Ja, gehen wir, Ruedi.« Fritz schreitet aus, als wäre neues Leben in ihm. »Mütter sind ein Wunder vom Himmel«, sagt er erregt und zerrt Ruedi vorwärts. »Sie helfen über alle Entfernungen hinweg, und geht's nicht im Leben, so helfen sie aus dem Tode heraus.« Plötzlich bleibt er stehen. »Ruedi«, beginnt er ganz leise, aber seine Stimme wächst mit dem Aufruhr seines Gemütes, »... der Tod ... bin ich denn von Sinnen, der Tod ist unwiderruflich, für immer und alle Ewigkeit!« Mit einem wilden Schluchzen reißt er sich los und stürmt die Gasse entlang zum Quartier seines Vaters.

*

Als vor Stunden Johann Rudolf die beiden Lichter anzündete, um die Botschaft des Todes entgegenzunehmen, entzündete auch die Kammerzofe die Lichter zu Seiten des Spiegels, der Lucindes weißes Gesicht auffing.

»Du musst mich gut schminken«, sagte sie, »die Aufregung hat mir alles Blut vom Herzen gezogen.« Lucindes Stimme war hoch und girrend vor hysterischer Freude. »Berthe, endlich, endlich schmückst du mich für ein Fest, an dem sie alle sein werden, alle, die bisher die Nase gerümpft haben ... nicht mehr von weitem die Musik hören! Nicht mehr an dem eigenen vergifteten Herzblut ersticken müssen! Ah, Berthe«, sie legt die Hand an die pulsende Kehle, »noch zwei Stunden gehören dir, um mich schön zu machen, wenn du je geschickt warst, so sei es heute.«

»Der Herr Graf hätte uns eher Nachricht geben sollen!«

»Kein Wort gegen Claude, er hat noch bis vor kurzem bei der Herzogin um mich gekämpft ...« Lucinde lacht in ungewohnter Güte auf. »Was verdient er dafür, Berthe?«

»Das, was bei unserem Schweizerknaben Perlen vor die Säue gewesen wären.«

»Berthe!« Lucinde packt mit beiden Händen die Kante ihres Toilettentisches. »Ich habe den Kleinen ganz vergessen! Und er hat mir doch versprochen ... mein Gott, was soll ich denn machen? Geh, lass meinen Kopf los, ich muss nachdenken ... er darf nicht auf dem Fest erscheinen; wenn er käme, nein, nein, ich darf mir nicht ausmalen, was dann geschehen würde; was muss ich denn tun? Es ist keine Zeit zu verlieren, und du stehst da und sagst kein Wort ... gib mir Papier und Feder und rufe einen Diener ... rufe Franz, der ist zuverlässig.«

Lucinde wirft einige Zeilen auf einen Bogen Papier: »Lieber Fritz, du bist von deinem Versprechen befreit. Ich gehe als geladener Gast zur Herzogin. Lucinde.«

»Hier, Berthe, das soll Franz selber dem jungen Wettstein übergeben, aber nur ihm persönlich. Er muss jetzt zu Hause sein und sich für das Fest ankleiden.«

Lucinde seufzt erleichtert und beginnt die aufgerollten Locken von den Bändern zu befreien; noch zittern ihr die Hände, aber der Anblick der Kammerfrau, die zurückgekehrt ist und nun das weite Brokatkleid zurechtlegt, lenkt ihre Gedanken von Fritz ab. Mit leuchtenden Augen verfolgt sie im Spiegel, wie Berthe Fächer, Handschuhe, Schmuck aus der Lade nimmt … es überläuft sie heiß, wenn sie daran denkt, dass sie ganz allein den Saal betreten wird, denn am Arme des Grafen darf sie nicht gehen; aber sie wird die Schönste sein, die Frauen alle werden sie befeinden, aber die Männer auf ihrer Seite sein.

»Berthe, es klopft.« Die Kammerfrau geht in das Vorzimmer und kommt lächelnd mit einem Brief zurück. »Die Kanzlei hat ein Billett doux von unserem kleinen Galan abgegeben.« Lucinde nimmt das Papier gleichgültig entgegen, es konnte noch keine Antwort auf ihr Eilschreiben sein. Wenn sie nicht neugierig gewesen wäre zu sehen, ob er in diesem Briefchen sein Versprechen in letzter Stunde rückgängig zu machen suchte, hätte sie das Blatt Papier nur dazu benutzt, die Hitze der Brennschere an ihm auszuprobieren. Aber in ihrer Wissbegier beginnt sie, ohne im Kämmen innezuhalten, das Billett zu überfliegen, das Berthe geöffnet hat. Plötzlich wird ihre Hand steif. Der Kamm stockt im Haar, als hätte er sich hineinverbissen, zwei scheue Augen sehen in den Spiegel; ob die Kammerfrau etwas bemerkt hat? Aber Berthe steht abgewandt am Schrank. Lucinde zieht den Kamm durch die Haare herunter, ganz langsam, sie schluckt, greift schnell nach dem Brief und schiebt ihn unter die Samtdecke des Toilettentisches.

Zitternd hebt sie das Flakon mit dem starken Salz an die Nase ... er will sich töten, um sein Wort nicht zu brechen ... sich töten ... wie jung und unklug er noch ist; und wie selbstsüchtig, einen Skandal zu verursachen und ihr das Fest zu verderben. Aber er hat inzwischen ihren Brief erhalten, noch ist ja nichts geschehen. Und wenn er nicht zu Hause war, schon fortgelaufen, um das Schreckliche auszuführen? »Berthe, ist denn Franz noch nicht zurück?«

»Nein, es ist auch gar nicht möglich.«

»Willst du mich auch erbosen? Geh, frag, ob er noch nicht gekommen ist.«

»Madame wird durch den Zorn nicht schöner ...«

»Natürlich nicht! Aber das ist die Schuld dieses törichten Buben, und du willst auch nichts für mich tun!« Lucindes Hände sind eiskalt; sie streicht besorgt über die dunkeln Schatten unter den Augen. Berthe ist hinausgegangen; Lucinde hört sie mit Franz sprechen; warum bringt sie ihn nicht herein ... was sagt der Mann? ... Sie springt auf und reißt die Portiere auseinander. »Weshalb konntest du den Brief dem jungen Mann nicht selber geben?«

Der Mann sieht mit Erstaunen die Erregung der Frau. »Der schweizerische Korporal steht vor der Tür des Quartiers und lässt niemanden hinein wegen des Todesfalles.«

Lucinde krallt beide Hände in den Seidenstoff, dass er knirscht, Berthe drängt die Diener hinaus, sie stützt die junge Frau, »ja, wer ist denn gestorben, dass Madame so erregt ist ... der junge Wettstein? Ich dachte ...«

»Schweig, sprich von etwas anderem, was kann ich für den Tod dieses jungen Menschen!« Lucinde wankt zu dem Ruhebett, auf dem Fritz noch vor kurzem neben ihr gesessen; sie fühlt die Tränen hervorquellen; nein, jetzt nicht weinen, morgen, aber jetzt nicht. Der Gedanke an ihre Schuld aber bohrt sich immer tiefer in ihr Gehirn, sie wischt mehrmals über die Stirn, als könne sie dadurch das Denken auslöschen, hilfesuchend sieht sie auf das ausgebreitete, silberstrotzende Kleid, und ... der Zauber wirkt. Bilder von flimmernden Kerzen, von Männern, die sich vor ihr neigen, und Frauen, die den Neid in ihren Augen nicht beherrschen können, schieben sich über den Anblick eines jungen zerschossenen Hauptes.

»Berthe«, ruft sie; ihre Stimme vibriert im Triumph der Grausamkeit, »wo bleibst du, was weinst du? Ich bitte dich, trockne deine Augen und habe deine Gedanken bei der Arbeit. Es wird Zeit, fang an.«

*

Über Johann Rudolfs gebeugtem Haupt war es Nacht geworden. Er hatte die Lichter gelöscht und verharrte unbeweglich Stunde um Stunde. Er fühlte keinen Hunger und keine Ermüdung und nicht den Krampf in den verschlungenen Armen. Sein Geist war weit fort. Er sah Anna Maria weiß und steif in dem großen Himmelbett liegen, gerade so ruhig schlafend, wie er sie in der Nacht vor seiner Abreise gesehen hatte. In Gedanken trat er allein an ihr Totenbett, nicht wagend, Fritz mitzuführen, und sprach zu ihr von früher, und wie sie sich trotz aller Kämpfe geliebt, wie ihre beiden eigenwilligen Naturen sich immer wieder in der Achtung eines vor dem anderen gefunden hatten. Wie doch nun jeder kleinliche Streit versunken war und nur das leuchtende Bild eines langen, gemeinsam getragenen Lebens übrigblieb ... und Anna Maria sollte im Zorn gestorben sein?

Nach Stunden des Grübelns drang in Johann Rudolfs Verlorenheit ein leises Geräusch. Mühsam, mit schmerzendem Nacken, hob er den Kopf. War das nicht Schluchzen? Es kam aus dem Winkel, wo das Bett stand.

»Fritz«, sagte Johann Rudolf leise, »Fritz, bist du es? Weinst du über Mutter?« Wettstein ging mit steifen Beinen zum Bett hinüber, tastete im Dunkeln nach seinem Sohn und fühlte die lockigen Haare, die er so gut kannte, unter der Hand. Fritz lag auf dem Gesicht und schluchzte in die Kissen hinein. Johann Rudolf ließ sich auf dem Bettrand nieder und strich ihm über den Kopf. Glaubte Fritz auch, dass der Vater schuld sei am Tode der Mutter?

Und als hätte Fritz die Gedanken erraten, sagte er leidenschaftlich: »Ich habe Esters Brief gelesen; Mutter ist nicht im Zorn gestorben, glaube nur das nicht, Vater. Sie war oft hart und ungeduldig; aber sie verstand dich besser, als sie es zugeben wollte. Wie hätte sie uns sonst von Jugend auf gelehrt, dass kein Mann weit und breit dir gleichkommt.«

Johann Rudolfs Hand bebte, als er in nervöser Hast Fritzens Scheitel streichelte: »Aber ich habe dich ihr genommen.«

Fritz richtete sich auf: »Weißt du, dass Mutter mir am Morgen unserer Abreise sagte, keines der Geschwister dürfe erleben, was ich erlebe, ich solle dir Ehre machen und nicht versäumen, an deiner Hand ein rechter Mann zu werden.«

»Und ich habe dich nicht an der Hand gehalten und nicht darüber gewacht, dass du mir Ehre machst.«

»Warum sagst du das, Vater?«

»Ich weiß, woher du kommst.«

Fritz springt auf und wirft den Kopf zurück; seine schmale Silhouette steht vor dem grauen Rechteck des Fensters gerade aufgerichtet. »Und wenn du auch weißt, woher ich komme, ich habe dir keine Unehre gemacht, Vater! Ich war wohl an einen gleitigen Weg geraten; aber ich war bereit, durch den Tod dem Schlimmsten zu entgehen.«

»Rede nicht leichtfertig vom Tod in dieser Stunde, wo wir um Mutter trauern.«

Fritz senkt beschämt den Kopf: »Ja, vielleicht habe ich nur mit dem Gedanken des Todes gespielt, und doch ... blieb mir kein anderer Ausweg.«

»Ein Ausweg? Aus welchem Dickicht?«

»Ich hatte einer Frau ...«

»Dem Mädchen Lucinde ...«

»... mein Ehrenwort gegeben, blindlings zu tun, was sie mir auftragen würde.«

»Und das war?«

»Eine schmähliche, törichte Aufgabe. Vater, ich habe keine Minute daran gedacht, sie auszuführen; aber Lucinde sagte: Ein Schweizer hält sein Wort oder stirbt.«

Johann Rudolf lachte zornig auf: »Ein Schweizer stirbt nicht für die Torheit einer eitlen Weibsperson; ein fester Griff um ihr weißes Handgelenk ... vielleicht noch etwas mehr, und sie hätte Ruhe gegeben.«

»... sie ist sehr schön, Vater.«

»... ja, ich weiß es ... warum kamst du nie zu mir, um Rat zu holen?«

»Du hättest mich gezwungen, mein Wort zu brechen; Vater, lass uns nicht mehr davon sprechen ... Mutter hat mir geholfen ...« Johann Rudolf sah seinen Sohn fragend an.

»Ihr Tod hat mich vom Fest ferngehalten, zu dem Lucinde nicht geladen ist, so musste ich nicht sterben; auf dem Fest hätte ich mein Versprechen einlösen sollen.«

Johann Rudolfs Herzschlag setzt eine Sekunde lang aus, was mochte sie verlangt haben?

»Ich war ein achtloser Vater«, sagt er tonlos, »wenn du getan hättest, was das Weib von dir wollte ...«

»Ich hätte es aber nie und nimmer getan.«

Wettstein sieht dumpf vor sich hin.

»Vater, warum fürchtest du, dass alles, was du Gutes in mir gepflanzt, in einer Stunde vernichtet sein könnte? Es stünde schlimm um mich, wenn du mich von Stunde zu Stunde bewachen müsstest.«

Fritz hatte schnell und verlegen gesprochen, und auch Johann Rudolf war von der Scheu befallen, die ihn stets hieß, großen Worten auszuweichen; eine selig besänftigende Gewissheit legte sich wie eine kühle Hand auf sein wundes Herz: Fritz hat seine und meine Ehre nicht verletzt. Schweigend zog er seinen Sohn neben sich auf den Bettrand nieder.

So saßen der ältere Mann und der junge Bub nebeneinander und schauten sinnend auf das dunkle Fensterviereck, an dem ein großer, blauer Stern vorüberzog. Als er hinter dem Fensterkreuz verschwand, wandte Johann Rudolf den Kopf und schaute auf das Profil seines Sohnes … wie jung noch war dieses Gesicht! Das Herz zog sich ihm schmerzhaft zusammen bei dem Gedanken, welche Gefahr nach dieser klaren, jungen Seele gegriffen. Einen Augenblick dachte er darüber nach, ob wohl der Graf von dem Spiel wisse, das das Mädchen mit Fritz getrieben hatte; aber unter dem ewig bohrenden Gedanken: Morgen geht unsere große Stunde ungenutzt dahin, verlor alles andere seine Bedeutung.

»Das Favorschreiben ist nicht angekommen«, sagte Johann Rudolf stattdessen mit einer Stimme, die erfroren klang.

Fritz packte die Hand seines Vaters: »Und die Konferenz von morgen?«

»Wird sich über alle unsere Wünsche hinwegsetzen und nur so viel tun, als für die Ruhe des kaiserlichen Gemütes nötig ist … aber du sollst an Mutter denken und nicht an die leidige Politik. Wie müde du aussiehst. Leg dich und schlafe hier; ich bleibe heute Nacht wach.«

Fritz ließ sich in die Kissen zurückfallen, zu Tode erschöpft von den letzten peinvollen Tagen. »Mutter würde dich aufzurichten wissen!«

»Vielleicht, dass ihr Geist tröstend in mich einzieht.« Johann Rudolf erhob sich und schaute durch das Fenster in das tiefe Dunkel hinein.

Als Fritz nach einer Weile im Halbschlaf noch einmal seinen Vater suchte, sah er den hellen blauen Stern, der hinter dem Fensterkreuz wieder hervorgekommen war, nun hart neben der Schläfe seines Vaters, ja, es schien ihm, als drängte das Gestirn sich in das geliebte Haupt, als gehörten diese hohe Stirn und das ferne Licht untrennbar zueinander.

Es wird ein Brief an den Kaiser abgehen

Am Morgen nach dem Fest saß d'Avaux Lucinde in ihrem Boudoir gegenüber, ganz vertieft in den Genuss der Schokolade, die ihm heute zum ersten Mal serviert wurde. Durch den holländischen Gesandten war er Besitzer eines Päckchens Kakao geworden, dieses eigentümlich bitteren Pulvers aus Amerika.

»Mit Zucker vermischt und mit Wasser zu einer dicklichen Sauce verkocht, sei es ein recht genussreiches Getränk«, sagte d'Avaux zögernd. »Das heißt, wenn man viel guten Willen mitbringt. Ich meine, Kakao ist wie die Ehe: Im Grunde ein bitteres Pulver, nur wenn man reichlich Zucker dazutut, einigermaßen erträglich. Und auch dann ein Getränk, das den Durst nicht löscht, sondern übersättigt und dick macht ... seien wir froh, Lucinde, dass wir uns nicht von Kakao ernähren müssen.«

Er erwartete, dass Lucinde verstehend in sein Lachen einfallen würde; aber sie sagte nur matt: »Gewiss, Claude, du hast recht.«

»Du bist mir nicht gefolgt, ich sprach vom Kakao.«

»Er ist wirklich gut.«

»Lucinde, bist du krank? Schon gestern auf dem Fest wandeltest du daher wie ein Geist. War dein Triumph nicht groß genug? Die Herzogin hat den Kopf geneigt, als du bei der Cour* vorübergingst, und alle Herren haben sich um dich bemüht. Beim Kontertanz warst du so bleich, dass ich fürchtete, du würdest ohnmächtig werden; sag, was fehlt dir?«

»Nichts.« Die junge Frau senkte die Augen und zog fröstelnd den Seidenmantel über der Brust zusammen. Sie war nicht krank, aber Fritzens Mörderin. »Gehst du heute zu Wettstein«, stammelte sie, »alle Gesandten werden ihm ihr Beileid ausdrücken.«

»Nein«, sagte d'Avaux kalt, »nach dem Intrigenspiel, das er durch seinen Sohn eingefädelt, gelüstet es mich nicht, ihn so bald wiederzusehen. Politisch kann ich ihn nicht fallen lassen, aber den ›Freund‹ Wettstein gibt es nicht mehr. Er mag von nun an mit Stenglin verhandeln.«

»Wie unversöhnlich du bist! Jetzt, wo der Tod ihn so schwer geschlagen hat, solltest du weicher denken.« Lucindes Stimme versiegte in Tränen; sie wollte das Schluchzen hinunterkämpfen, aber ihre Nerven gaben nach, und sie fühlte das bekannte Schreien sich bedrohlich in ihrer Kehle zusammenziehen. »Lass mich zu ihm gehen«, brachte sie heiser heraus.

Der Graf runzelte ungeduldig die Stirn. »Deine Sentiments in Ehren, Lucinde, aber dass ein älterer Mann seine Frau verliert, ist nicht derart tragisch, dass du ...«

Ein schreiendes Lachen riss ihm das Wort vom Munde, Lucinde hatte die Arme in die Luft geworfen; von Hysterie geschüttelt, wankte sie im Stuhl und fiel vornüber, dass ihre Stirn auf der Tischkante aufschlug. Die Schultern zuckten, und das grelle Lachen ging in ein wildes Schluchzen über.

---

* Aus dem Französischen übernommenes Wort für Hof

D’Avaux, eine Sekunde wie von Grauen gelähmt, sprang auf und wollte die Frau vom Stuhle in die Höhe ziehen; aber Lucinde, ihrer Sinne beraubt, glitt wie tot zu Boden.

Fassungslos stürzt der Graf aus dem Zimmer; über den Korridor geht Muguin, d’Avaux zerrt ihn sprachlos am Ärmel nach sich. Erst angesichts der hingeworfenen, reglosen Frau kommen ihm die Worte zurück. »Sie ist tot, Muguin, sie ist tot!«

Muguin schüttelt kaltblütig den Kopf. Frauen sind zäh, denkt er, so schnell stirbt es sich nicht. Er kniet nieder, wendet Lucinde um, legt das Ohr auf ihre Brust und sagt fast verächtlich: »Sie lebt.«

Der Graf, dem seine Fassungslosigkeit nachträglich peinlich ist, beeilt sich, mit Muguins Hilfe Lucinde auf das Ruhebett zu tragen. »Woher kommt solcher Zusammenbruch?«, fragt er sachlich, »was bedeutet das? Sie sind ein erfahrener Mann; warum lachen und weinen die Frauen plötzlich und verlieren dann die Besinnung?«

Muguin, der sachkundig mit Riechsalz hantiert, zuckt die Achseln, »ein Schreck als letzter Anstoß für überreizte Nerven.«

»Überreizte Nerven? War denn ein Grund dazu vorhanden?«

»Der Herr Graf liebt kein Geschwätz ...«

»Manchmal liebe ich Geschwätz; heraus mit der Sprache!«

Die beiden Männer haben, über die Frau gebeugt, einander eifrig in die Ohren geflüstert; der Graf betupft Lucindes Gesicht mit einem nassen Tuch.

»Der junge Wettstein wird dahinterstecken. Ich musste gestern einen ... offenen Brief befördern; im Interesse des Herrn Grafen sah ich hinein.«

D’Avaux winkte ungeduldig. »Schon gut, Muguin, und was weiter?«

»In dem Brief war die Rede von einem Versprechen, das er der Demoiselle gegeben, aber lieber den Tod suchen wollte, als es einhalten.« Dem Grafen waren die Hände heruntergesunken, er bringt sein Ohr noch näher zu Muguins Mund. »Was für ein Versprechen?«, zischt er und horcht schon mit ganzer Seele auf die Antwort. »Das weiß ich nicht. Und der junge Herr hat sich natürlich nicht getötet, aber ... seine Frau Mutter ist gestorben ...«

D'Avaux reckt sich, geht zum Toilettentisch hinüber und stellt mechanisch alle Döschen und Flaschen in Reih und Glied. Lucinde glaubte, der Todesfall bezöge sich auf ihren Pagen, der sich ihretwegen töten wollte, überlegt er ... und sie ging trotzdem zum Tanzen.

Lucinde hat ihre Augen aufgeschlagen und lässt sie unruhig durch das Zimmer irren. »Soll ich der Kammerfrau läuten?«, fragt Muguin ergeben.

»Nein, nein«, die junge Frau winkt ihm hinauszugehen. Als sie mit ihrem Geliebten allein ist, schaut sie ängstlich zu ihm hinüber. Warum trifft er keine Anstalten, ihr sein Mitleid zu bezeugen?

In d'Avaux' Augen liegt ein fragendes Grauen. Sie hatte getanzt, während sie glaubte, ein Jüngling, den sie in den Tod gehetzt, verblute derweil ... Frauen konnten furchtbar sein! Erschauernd sieht er durch den zerrissenen Schleier seiner Gefühle auf die Grausamkeit der Frau und die eigene Torheit. Nur weil die äußere Hülle dieser kalten Seele schön und jung war, hatte er sich gläubig von ihrem Lügenspiel fangen lassen. Immer noch sieht er Lucinde in bitterem Staunen an und fühlt die tötende Kälte seiner Ernüchterung ihn ganz und gar durchdringen.

»Claude«, ruft Lucinde weinerlich, »schweige nicht so herzlos still, hast du denn gar kein Mitleid mit mir? Ich bin fast gestorben ...«

»Ebenso wie der junge Wettstein ›fast‹ gestorben ist!«

»Aber nicht wahr, nur seine Mutter ist gestorben!« Lucinde stützt sich auf beiden Händen hoch und sieht schon wieder in alter Munterkeit den Grafen an.

»Ja, nur seine Mutter.« Der Graf tritt mit untergeschlagenen Armen zu Lucindes Ruhebett. Er sieht mit harten Augen auf sie hinunter. »Nur zwei Fragen, Lucinde. Und, wenn solches bei dir möglich ist, so antworte mir der Wahrheit gemäß. Hat Wettstein seinen Sohn als Vermittler zwischen ihm und mir benutzt? ... Kein Ausweichen, antworte!«

»Nein.«

»Gut. Ist sein Sohn dein Geliebter?«

»Nein! Glaube doch das nicht! Auch wenn er sein Versprechen ausgeführt hätte ...«

»Welches Versprechen?« Lucinde sucht verwirrt nach Worten. »Welches Versprechen?«, wiederholt d'Avaux streng.

»Mich bei der Herzogin für alle Zurücksetzung zu rächen, die ...«

»Oh, sei still, Lucinde!« Der Graf ringt nach Luft, ihm dämmert, was die Frau anzuzetteln im Begriffe gewesen. »Und den jungen Wettstein hast du durch süße Versprechungen dazu bewogen, dir zu gehorchen ... unterbrich mich nicht, ich kenne dich und weiß, wie du vorzugehen beliebst. Gottlob, dass er von Edelmannsart ist, wie ich es geglaubt, bevor du meine verliebte Blindheit gegen ihn ausnutztest.«

»Claude, Claude, so hast du noch nie zu mir gesprochen, was habe ich denn getan!«

»Mir gezeigt, dass dein Ehrgeiz stärker ist als deine Liebe. Hättest du wenigstens klug gehandelt, aber deine Methoden sind gefährlich.«

»Was ich tat, geschah aus Liebe zu dir.«

»Bemühe dich nicht, Lucinde, du verwirrst dich, ruhe deinen Kopf aus, du hast schon genug ... Ausreden gesucht.«

Der Graf ging verzweifelt im Zimmer hin und her; Lucinde hatte das Gesicht in das Kissen gesteckt und weinte vor sich hin. Nicht zu leise, denn sie kannte die Wirkung ihrer Tränen auf d'Avaux. Aber dieses Mal schien er nicht zu hören.

D'Avaux war ein Ausspruch Wettsteins eingefallen, den er kürzlich getan haben sollte, als man in seiner Gegenwart

Lucindes Einfluss auf ihn, d'Avaux, einzuschätzen suchte. Da war der Bürgermeister mit Frauen, die sich in die Politik einmischen, streng ins Gericht gegangen und hatte in Bezug auf ihn gesagt: »Wer Beruf und Liebe nicht sauber auseinanderzuhalten weiß, ist im Handumdrehen im eigenen Netz gefangen.« Damals, als man d'Avaux diese Rede hinterbracht, hatte er über den biederen Schweizerkönig gelacht, der von dem Einfluss schöner Frauen nichts wissen wollte; aber heute packte ihn eine wahre Sehnsucht nach der klaren Luft, die um Freund Wettstein wehte. Er neidete ihm die straffe, überlegene Manneszucht, die ihn an diesem Kongress allzu geschmeidiger Männer auf eine eigene hohe Rangstufe gehoben hatte; ja, er neidete ihm den Sohn, der in unbeugsamer Loyalität gehandelt.

Wettstein hatte recht behalten. Da fand er sich nun umwunden von den Schlingen, die Lucinde ihm gelegt. Ihretwegen hatte er den rechtschaffenen Bürgermeister verletzt und sich den politischen Blick durch gekränkte Gefühle trüben lassen ... wohin war er abgeirrt? »Es ist heiß hier«, sagte er irritiert und riss ein Fenster auf.

Er schaute hinaus. Lucinde, die ihn ängstlich beobachtete, sah an den nervösen Bewegungen seiner Schultern und dem geröteten Nacken, dass er mit zornigen Entschlüssen kämpfte. In der Spannung vergaß sie zu weinen.

Als d'Avaux sich umwandte, waren keine Spuren von Erregung mehr in seinen Zügen zu gewahren. Halb auf der Fensterbank sitzend, sagte er in einem unpersönlich galanten Ton: »In Paris blühen schon die Veilchen; es wäre mir lieb, wenn du mich in dem Haus, das ich dir geschenkt, erwarten würdest, bis dieser Kongress zu Ende ist.« Lucinde wurde weiß vor Schrecken, und der Graf, der eine neue Szene fürchtete, ging eilig zur Tür. »Morgen fährt ein Bote nach Paris; mein bester Reisewagen wird für dich bereit sein.« Er riss heftig am Klingelzug. »Und, bitte, bemühe dich nicht mit

Gegenvorschlägen.« Bevor nur Lucinde aus ihrer Erstarrung zu erwachen vermochte, hatte er das Zimmer verlassen.

*

Drei Tage lang blieb es still im Wollweberhaus. Johann Rudolf saß allein in seinem Zimmer, Fritz hatte ihn am Ende der Nacht, die er bei ihm zugebracht, verlassen, weil Wettstein es so gewünscht hatte. Nun schrieb der Bürgermeister an seine erwachsenen Kinder und an Freund Rippel. Es wurde ihm schwer, sich in der nötigen Demut und Ergebung auszudrücken; in die Tränen um Anna Maria mischte sich immer wieder der bittere Zorn, dass die Heimat nicht begreifen wollte, um welche Höhen er kämpfte.

Am Nachmittag des dritten Tages war Volmar gekommen, das Herz voll warmer Empfindungen für Wettstein, aber sichtlich behindert von dem Gedanken, den Freund seit Wochen alleingelassen zu haben. Volmar wusste, dass er in gleichgültigem Egoismus gehandelt, und scheute sich nicht, seine böse Laune einzugestehen. Umständlich versuchte er, Johann Rudolf zu erklären, dass ihm die eigenen Sorgen bis über den Scheitel wüchsen und dass er in seinem Ärger oft denke: Sollen die anderen auch ihre Sorgen haben, wer hilft denn mir? Er gestand sogar, dass ihm die Verlegenheit, in der Freund und Feind steckten, eine gewisse Beruhigung sei. Jetzt aber, wo Wettstein ein so schwerer Schlag getroffen hatte und auch das Favorschreiben für den entscheidenden Tag ausgeblieben sei, reue ihn seine Bosheit. Ob Johann Rudolf ihn verstehen könne?

Wettstein verstand. Er senkte mit einem schwachen Lächeln den Kopf gegen Volmar. Gut und Böse wohnten im Menschen so nahe beieinander. Hatte Volmar ihn aus Egoismus und Schadenfreude gepeinigt, so war er andererseits aus ehrlichem Mitgefühl zu ihm geeilt. Johann Rudolf, dessen Seele sich wie die Sonnenblume zur Sonne jeder freundlichen Ausstrahlung eines Menschen zuwandte, schob augenblicklich das Gefühl der Kränkung beiseite und nahm Volmars Freundschaftsworte willig an.

Volmar verließ Wettsteins Quartier in einer Art Verblüffung. Rührung lag seinem hartkantigen Wesen fern; aber ein frohes Staunen war in ihm über die schlichte Größe, die Weitherzigkeit dieses Mannes, der Fehler nicht anrechnete, aber jede kleinste Guttat doppelt wog.

Durch Tage verfolgte Volmar das Gespräch mit Wettstein und beeinflusste sein Handeln. Als Trautmannsdorf mit leisem Spott die plötzliche Umstellung dem Bürgermeister gegenüber streifte, versuchte Volmar nicht, sich zu verteidigen, er sagte nur mit einem lachenden Seufzer: »Ja, ich bin besiegt; der ›Schweizerkönig‹ weiß zu herrschen, nicht durch Worte, aber seine Art zwingt mich, dem Ziel zu dienen, das er vor Augen hat.«

»Nicht nur Sie sind besiegt, Volmar. Hat Wettstein doch den alten Reigersberger so gründlich erobert, dass er kaum noch mit dem Schnabel zu hacken wagt.« Trautmannsdorf prustete belustigt vor sich hin. »Wer hätte je geglaubt, dass dieser hartnäckige Widersacher Wettstein vor den Reichsräten retten und seine desparate Lage so geschickt vertuschen würde.«

Nassau, der dieser Unterredung beiwohnte, erinnerte daran, dass er immer gesagt hätte, Wettstein sei der beste Mann am Kongress, jawohl, meine Herren. Volmar nahm den Vorwurf, der in diesen Worten lag, schweigend hin. Er wusste es, er war in Johann Rudolfs Schuld. So arbeitete er nun mit aller Gewissenhaftigkeit für den Freund und konnte ihm nach kurzer Frist berichten, dass das kurfürstliche Kollegium einstimmig und das Kollegium der Reichsräte in der Mehrheit den Entscheid gefällt hätten, die schweizerische Angelegenheit nicht auf den nächsten Reichstag zu verschieben, sondern ein Gutachten mit der Bitte um sofortige Erledigung an den Kaiser zu schicken.

Als Wettstein erfuhr, welchen Sprung er wie im Schlafe vorwärts getan, meinte er, sein Herz müsse ihm zerspringen. Er legte die Arme fest über der Brust zusammen und versuchte, sich den Anschein gleichgültiger Gefasstheit zu geben; aber Volmar erriet dennoch, wie viel leidenschaftliche Hoffnungen und tödliche Befürchtungen Wettstein an den Inhalt des Gutachtens knüpfte, und sprach sich wie auf einen stummen Befehl des Freundes über den Brief an Ferdinand aus: Man habe auf der kaiserlichen Gesandtschaft die Absicht, dem Reichsgutachten, in dem die Frage der Exemtion als baslerische Angelegenheit festgestellt sei, ein Begleitschreiben beizufügen, das den Kaiser von dem allgemeinschweizerischen Charakter der Forderung überzeugen sollte.

Volmar hatte forsch und laut gesprochen, nun aber versiegte seine Stimme in Unsicherheit; er spürte, wie er sich dem wunden Punkt in Wettsteins Mission genähert hatte, und Johann Rudolf beendete denn auch resigniert: »Das Reichsgutachten wird wohl mit nie erlebter Präzision nach Pressburg abgehen, damit nicht etwa das Favorschreiben, sollte es noch anlangen, die Reichsräte Lügen straft, die es in allen Tönen ausposaunen, die übrige Schweiz kümmere sich auch nicht mit einem Atemzug um die Notlage der Basler. Wann soll der Brief an den Kaiser abgeschickt werden?«

»Möchten Sie, dass wir den Versand hinauszögern?« Volmar fragte in aufrichtigem Entgegenkommen. »Ich bin bereit, auf das Favorschreiben zu warten.«

Aber Wettstein wollte den Dingen, die endlich ins Rollen gekommen, keinen Bremsklotz anhängen. Alle zwölf Tage nur gelange die Schweizer Post in seine Hände, Volmar solle keinen Tag mit dem Versand zögern, sie würden nur umsonst warten. So werde das Gutachten Osnabrück in zwei bis drei Tagen verlassen, beendete Volmar die Besprechung; aber ihm sei angst um die Antwort des Kaisers. Ein Hoffnungsstrahl sei immerhin vorhanden, nämlich die Tatsache, dass Ferdinand es Mazarin nicht gönne, der Eidgenossenschaft das Geschenk eines Friedensartikels zu machen, der ihre Unabhängigkeit festsetzt.

Wettstein lächelte in den Mundwinkeln. »So sind politische Rivalen«, dachte er. »Gerade wie die Hunde, die einen Knochen zwischen sich liegen sehen. Schnappt der eine nach dem Leckerbissen, so will der andere ihn auch. Lässt der eine ihn liegen, so wendet sich auch der andere ab.«

Als Volmar gegangen war, wiederholte Johann Rudolf leise seines Freundes Abschiedsworte, die auf einem Seufzer zu ihm gekommen: »Gott mit Ihnen, Wettstein.« War Gott mit ihm? Johann Rudolf hatte die Empfindung, sehr verlassen zu sein. Die Anfangserfolge waren ihm wie Sand durch die Finger gerieselt, und er hatte ohnmächtig zuschauen müssen, wie die Schicksalsstunde seines Landes ungenützt zerronnen war. Was sollte er tun? »Gott mit Ihnen«, flüsterte er noch einmal. Wahrhaftig, nur Gott allein konnte noch ein gutes Ende herbeiführen, da Augen und Hirne daheim nicht fähig waren, die Umrisse einer großen Zukunft zu erkennen.

Namens gemeiner 13 und zugewandter Orte

D'Avaux saß an seinem Schreibtisch und nahm die Briefe entgegen, die Muguin ihm geöffnet überreichte; er ließ die Augen nur zerstreut über den Inhalt gleiten und konnte sich nicht entschließen, einen einzigen Bogen zu Ende zu lesen. Endlich legte er die gepflegten Hände leicht gekreuzt auf die Briefe und sah Muguin wehmütig an.

»Wie war die Demoiselle im Moment des Abschiedes?«, fragte er, »hast du sie noch aus Köln hinaus und bis auf die Landstraße begleitet? Weinte sie?«

»Mademoiselle war sehr angeregt durch das Treiben in Köln. Den Leuten rumort schon der Karneval im Blut; so hat die übermütige Volksmenge ihr die Vorfreude auf Paris nur erhöht.«

Der Graf hatte den Ausdruck wehmütiger Zärtlichkeit verloren. »Selbstverständlich ist für eine junge Frau Köln und gar Paris anziehender als dieses Heerlager von Osnabrück«, er schien völlig gleichgültig. »Das Reisegefolge war vollzählig?«

»Der Leutnant de Vuiller versprach, auf der ganzen Reise keinen Schritt von Mademoiselle zu weichen.«

Der Graf beugte den Kopf und blätterte in den Briefen. Die alte Giftkröte von einem Muguin, dachte er, tat seinem Sekretär aber nicht den Gefallen, irgendwelche Gefühle zu verraten. »Was gibt es sonst an Neuigkeiten aus Köln? Ich hoffe, du hast die Gelegenheit nicht versäumt, äh ... ein wenig zu spionieren.«

Muguin legte die Hand auf das Herz zur Beteuerung seiner Ergebenheit. »Es war ein Eilkurier aus der Schweiz angekommen ... Der gute Mann! Mit schweizerischem Vertrauen hat er alle Welt um die schnellste und sicherste Reisegelegenheit nach Osnabrück gefragt und dadurch im kurfürstlichen Sekretariat einiges Interesse erweckt.«

D'Avaux lachte. »Das glaube ich. Kurköln hat alles Interesse, die Schweizer Post aufzuhalten, bis das Reichsgutachten nach Pressburg abgesandt ist. Ich vermute, du hast den Boten nicht abreisen sehen.«

»Nein, es gab Passschwierigkeiten.«

»Armer Wettstein!« Der Graf überlegte, dass hier eine Gelegenheit gewesen wäre, sein Unrecht an Wettstein wiedergutzumachen. Gereizt rief er aus: »Und du bist nicht auf den Gedanken gekommen, die Post für den Mann zu besorgen? Du konntest dich doch als französischer Beamter ausweisen! Wozu sind wir Bundesgenossen der Schweizer? Nein, wahrhaftig, Muguin, ich hätte dir mehr Geistesgegenwart zugetraut!«

»Die Schweizer Post ist hier ...«

Der Graf ringt nach Atem: »Warum hast du das nicht gleich gesagt?«

»Der Herr Graf hat mich nicht zu Worte kommen lassen.« Muguin entnimmt ruhig seiner Posttasche eine Reihe Briefe.

D'Avaux lacht halb verärgert, halb belustigt vor sich hin, während er die Briefe in einen Umschlag legt ... ein unmöglicher Mensch, dieser Muguin, aber doch zu allem zu gebrauchen. Er siegelt das Paket mit seinem Ring. »Bringe die Briefe gleich in die Schweizer Gesandtschaft; sie werden wohl schon wach sein.«

»Sie müssen mit den Hühnern zu Bett und mit den Hühnern heraus.«

D'Avaux schlägt bei Muguins Sticheleien zornig mit der flachen Hand auf den Tisch: »Verschone gefälligst meine Freunde mit deinem Spott.«

Muguin stammelt eine Entschuldigung.

»Schon gut, der Schweizer Gesandte ist kein Mann, der einen goldenen Rahmen braucht ... Sonst noch etwas?«

»Die Seidenstoffe, Borten, Knöpfe und Spitzen sind angekommen sowie die letzten Modebilder für unseren Grandcouturier. Man trägt jetzt in Paris ...«

»Erzähle das Monsieur Joseph, und er solle sich in einigen Tagen zu einem Vortrag bei mir melden.«

*

Vor dem »Hühnerställchen« wischte Giggishans an diesem frühen Märzmorgen die Fliesen wie alltäglich von Wollflocken rein, die sich, wenn er sie nicht ewig bekämpfte, vom Wollenweberhäuschen bis in die Schweizer Wohnung hinüberverirrten. Giggishans aber war immer darauf bedacht, »Glanz zu entfalten«, wie Johann Rudolf seines Dieners Tätigkeit nannte, seitdem der Mahnbrief aus der Heimat eingetroffen war.

Über seinen Besen hinweg sah Giggishans den französischen Sekretär zwischen den Pfützen der Straße herantänzeln. Er mochte ihn nicht, diesen Mann mit der scharfen Zunge, deshalb ließ er ihn ganz herankommen, ohne ihn scheinbar zu sehen.

»So, so, werden die Hühnerfedern ausgekehrt?«, fragte Muguin sanft.

Giggishans schoss das Blut ins Gesicht; wäre er nicht in den letzten Monaten in der diplomatischen Tunke weichgesotten worden, er hätte den Mann mit dem Besen über den

Kopf geschlagen. »Der Herr Bürgermeister ist zu Hause, er wird Ihnen gern einige von Ihren Hahnenfedern ausrupfen!«

»Nein, nein«, wehrte Muguin ab, »ich habe nur ein Paket Briefe abzugeben, die ich selber mit Lebensgefahr aus Köln herausgeschmuggelt habe.«

Giggishans sah den Sekretär misstrauisch an; er brachte kein Dankeswort über die Lippen. Muguin hatte sich auch schon davongemacht. So trug Giggishans, den Besen unter den Arm geklemmt, ärgerlich vor sich hin brummend, die Post hinein und legte sie neben den Bürgermeister, der seine Morgengrütze aß, auf den Tisch.

»Woher kommt das Paket?«, fragte Johann Rudolf gleichgültig.

»Aus der französischen Gesandtschaft.«

»Es wird wenig Erfreuliches darin stehen; lassen wir die Geschäfte bis nachher.« Johann Rudolf aß weiter; als er seinen Löffel niederlegte, griff er im Plaudern mit Ruedi und Fritz nach dem Umschlag, erbrach ihn und öffnete auch mechanisch die Briefe.

Ruedi Burckhardt war noch bei dem Gespräch, das er soeben mit seinem Onkel geführt hatte. »Es ist ein Segen für Basel«, sagte er, »dass du dem Rat geschrieben hast, man solle den Holbein nicht verkaufen.«

»Ist das Gemälde denn so viel wert?«, fragte Fritz, »ich meine, man könnte im Rathaus auch ein neueres Bild aufhängen.«

»Nichts Neueres könnte schöner sein, Fritz. Übrigens wollte der Rat tausend Sack Salz oder das ganze Dorf Hüningen dagegen haben.«

»Aber der Kurfürst wird das Bild nicht bekommen?«

»Ich glaube nicht; die Stadtväter schienen meinem Rat folgen zu wollen. Übrigens gehört Maximilian von Bayern zu unsern Hauptfeinden unter den Reichsräten; diesem Mann gönne ich das Passionsgemälde am wenigsten, und wenn es hundertmal ein papistisches Bild gescholten wird.«

Johann Rudolf hatte im Sprechen die Bogen entfaltet und versucht nun im Halbdunkel des Raumes wenigstens die Unterschriften zu entziffern. Er rät auf Longueville, d'Avaux oder Stenglin und hält den Kopf ganz tief gesenkt. »Mir wäre das Rathaus entweiht ohne unseren Holbein ...« Die Worte fallen langsam von seinen Lippen; die linke Hand erhoben, als wolle er Stille gebieten, liest er, ohne den Ton zu ändern oder auch nur Atem zu holen, die Finger einen nach dem andern auf den Tisch stoßend, von dem Bogen unter seinen Augen ab: »Zürich, Bern, Luzern, Ury, Schweiz, Unterwalden, ob und nid dem Kernwald, Zug, Glarus, Basel, Freyburg, Solothurn, Schaffhausen und Appenzell.« Die Namen sind seinen Lippen wie ein Hauch entfallen, jetzt hebt er den Kopf und schaut in die aufgerissenen Augen seiner jungen Männer ... »Dreizehn Unterschriften«, sagt er trocken, »da haben wir das Favorschreiben.«

Dann bleibt es ganz still, Ruedi und Fritz wagen kein Wort. Endlich flüstert Johann Rudolf und legt den Handballen an die Stirn: »So viele Nächte Qual, so viele Tage Bitterkeit; wie auf einen Stern vom Himmel haben wir auf diesen Brief geharrt, und nun liegt er da ... hier neben meinem Grützenteller; Giggishans, mit dem Besen unter dem Arm, hat ihn hereingebracht, als wäre es nichts, das er trug ... wie ein verschämter Nachzügler kommt es dahergehinkt, unser Favorschreiben ... zu spät, zu spät ...«

Wettstein hört nicht Fritzens und Ruedis erregte Debatte, er hat sich ganz dem Inhalt des Favorschreibens und dem Begleitbrief hingegeben. Als er ihn niederlegt, sieht er eine Weile still geradeaus, als stünden vor seinem geistigen Auge die Männer der Heimat, die ihm trotz aller Widerstände doch noch geholfen haben.

Hirzel in Zürich und Dulliker in Luzern haben die Auseinanderstrebenden zu sammeln gewusst. Hirzels feiner Geist, Ulrich Dullikers kühner Verstand und beider heiße Liebe zur Heimat haben das Wunder bewirkt, dass nicht Glaubensunterschiede, sondern Bluts- und Bodengemeinschaft siegten. Nun war endlich das vielfältig züngelnde Feuer der Freiheitsliebe in eine einzige starke Flamme zusammengeschlagen.

»Herr Gott im Himmel!« Wettstein schlägt die Hände ineinander und hält sie unter das Kinn, »dass mir dieses Glück beschieden wurde! Es darf nicht zu spät gekommen sein ... es soll nicht zu spät gekommen sein! Ihr Buben, was gäbe ich nicht darum, in dieser Minute den Männern daheim die Hände drücken zu können.«

»Hätten sie dich nur weniger lange gequält, Vater!«

Johann Rudolf schneidet mit der Hand waagrecht durch die Luft. »Erledigt, vergessen, Fritz. Schelten wir die Starre unserer Männer nicht länger, als sie uns Grund gaben. Ihre Eisenköpfe haben dem Lande zuzeiten auch schon Vorteil gebracht, und bringen sie einmal das Vaterland in Gefahr, so findet sich immer ein Hirzel oder ein Dulliker, der sie weichklopft ... räume ab, Fritz«, beendete Johann Rudolf frohgemut, »und du, Ruedi, hole das Schreibgerät. Zweimal haben wir schon den kaiserlichen Gesandten unser Anliegen schriftlich erklärt, nun wollen wir in einer dritten Recharge namens gemeiner dreizehn und zugewandter Orte den Kaiser ersuchen, diese bei ihrer Freiheit und Souveränität zu schützen. Schreibe, Ruedi.«

Wettstein begann zu diktieren, und Fritz horchte erstaunt auf den frischen, scharfen Klang in seines Vaters Stimme, der ihm schon fast aus dem Gedächtnis entschwunden war. Johann Rudolf wandelte hin und her; als es gegen Schluss ging, blieb er neben Ruedi stehen. Die Hand auf seine Schulter gelegt, sagte er langsam und feierlich: »Eidgenössischerseits ist man entschlossen, sich selbsten bei erlangter Freiheit, Souveränität und Herkommen durch Gottes Gnade zu schirmen und Gewalt mit Gewalt auszutreiben.«

Ruedi Burckhardt blickte erschrocken auf.

»Ja, schreibe nur, wie ich es sagte. Ruedi, dieser Brief«, er schlug mit der Hand auf das Favorschreiben, »und die Nachricht über das erstellte Defensional berechtigen mich endlich, meinen Katzenbuckel wieder aufzurichten.«

Hochaufatmend griff er nach den Papieren, um sie zu überlesen. »Halte dich bereit, Ruedi, und sage auch dem Korporal, er solle die Amtskleidung anlegen, noch vor dem Mittagsmahl werden wir Doktor Volmar das Favorschreiben nebst meinem Brief überreichen. Morgen spätestens soll das Reichsgutachten unterschrieben aus Münster zurückkommen, bis dahin muss ich die endgültige Fassung meines Briefes mit Volmar redigiert haben.«

»Vater, sag, welche Stimme wird den Kaiser in seinen Entschlüssen lenken, die unsere oder die des Reiches?«

»Das weiß Gott allein. Ach, Fritz, wäre das Schreiben nur um sechs Tage eher eingetroffen, wir hätten das Reich zu einer anderen Sprache gezwungen! Dann würde jetzt eine einzige Stimme zum Kaiser sprechen. Komm, Ruedi, machen wir uns auf den Weg zu Volmar.«

*

Als Johann Rudolf nach Hause zurückkehrte, fand er eine Botschaft von d'Avaux, er wolle den Bürgermeister heute noch sehen, der Graf würde am Nachmittag selber vorsprechen.

Johann Rudolf legte das Papier mit dem Bericht nachdenklich zur Seite und war während des ganzen Mittagsmahles schweigsam ... so musste er nun den Strauß mit d'Avaux ausfechten. Er hatte von Volmar gehört, dass das Mädchen Lucinde abgereist war, und vermutete, dass der Graf ihm über Fritzens Intrigen, die zu dieser Trennung geführt hatten, Vorwürfe machen wollte.

Fritz, der die Botschaft des Grafen entgegengenommen hatte, beobachtete seines Vaters Mienenspiel; er ahnte, dass er sich innerlich bereitete, die Folgen von seines Sohnes Torheit auf sich zu nehmen. Wenn nur der Vater schelten, strafen wollte, aber er würde, ohne ein Wort zu verlieren, die Hand über ihn halten, über ihn, der ihm so sehr geschadet. Um den Vater abzulenken, fragte er, wie man in der kaiserlichen Gesandtschaft die Ankunft des Favorschreibens aufgenommen habe.

Ein heller Glanz überflog Johann Rudolfs Antlitz, er richtete sich wie belebt auf: »Die Herren waren so bewegt wie ich. Volmar ließ Trautmannsdorf und Nassau rufen; wahrhaftig, ihr Buben, es war, als wäre der Frühling zu uns drei Alten in das Zimmer getreten und hätte uns alle verjüngt. Trautmannsdorf meinte, ich könne nun gleich abreisen.«

»Und werden wir reisen?«, fragte Ruedi begierig.

»Nein, du Guter, du musst dein Heimweh noch ein wenig zügeln. Jetzt reise ich nicht. Volmar meint, in vier Wochen könne ich die Antwort aus Pressburg in der Hand halten.«

»Glaubt denn Volmar an einen günstigen Beschluss des Kaisers?«

»Es scheint so.«

»Aber du, Vater, du zweifelst?«

»Die kaiserliche Gesandtschaft will nie die Ohnmacht des Kaisers dem Reiche gegenüber zugeben, ich habe aber schon manche Probe davon gesehen.«

»Was werden wir in diesen letzten vier Wochen zu tun haben, Onkel?«

»Die schlüpfrigen Franzosen einzufangen, dass sie uns einen vollständig neu zu fassenden Artikel über unsere Unabhängigkeit aufsetzen. Wenn der Kaiser versagt, bleibt uns nichts anderes, als offen auf Seiten der Franzosen um unsere Rechte zu kämpfen.«

»Was brauchen wir dann noch auf die kaiserliche Antwort zu warten!«, rief Fritz übermütig aus.

»Du Kindskopf! Erstens ist es noch gar nicht sicher, dass dieser Friede je zustande kommt und unser Artikel in Kraft tritt, und zweitens, würde er auch in einen tatsächlichen Friedensvertrag aufgenommen, so könnten immer noch Kaiser und Reich sich in ihrer Verletztheit gegen uns verbünden und uns mehr Schwierigkeiten als bisher verursachen. Nein, Fritz, der französische Artikel ist nur für die Not, vielleicht auch als Stachel für den zögernden Kaiser zu verwerten. Besitzen müssen wir den Artikel; aber auf den Knien will ich Gott danken, wenn der Kaiser uns aus den Fangarmen des Untieres mit den zweihundertvierzig Köpfen befreit und nicht die Franzosen.«

»D'Avaux wird nicht zögern, für uns bei Longueville zu wirken«, warf Ruedi Burckhardt ein.

»Ich hoffe es.« Johann Rudolf traf seines Sohnes schmerzlich gespannten Blick, da strich er ihm im Aufstehen über die Haare, auch in seinem Blick lag eine Welt von Besorgnis. Er öffnete die Lippen, um seinen Gedanken auszusprechen; aber er schloss den Mund wieder, und, leicht an Fritzens blondem Haarschopf ziehend, meinte er: »Ich wollte nur sagen, Fritz, gib dem Grafen den neuen Prachtstuhl, du hast deinen Auftrag gut erledigt.«

*

D'Avaux war in dem neuen Sessel platziert, Johann Rudolf saß ihm in dem einarmigen Stuhl gegenüber. Er hatte dem Grafen für die Überbringung der Schweizer Post gedankt, sie enthielte ein Schreiben, auf das er mit einiger Ungeduld gewartet habe.

D'Avaux schmunzelte. Mit einiger Ungeduld?, dachte er. Nun ja, mein lieber Bürgermeister, man soll keine Gemütsbewegungen verraten. Es freue ihn, sagte er, ebenfalls in gehaltenem Ton, Wettstein einen Dienst erwiesen zu haben, zumal er in seiner Schuld sei. Er stockte, um Johann Rudolf Gelegenheit zu geben, eine Klage gegen Lucinde vorzubringen; er hatte sich seufzend darauf gefasst gemacht, dass Wettstein seine Bürgerart in dieser Angelegenheit nicht verleugnen und an Vorwürfen nicht sparen würde. Aber Wettstein schien von keiner Schuld zu wissen. Wenn der Herr Graf jedoch mit einem seiner jungen Männer eine Auseinandersetzung wünsche, so würde der ihm Rede stehen.

D'Avaux' Augen weiteten sich vor Erstaunen. Kein Wort über die Gefahr, in die Lucinde den Jüngling gebracht? Keine Andeutung über seine, d'Avaux', Zurückhaltung der letzten Zeit? Fürchtete Wettstein, ihn zu brüskieren? Wagte er nicht, fest aufzutreten? Während der Graf Johann Rudolfs Haltung zu durchschauen suchte, sprach er von dem Verlust, den der Bürgermeister erlitten hatte. Worte und Phrasen fielen von seinen Lippen; aber innerlich stellte er fest, dass Furcht das Letzte wäre, das dieses Mannes Mund verschloss. Eher mochte es eine leise Verachtung sein, die ihn über Intrigen und Launen hinwegsehen ließ.

Er ist doch der Mann, für den ich ihn hielt, schloss d'Avaux seine Betrachtung und, noch die letzten Beileidsworte auf den Lippen, lächelte er Johann Rudolf herzlich an. Nicht mit dem undurchsichtig konventionellen Lächeln, das alle an ihm kannten, nein, mit einem Lächeln der Seele.

Johann Rudolf wunderte sich, aber er empfand beglückt die Wärme, die d'Avaux entströmte, und wenn es ihm auch ein Rätsel war, warum der Graf ihm keine Vorwürfe machte, sondern ihn spontan zu Fritzens ritterlichem Sinn beglückwünschte, so fühlte er doch: dieser Mann ist gewonnen ... Fritz musste sich gut gehalten haben, sonst säße der Graf ihm jetzt in anderer Gemütsverfassung gegenüber. Fast übermütig in ihrer gegenseitigen Erleichterung, sprachen nun Johann Rudolf und der Graf über den Brief an den Kaiser. Wettstein sagte, er hoffe, den Herzog nicht mehr mit der Souveränitätserklärung belästigen zu müssen.

D'Avaux erschrak. Er protestierte, scheinbar nur aus Höflichkeit, im Grunde aber ernstlich besorgt; ihm lag alles daran, dass die Eidgenossenschaft auf Frankreichs und nur auf Frankreichs Hilfe zählte. Jetzt, wo eine günstige Antwort des

Kaisers durchaus möglich schien, war er vollauf bereit, die hundertmal erbetene Unterstützung freiwillig anzubieten. Aber nur wie eine Nebensächlichkeit erwähnte er, der Herzog erwarte Wettstein schon seit langem in Münster, um den Friedensartikel aufzustellen. »Als unseren Nachbarn im Elsass würde ich den Herren von Basel raten, den Anschluss an Ihre französischen Bundesgenossen zu befestigen.« Augen, Stimme, Hände, sogar die vorgebeugten Schultern unterstützen die Eindringlichkeit seiner Worte.

Wettstein hatte die Augenlider sinken lassen, damit kein Blitzstrahl seines inneren Triumphes hervordrang. »So wäre es gut«, sagte er leichthin, »wenn Sie dem Herzog möglichst bald den Entwurf zu besagtem Friedensartikel zukommen ließen.« Johann Rudolf schien die unendlich oft wiederholte Bitte um ein geschriebenes Wort vergessen zu haben, und auch d'Avaux war seines Gedächtnisses beraubt ... würde d'Avaux jetzt ein bindendes Versprechen geben? Um seine Spannung zu verbergen, hatte Wettstein abermals den Kopf gesenkt: sein Blick ruhte auf den eleganten Stiefeln des Grafen. Sie waren aus hellstem Leder, die weiten Stulpen mit Spitzen gefüttert; mehrmals glitten die schmalen Füße hin und zurück.

»Noch heute werde ich einen schriftlichen Vorschlag aufsetzen; Sie sollen ihn in der Kanzlei des Herzogs finden.«

Johann Rudolfs Herz begann hart zu schlagen, aber sein Gesicht blieb unbeweglich. Der Graf erhob sich, sagte im Abschiednehmen mit verbindlichster Stimme viel Unverbindliches und ließ sich vom Bürgermeister bis zu seiner Karosse begleiten.

Als Johann Rudolf in sein Zimmer zurückgekehrt war, setzte er sich, tief in Gedanken verloren, nochmals in seinen einarmigen Stuhl, den Blick über die verschränkten Arme zu Boden gleiten lassend; da sah er wieder d'Avaux' zierliche Stiefel vor sich, lächelnd schob er die eigenen Schuhe vor und betrachtete sie prüfend ... eckig, breit und schwer ruhten sie auf dem rauen Fußboden, schön waren sie nicht mehr; aber sie hatten ihn über manchen schweren Weg geführt; mochten sie nun zeigen, dass sie nicht schlechter zu lavieren verstanden als die zierlichen Stiefel des Grafen.

Politischer Erfolg ist eine langsam reifende Frucht

D'Avaux lehnte in seinem Wagen, mit gerunzelter Stirn die Unterredung mit Wettstein überlegend ... er ist nicht nur ein Edelmann, unser Schweizerkönig, er ist auch klug, dachte er. Das Versprechen eines Friedensartikels hat er mir, weiß Gott, mit aller Sanftheit entlockt ... vielleicht ist der Kaiser wirklich schon gewonnen. In dem Falle wäre es allerdings günstig, seiner Antwort mit einer Friedensklausel zuvorzukommen; sollten aber die Hofräte in Pressburg den Kaiser zugunsten des Reiches einnehmen, dann, mein lieber Wettstein, dann haben wir alle Zeit.

D'Avaux beugte sich unter einem plötzlichen Gedanken aus dem Wagenfenster und rief zum Kutscher hinauf: »Zu Kanzler Reigersberger.«

Eine Stunde später fuhr d'Avaux nachdenklich zu seinem Quartier zurück. »Mein armer Wettstein«, dachte er, »es hat nicht den Anschein, als wolle das Reich dem Kaiser freie Hand zu einem huldvollen Geschenk an seine lieben Eidgenossen lassen. Noch ist es für unseren Friedensartikel keine Zeit ... wir wollen sehen, was die Schweden beschließen ... politischer Erfolg, mein lieber Wettstein, ist eine langsam reifende Frucht, auch die Sonne der Freundschaft kann ihr keine schnellere Vollendung schenken, geschweige denn der Lichtstrahl eines verfrühten Versprechens.«

D'Avaux' Diplomatengewissen war befriedigt von dem vorsichtigen Schritt, den er bei Reigersberger unternommen hatte; aber sein Freundesherz empfand es schmerzlich, Wettsteins Glauben in seine Loyalität erschüttern zu müssen. Ja, die Falschheit, wie er seine leidige Pflichterfüllung nannte, saß ihm wie ein Dorn im Fleisch. So schrieb er, heimgekehrt, in ehrlich besorgtem Ton an den Herzog – Muguin bekam indessen den Zorn zu spüren, den der Graf eigentlich gegen sich selber verspürte –, man möge in der Kanzlei einige möglichst entgegenkommende Zeilen für Wettstein aufsetzen, im Übrigen aber müsse man wohl oder übel abwarten, wie der Kampf zwischen Kaiser und Reichsrat sich entwickeln würde.

Der Graf schickte Muguin fort, er legte die Feder, mit der er unterschrieben hatte, nieder und schaute, den Nacken auf die Lehne des Stuhles gestützt, sinnend in das zierliche Fächergewölbe zu seinen Häupten hinauf. Ja, es war schmerzlich, zuerst Staatsmann und dann Mensch sein zu müssen, in diesem Zusammenhang kam ihm Lucinde in den Sinn. Sein Quartier war so weit und leer, gelangweilt sah er sich um; ob er sie nicht baldigst zurückkommen lassen sollte?

Johann Rudolf begann indessen in fröhlicher Gehobenheit seine Abreise nach Münster vorzubereiten. Zwar hatte er an diesem Kongress gelernt, dass ein Versprechen nicht mehr als nebelhafte Bedeutung hatte; aber diesmal schien d'Avaux in allem Ernst gesprochen zu haben. Johann Rudolfs Zuversicht wurde noch stärker, als er Oxenstierna und Salvius einlenken sah, sobald sie von einer französischen Friedensklausel hörten. Wenn Wettstein ihnen schwarz auf weiß einen Friedensartikel mit Longuevilles Unterschrift zeigen könne, wollten sie ihr Interesse auf die gesamte Eidgenossenschaft ausdehnen. Dafür müsse allerdings ein bindendes, geschriebenes Wort des Herzogs vorliegen.

In sein Losament zurückgekehrt, sagte Johann Rudolf zu den Männern: »Morgen reisen wir nach Münster.« Fritz sah den Vater besorgt an: schon seit Tagen ging er nur mit Mühe umher. Heute, nach der Konferenz, lag das fieberhafte Glühen in seinen Augen, das Fritz als das Zeichen eisern zusammengeballten Willens kannte; der innerliche Krieg war wieder nach zwei Fronten ausgebrochen: Krankheit und politische Widersacher. Während des Einräumens sah er, dass der Vater von Stunde zu Stunde schwerer litt ... er würde morgen unmöglich reiten können.

Sollte Fritz recht bekommen? Die Nacht über rang Johann Rudolf mit den grausamsten Schmerzen, aber er durfte niemanden zu Hilfe rufen, denn sonst würde sein Völklein von vier Eidgenossen ihn hindern, morgen abzureisen, und er musste sobald als möglich in Longuevilles Nähe kommen; jetzt galt es, jetzt durfte er nicht versagen; das Eisen war heiß, nun hieß es, den Hammer geschwungen.

Die Kinder des Wollenwebers, die im Gang vor seiner Türe schliefen, quäkten und weinten. Johann Rudolf beneidete die junge Brut, dass sie aufbegehren durfte, wenn sie mit dieser herrlichen Welt nicht zufrieden war. Er musste seine Qual stumm hinunterwürgen und meinte doch, nur ein einziges gewaltiges Brüllen des Schmerzes, und ihm würde Erleichterung werden. Aber kein Ton kam über seine Lippen, und wenn ihm alle Gelenke und Glieder wie von Folterknechten abgedreht wurden.

Als der Märzmorgen blassgolden durch die runden Scheiben leuchtete und ein erstes zartes Vogelgezwitscher vom nahen Frühling phantasierte, fühlte Johann Rudolf die Mutlosigkeit wie eine graue Decke über sich fallen. Ein steifer, kranker Klotz, lag er in seiner Bettkiste, und draußen wurde es Frühling ... ach, noch einmal jung und gesund sein und auf frischen Beinen stehen; ohne Schmerzen in die Welt hinausreiten und den widerspenstigen Körper vergessen zu dürfen!

Giggishans öffnete vorsichtig die Türe und trat ein, Wettstein konnte ihm nur die Augen zuwenden. »Hole den Korporal«, sagte er matt, »er muss helfen, aber verrate dem Buben nicht, wie du mich gefunden hast. Nur das Aufstehen ist schlimm, nachher geht es schon.«

Als die beiden Männer vor Wettsteins Bett standen und Giggishans schon die Hände erhoben hatte, um seinen Herrn in die Höhe zu ziehen, sanken sie ihm mutlos nieder, sein Blick suchte ratlos die Augen seines Genossen, der verstört in Wettsteins eingesunkenes Gesicht blickte.

»Fangt an«, schrie Wettstein verzweifelt, »es muss sein. Kümmert euch nicht um mein Stöhnen ... los!«

Hans und der Korporal packten fest zu, richteten ihren Herrn auf, kleideten ihn, zogen ihm die Stiefel an und stellten ihn auf die Beine ... mehrmals hielten sie inne, weil sie den Körper des Kranken schwer wie einen Leichnam in ihren Armen fühlten. Als Johann Rudolf endlich reisebereit am Bettpfosten lehnte, wischte Giggishans ihm den Schweiß von der Stirn und einige Blutstropfen von den Lippen.

Ruedi und Fritz hatten inzwischen den Planwagen bepackt, mit dem Wollenweber abgerechnet und standen nun wartend bei den Pferden. Fritz machte sich im Wagen zu schaffen, um nicht sehen zu müssen, wie sein Vater litt, als man ihn auf das Pferd hob. Ruedi Burckhardt brummte und schimpfte vor sich hin, es sei eine Schande, dass der schweizerische Gesandte keine samtgefütterte Karosse habe, um weich und warm durch diesen kalten Märzmorgen zu fahren; sein junges, stürmisches Herz schwoll ihm in Verehrung zu dem Mann, der nur einen Leitstern kannte: die Pflicht, und wenn er darüber in Stücke ging.

*

In Münster begab sich Johann Rudolf noch am Tag seiner Ankunft zum Herzog. Er wurde von Longueville mit aller Zuvorkommenheit aufgenommen und erhielt bereitwilligst Einblick in den Entwurf, den die Kanzlei auszuarbeiten im Begriff war.

Wettstein wurde es vor Schrecken und Enttäuschung flau zumute, als er die nichtssagenden Phrasen las, und dachte in aufwallendem Zorn: Mit diesem windigen Artikel locken wir keinen Hund hinter dem Ofen hervor, er ist vollständig wertlos! Er räusperte sich und sprach dann möglichst ruhig seine Enttäuschung, in die diplomatische Sprache übersetzt, dem Herzog aus. Longueville nahm sein Lorgnon vor die Augen, ein Zeichen höchster Reserviertheit.

»Sie werden, Herr Gesandter, doch nicht an unserer Geneigtheit der Eidgenossenschaft gegenüber zweifeln?«

Wettstein musste wohl oder übel seinem Vertrauen Ausdruck geben, wenn er auch innerlich über die welschen Possen schäumte. Hatte er sich dennoch in d'Avaux getäuscht, war kein Funke menschlichen Verstehens weder in ihm noch in Longueville? Aber, nein, nein, Wettstein zürnte sich selber, dass er es nicht lernte, den Diplomaten vom Menschen zu trennen. Ein Gesandter hat das Interesse seines Landes zu wahren und nicht Freundschaften anzuknüpfen.

Aber so sehr Johann Rudolf sich selber zu beschwichtigen suchte, so schwer wurde es ihm, sich aus dem Gestrüpp des Zornes und des Misstrauens zu befreien. Endlich erinnerte er sich daran, mit welcher Noblesse d'Avaux alle Schuld nach Fritzens Torheit auf sich genommen hatte, und rief sich die vielfachen Erzählungen, die über großmütige Taten des Herzogs in seinem Neuchâteler Fürstentum umgingen, zurück. Nur Geduld, nur kein blinder Zorn, wer sich zur Wut hinreißen lässt, ist der Schwächere. Longueville sollte ihn nicht bodigen.

»Ich lasse ihn nicht los«, sagte er zu Ruedi, als er sein Losament betrat. »Nach zwei, drei Tagen werde ich wieder Einsicht in den Friedensentwurf verlangen.«

»Es ist ein Brief aus Basel gekommen«, lenkte Ruedi ab.

»Lies vor. Ich hoffe, die Herren geben mir feste Instruktionen über die Formel der Unabhängigkeitserklärung.«

Ruedi schwenkte den Brief in der Hand, den er als seines Onkels Sekretarius schon zuvor geöffnet hatte. »Unsere Basler Herren Räte sind weit entfernt von Begeisterung über die Möglichkeit einer freien Eidgenossenschaft. Sie fürchten, wenn wir zu viel verlangen, wird man uns nicht einmal die Exemtion bestätigen.«

Johann Rudolf brummte ein paar Kraftwörter in seinen Suppenteller hinein, den er in wütender Hast auslöffelte ... »lies, was die Herren schreiben.«

»Den Eingang überspringe ich, Onkel.« Ruedi suchte und wandte den Bogen um ... »so, hier kommt's: ›Wir haben uns zwar erinnert, was etwa vor Zeiten bei dergleichen Friedensbeschlüssen des gemeinen helvetischen Leibs halber für ein Stylus gebraucht worden. Dieweil aber die Zeiten und Geschäft veränderlich und die Beschaffung des Gegenwärtigen Euch, Herr, zum besten bekannt, will uns das sicherste und wägste bedünken, die Sache Eurer rühmlich bekannten Discretion und Fürsichtigkeit gänzlich zu überlassen, mit freundlichem Ersuchen, dass Ihr dieses Orts vornehmen wollet, was zu des gesamten, eidgenössischen Leibs Autorität und Ansehen ersprießlich sein mag.‹«

Johann Rudolf legte sich in den Stuhl zurück. »Ich erkenne es den Herren hoch an, dass sie mir freie Hand lassen ... vor Verantwortung habe ich mich nie gefürchtet ... sie helfen mir nicht, sie werfen mir aber auch keinen Knüppel zwischen die Beine; es ist gut, Ruedi. Auf diesem Brief können wir ruhig sitzen. Hans! Bringe uns noch einen Krug Wein!«

»Es hat für heute keinen Tropfen mehr, Herr Bürgermeister, aber Dünnbier ist noch da.«

»Sind das die neuen Sparmaßnahmen, Hans?«

»Unsere Haushaltungskasse ist leer.«

»Die Heimat hält uns kurz … Tut nichts, Hans, auf Wein und Kuchen kommt's nicht an. Bringe nur dein Dünnbier.« Er seufzte gequält auf. »Ich würde auch von Wasser und Brot leben, wenn es mir dafür gelänge, die hohen Herren uns zu Willen zu kneten.« Er drückte beide Hände zu Fäusten, als hätte er sie schon zwischen den Fingern. Seine klugen Augen leuchteten in gesammelter Energie. »Wir werden unser Ziel erreichen, wir müssen es erreichen, Kinder!«

Aber der Herzog war kalt und glatt wie ein Fisch. So oft Johann Rudolf meinte, jetzt habe er ihn fest in Händen, bei der nächsten Audienz glitt er ihm dennoch davon, und Johann Rudolf musste alle Künste seines beweglichen Geistes spielen lassen, um dem Herzog abermals ein Versprechen abzuringen. Verzweifelt sagte er eines Tages zu Ruedi Burckhardt: »Wir müssen den französischen Artikel haben. Volmar drängt; er betont immer wieder, der Kaiser würde uns nur dann erhören, wenn wir ihm mit dem französischen Artikel ein Schreckensgespenst an die Wand malen.«

So arbeitete Johann Rudolf unermüdlich fort und trug Sandkorn um Sandkorn zu dem Berg seines Vorhabens herbei. Sein stahlharter Wille war durch keine Ablehnung und kein Ausweichen zu brechen. Endlich, Mitte April, sah er mit eigenen Augen den Entwurf zu einem brauchbaren Artikel, zwar nur den Entwurf, aber vielleicht genügte er, die Schweden umzustimmen? Also auf denn, nochmals nach Osnabrück. Diesmal ritten die fünf Männer, nur mit dem nötigsten Gepäck versehen, den bekannten Weg gen Norden.

Der Morgen war strahlend emporgestiegen. Wie beschwingt galoppierte die Kavalkade dahin; durch weiche Wiesen und Äcker, die in seliger Frühlingsbereitschaft dem unermesslichen blauen Himmel zu Füßen lagen. Weiße Wolkenschiffe trieben mächtig dahin, jagten einander und stießen ihren dicken Rumpf Bord an Bord, dass sie verschmolzen oder in Fetzen auseinandertrieben. Hin und wieder wandelten sich die weißen Segel der Hoffnung in die schwarzen des Kummers; es war ja April, wo Lachen und Weinen ineinanderfließen. Dann verbarg die Sonne ihr Angesicht, und ein Regenschauer brach hernieder; die Schlacht da oben wogte ungleich hin und her; am Ende aber siegte die Sonne, vernichtete die ganze Flotte praller Wolkenschiffe und herrschte wieder allein und strahlend über die unendliche Bläue.

Johann Rudolf und sein Gefolge ritten schließlich wohlgemut, aber nass bis auf die Knochen bei Freund Wollenweber ein. Der hatte noch dasselbe Stück auf dem Webstuhl. Wettstein schlug dem guten verkümmerten Mann im Vorübergehen auf die Schulter. »Mein Webstück ist auch noch nicht fertig; das Schiffchen, das ich hier aus der Hand gelegt, wird weiter durch die Fäden fliegen. Wir wollen sehen, wer früher fertig wird, Jan, du oder ich.«

An Johann Rudolfs Webstück aber war während seiner Abwesenheit mancher Faden gerissen: Die Schweden hatten eigene Dinge im Kopf und das schweizerische Anliegen völlig vergessen. Dazu war Oxenstierna abwesend, und Doktor Adler Salvius litt an der Gicht. Als Wettstein bei ihm eintrat, selber nur mit Mühe auftretend, wusste der Gesandte von nichts anderem zu reden als von den Schmerzen, die er litt.

»Mein Teurer«, sagte er in strafendem Ton zu Johann Rudolf, »Ihre Schmerzen sind ein Kinderspiel gegen die meinen. Was ich aushalte, ahnt niemand; jeder andere wäre längst nach Hause zurückgekehrt! Was hört man zum Beispiel von Torstenson! Er, ein sogenannter Oberbefehlshaber, lässt sich in einer Sänfte dem Heere nachtragen, weil er der Gicht nicht Herr zu werden vermag ... lächerlich!«

Johann Rudolf vermied es, von den eigenen Leiden zu sprechen, wusste er doch, dass Salvius ihm nie vergeben würde, Gleiches wie er auszuhalten; aber er war ein geduldiger Zuhörer.

Salvius gewöhnte sich an seinen Schweizer Besucher, dem er stets als Erstes das Bulletin der Nacht entgegenrief. So verging eine Woche, es vergingen zwei Wochen; Salvius wanderte wieder, mächtig wie ein beweglicher Turm, umher, in sein durch Anteilnahme erweichtes Gemüt war der Same dessen, was Johann Rudolf ihm sanft, aber dringlich gepredigt, eingesunken und trug nun endlich die erhoffte Frucht. So war denn Salvius mit seinem Freund Wettstein völlig einer Meinung, dass die Eidgenossenschaft eine besondere Struktur habe, die vielgestaltig und dennoch einig, ein Unikum unter den europäischen Staaten sei.

»Katholiken hin oder her«, sagte er eines Tages zu Wettstein mit einem Eifer, als gälte es einen letzten Überzeugungsversuch von seiner Seite, »ich habe immer behauptet, in der Eidgenossenschaft spielt die Konfession keine Rolle. Mit voller Souveränität begabt, wird Ihr Land als ein Felsblock inmitten der Brandung den Großmächten nur von Nutzen sein ... ich denke, Sie werden mir nicht widersprechen.«

Johann Rudolf widersprach nicht, aber das Strahlenbüschel kleiner Fältchen umspielte seine Augen, und die Mundwinkel hoben sich leicht. Während Salvius, weitumbauscht von seinem Schlafrock, das Zimmer in der Erregung eines Siegers durchmaß, breitete Johann Rudolf den Entwurf zum Schweizer Friedensartikel aus.

»Ich kann mich Ihren Argumenten nicht verschließen«, sagte er leichthin, »so müsste denn der Herr Gesandte einzig nach dem Worte ›helvetii‹ den Zusatz ›protestantes‹ streichen.«

Salvius wehte heran, ergriff die Feder und schob mit zwei mächtigen Federstrichen den Stein des Anstoßes beiseite. »Und nun, mein Lieber, stellen Sie mir das Definitivum ›kurz und nervose verfasst‹ zu. Im Verein mit Oxenstierna werde ich d'Avaux veranlassen, auch seinen Artikel bereitzuhalten.«

Auf dem Heimweg sprach Johann Rudolf bei Volmar vor. Er erzählte ihm von seinem schwedischen Erfolg. Volmar lachte: »Ich würde Sie am liebsten nach Pressburg senden, um auch den Kaiser um den Finger zu wickeln.«

»Es scheint allerdings notwendig, etwas zu unternehmen: nicht vier, sondern zehn Wochen warten wir nun schon auf die Antwort des Kaisers! Was halten Sie davon, Volmar?«

»Mein lieber Bürgermeister, die Hofräte sind eine schwer bewegliche Instanz und immer bereit, vor dem Reich zu Kreuze zu kriechen. Herr Zwyer schreibt mir, dass Ferdinand bereit sei, euch in allem zu willfahren ... aber die kaiserliche Macht steht auf schwachen Füßen.«

»Und doch ersehnen wir unsere Exemtion einzig und allein aus des Kaisers Hand.«

»Mit aller Kraft unterstütze ich Sie, Wettstein, als Freund und als Vertreter des Habsburger Erzhauses; aber bringen Sie mir endlich den definitiven Artikel der Franzosen und Schweden.«

»Wären die Gesandtschaften wenigstens an einem Ort versammelt, so hätten wir schon manchen Tag gewonnen.«

»Es verlautet, dass sämtliche hiesige Vertretungen noch am Ende des Monats nach Münster übersiedeln werden.«

Johann Rudolf dachte, dann reisen wir voraus. Es lag ihm nicht daran, im Staub der Karossen und Dienerzüge hinterdrein zu reiten. So machte Wettstein an einem strahlenden Maientag zum vierten Mal den Ritt über den Teutoburger Wald. Sonnenpfeile blitzten über den warmen Boden des Waldes; ein süßer Duft stieg auf und hing sich an das zartgrüne Unterholz. Unbewegt war die Luft; das Singen der Vögel klang von weit her in zarten Lockrufen. Wo das strenge Tannengehölz in den silbergrünen Laubwald überging und der braune Nadelteppich mit dem Muster giftgrüner Mooskissen an den kupferglühenden Boden des Buchenhaines grenzte, wehte der Duft von wilden Rosen den Reitern entgegen. Falter und Bienen spielten in den sonnenwarmen Lichtungen.

Rehe, die wie leblos bei dem Nahen der Reiter gestanden, flohen in schwebenden Sätzen über Gräser und niedere Büsche davon. Auf schwankendem Zweige schmetterte ein Fink sein Frühlingslied, und aus der Tiefe des Waldes rief der scheue Pirol seinen neckenden Ruf; hoch über den Wipfeln aber zog ein Volk von Störchen mit gleitendem Flügelschlag den heimatlichen Nestern zu.

Ruedi hatte den Hut abgenommen, als müsse er ihn vor der Majestät des Sommers ziehen, und Fritz hub an zu singen:

»Wohlan, die Zeit ist kommen,
Mein Ross, das muss gesattelt sein.
Ich hab mir's vorgenommen,
Geritten muss es sein.«

Und Ruedi fiel mit seiner starken Stimme ein:

»In meines Vaters Garten,
Da steh'n viel schöne Blum'.
Drei Jahr musst du noch warten,
Drei Jahr sind bald herum.

Der Kaiser streit' fürs Ländle,
Der Herzog für sein Geld,
Und ich streit für mein Schätzle,
So lang es mir gefällt.

So lang ich leb' auf Erden
Sollst du mein' Liebste sein,
Und wenn ich einst gestorben bin,
So kommst du hinterdrein.«*

---

* »Trost im Unglück« aus »Des Knaben Wunderhorn« von Clemens Brentano und Achim von Armin, Musik von Gustav Mahler

Giggishans und der Korporal brummten mit, und Johann Rudolf meinte im Spiel der Sonnenstrahlen die goldene Schrift zu erblicken, in der die große Freiheitserklärung aufgezeichnet war.

Wer mit großen Herren zu tun hat, muss auch große Geduld haben

In Münster war ein Treiben wie nie zuvor, seitdem Europa die kleine Stadt zu ihrem Treffpunkt ausersehen hatte. Auch die protestantischen Gesandtschaften waren aus Osnabrück herübergekommen, um endlich den Friedensknoten zu schlingen. Es lag eine fieberhafte Unruhe über der Stadt; jetzt hieß es festhalten oder nachgeben, verlieren oder gewinnen; die letzten entscheidenden Züge standen bevor, jedenfalls wiegten sich die Unterhandelnden des Sommers 1647 in diesem Glauben; jede kleinste Figur im Spiel war von Bedeutung.

Es war Anfang August, im Rathaussaal hatte eine Debatte zwischen Franzosen und Kaiserlichen stattgefunden, die unter dem glatten diplomatischen Oberwasser ein stürmisches Hinundwiderhallen aufgewühlt hatte.

Als d'Avaux nach Stunden des Kampfes auf die Rathaustreppe hinaustrat, die zweiteilig zum Platz hinunterführte, sah er Doktor Volmar vor sich, der im Begriffe war, nach rechts hinunterzusteigen. Einen Augenblick zögerte der Graf, dann trat er an Volmars Seite; es gab einen Punkt, über den er unbedingt dem kaiserlichen Gesandten einige Anhaltspunkte entlocken musste. So sagte er in freundschaftlichstem Tone: »Wir haben bei unserer Debatte keine Zeit gefunden, vom schweizerischen Friedensartikel zu sprechen, ich fürchte, auf des Kaisers Huld muss die Eidgenossenschaft verzichten; oder haben Sie günstigen Bericht aus Pressburg gehabt?«

Volmar kneift die Lippen zusammen; mit einer Handbewegung nötigt er d'Avaux, zu seiner Rechten zu gehen. »Durchaus günstigen Bericht, lieber Graf«, antwortet er in vertraulichem Plauderton, »Trautmannsdorf schreibt mir, der Kaiser sei sehr besorgt um die Freundschaft seiner lieben Eidgenossen. Ein Entschluss sei gefasst und würde uns demnächst übermittelt werden.« Volmar nimmt den Hut ab, um d'Avaux' scharfem Blick auszuweichen und streicht liebevoll über die weiche Straußenfeder.

Der Graf stelzt mühsam auf seinen hohen Absätzen neben ihm über das holperige Pflaster. »Es würde mich für Wettstein freuen, wenn aus der Hand des Hauses Habsburg die Souveränität hervorginge«, meint er milde, »da wir aber gewillt sind, unseren Bundesgenossen gegen Übergriffe des Reiches den Rücken zu decken, werden wir kaum umhinkönnen, dem Kaiser zuvorzukommen.« Der Graf zieht den Hut und verabschiedet sich.

Volmar wendet sich verblüfft zum Gehen ... hat d'Avaux die Wahrheit gesprochen? Wenn man das wüsste! Aber es scheint, als seien die Franzosen im Begriff, dem Kaiser den Rang abzulaufen. Herr des Himmels, wenn sie die Idee fassen sollten, die Schweizer noch mehr an sich zu binden! Der Artikel scheint bereit, was wird Wettstein zu unterschreiben haben? Seine Gedanken wandern an den vielgestaltigen Hof zu Pressburg ... verflucht, diese Hofräte! Vielleicht ist ihr Hinauszögern inzwischen für Ferdinand verhängnisvoll geworden.

Volmar geht aufgeregt dahin und sagt sich, er müsse noch heute Wettstein warnen, aber da tritt ihm der Abgesandte

Kurbrandenburgs entgegen und verpflichtet ihn, einer dringenden Konferenz beizuwohnen. »Morgen Vormittag besuche ich Wettstein«, tröstet sich Volmar, »die Franzosen pflegen nicht schnell zu arbeiten.«

D'Avaux war, solange ihn Volmar sehen konnte, gemächlich dahingegangen; aber kaum von einer Häuserecke verdeckt, eilte er trotz der Hitze in raschem Tempo zum herzoglichen Palais. Auch er fragte sich, ob Volmar die Wahrheit gesagt habe und der Kaiser wirklich entschlossen sei, die Wünsche des Reiches seinen Hausinteressen zuliebe hintanzusetzen.

Es mochte wohl sein, denn Ferdinands Vorteil lag ersichtlich eher bei den Eidgenossen als bei dem schwer zu zügelnden Reichskörper ... »Nun gut«, sagte d'Avaux zu sich selber, »so wird Wettstein den französischen Friedensartikel bekommen, den er nicht hat erbitten und nicht ertrotzen können. Jetzt ist der Moment günstig. Der Arme, er ist vom langen Warten nach zwei Seiten hin zermürbt und wird keine Schwierigkeiten machen, auch ein kleines Versprechen zu geben.«

D'Avaux durchschreitet die kühlen Vorzimmer des Herzogs, ihm kommt ein unübertrefflicher Einfall. Der alte Herr muss den Schweizerkönig königlich bewirten. Longueville ist sogleich einverstanden; einerseits, weil es ihm stets eine Herzerfrischung bedeutet, wenn ihn der starke, reine Geist aus Helvetien anweht, anderseits erweist er gern dem Schweizer Gesandten eine Ehre, denn der Herzog hat ein Faible für die Eidgenossen. Ist es das harmlose Leben, das er in seinem Fürstentum zu führen liebt, ist es der gute Neuchâteler Wein oder gar die Bereitwilligkeit, mit der die Notabeln seines Ländchens ihm Gelder vorstrecken? Einerlei, er liebt die Eidgenossen, seine guten Nachbarn.

Wenn er, Longueville, dem Bürgermeister eine Ehrenkette verliehe, was d'Avaux dazu meine, fragt er in seiner besten Laune. D'Avaux ist der Ansicht, Wettstein habe sie verdient, im Übrigen sei ein solches Geschenk im Moment, da man von ihm die gewisse Zusage erhalten möchte, sehr angebracht.

Zu diesem Zwecke eine Ehrengabe? Nein, ein Wettstein sei nicht am Narrenseil der Eitelkeit zu lenken. D'Avaux jedoch redet dem Herzog seine Zweifel aus. Bei aller Überlegenheit sei der Schweizerkönig auch nur einer unter den vielen Männern, die hier um einen Platz in der Weltgeschichte kämpfen. Er, d'Avaux, empfehle eine Ehrengabe als leichten Druck gegen allfällige Widerspenstigkeit.

Wettstein war am nächsten Morgen schon um die zehnte Morgenstunde mit der Ausschmückung seiner Person beschäftigt, wie er sich ausdrückte, denn das überraschend angesagte Prunkmahl im herzoglichen Palais fand um elf Uhr statt. Aber während er die feinen Manschetten des Brabanter Leinenhemdes unter den Ärmeln seines Wamses hervorzog, während er sein Haar kämmte und die Seidenstrümpfe glatt heraufstrich, beim Anlegen der Schnallenschuhe, ja, bei jeder Hantierung überlegte er: »Was will Longueville von mir? Eine herzogliche Galatafel hat ihre besonderen Gründe ... und doch bin ich der Verlangende, nicht er ... was haben die Franzosen vor?«

Mittlerweile war das schwere, steife Samtgewand von seinem Holzrechen heruntergenommen, an dem es unter der Zimmerdecke aufgehängt wurde, und dem Bürgermeister übergestülpt und umgehängt worden. Giggishans war unzufrieden, dass sein Herr so gemagert hatte; in ein Staatsgewand gehörte ein ansehnlicher Bauch. Was sollten die Franzosen denken! Dass es bei den Schweizern nichts zu essen gab. Gottlob waren die Schultern des Gewandes gehörig ausgestopft, so dass sie in breiter Würde den schweren Mantel trugen.

Über das Anlegen der Halskrause stöhnte Johann Rudolf weidlich, und Fritz sagte vorwurfsvoll: »Hättest du dich inzwischen an die Spitzenkragen gewöhnt, so wäre es dir jetzt frei und leicht um den Hals.«

»Dann müsste ich auch eine lange Lockenperücke tragen, die einem heiß macht, als hätte man sich ein Federkissen auf den Kopf gebunden.« Ruedi setzte seinem Onkel den mächtig hohen Filzhut auf, der Korporal nestelte an der Seidenschnur des Gürtels. Johann Rudolf reckte erhitzt und ungeduldig die Arme.

»So, verschwindet. Ich bin jetzt bereit.«

Vom Korporal und Ruedi begleitet, begab Wettstein sich möglichst langsamen Schrittes, um in nicht noch größere Hitze zu geraten, zur Residenz des Herzogs.

Zur selben Zeit, als sich Wettstein auf dem Wege zu Longueville befand, stieg Volmar vor des Bürgermeisters Quartier aus seinem Wagen. Nachdem er von Giggishans gehört hatte, wohin sein Herr gegangen war, stieß er zornig den Stock auf den Boden. »Zu spät«, murmelte er. Nun musste der Himmel verhüten, dass Wettstein unterschrieb, was nie wiedergutzumachen war. Er stieg voller Besorgnis in seinen Wagen. Wettstein war zwar ein außergewöhnlich heller Kopf; aber so viel Ehrlichkeit, wie der Bürgermeister besaß, musste einmal zu Fall kommen.

Inzwischen ließ Wettstein sich von vier Dienern durch ein Vorzimmer zum Kabinett des Herzogs führen. Kaum war die Tür aufgerissen, erhob sich der Herzog und eilte Johann Rudolf mit ausgestreckten Händen bis zur Schwelle entgegen. Er sei soeben von einer Visite bei dem holländischen Gesandten zurückgekehrt, ihm sei ganz grau zumute, der Bürgermeister müsse ihm die gute Laune wiedergeben; ob er den neuen holländischen Gesandten kenne?

Wettstein kannte ihn und musste in Gedanken lachen, wenn er den phlegmatischen, vor Pedanterie und Tugend feist gewordenen Holländer mit dem eleganten, beweglichen Franzosen verglich. Johann Rudolf, der des Herzogs Leidenschaft für seine Bildersammlung kannte, fragte ihn, ob er neue Ankäufe gemacht. Longueville zeigte ihm darauf bereitwillig die Schätze, die er vor kurzem erworben hatte, mit ganzem Herzen schien er aber nicht bei der Sache. Wie unabsichtlich führte er Wettstein in sein Privatkabinett.

Hier stellte der Herzog sich feierlich vor seinen Schreibtisch und verkündete Johann Rudolf mit erhobener Stimme, wenn er sich die Ehre gegeben habe, den Herrn Gesandten einzuladen, so sei es, um dem Herrn Gesandten in aller Form den Friedensartikel zu überreichen.

Unter dem beobachtenden Blick des Herzogs bewegte sich kein Zug in Johann Rudolfs Miene. Sein Dank fiel sehr gemessen aus, obgleich ihm alle Pulse schlugen, in der Erregung zu wissen, warum jetzt, gerade jetzt, seinem monatelangen Wunsche Erfüllung wurde. Bedeutete der plötzliche Entschluss der Franzosen, dass die Antwort des Kaisers nahe war? Aber nein, noch gestern hatte ihm Volmar das Gegenteil versichert.

Longueville ließ Wettstein Zeit, das Schriftstück zu studieren. Über den Grund seines Entgegenkommens aber verlor er kein Wort. Als Johann Rudolf den Bogen niederlegen wollte, griff Longueville nach dem Papier und überreichte es Wettstein.

»Sind Sie zufrieden mit uns, Herr Gesandter? Sie haben lange auf den Artikel warten müssen; aber ich fürchte, das Warten haben Sie nicht nur durch uns erlernt.«

»Wer mit großen Herren zu tun hat, muss auch große Geduld haben«, sagte Johann Rudolf gelassen, nur um seine Augen zuckte es in unterdrücktem Schmerz. Dann schob er mit Worten aufrichtiger Dankbarkeit das heißumstrittene Papier in frommer Zärtlichkeit unter sein Wams. Das Schreiben schien ihm wie ein Wunder vom Himmel gefallen; dennoch mischte sich eine leise Furcht in seine Freude, welche Gegenleistung der Herzog fordern möchte.

Longueville aber schien an keine Gegenleistung zu denken, er nahm Johann Rudolfs Fingerspitzen und führte ihn in den Esssaal. Aus dem Hintergrunde eilten zwei Lakaien herbei, jedem der Herren ein Handtuch zu reichen, das an einem Ende feucht war und einen zarten Wohlgeruch verbreitete. Johann Rudolf fühlte sich auf die Erde zurückgefallen, er krauste die Stirn, als er sich die Hände wischte und mit dem trockenen Ende des Tuches nachrieb ... weibischer Gestank, dachte er, drei Tage wird man ihn nicht loswerden!

An den Längsseiten des Tisches, der wohl für zwölf Personen Platz hatte, setzten sich die Herren in Hut und Mantel einander gegenüber. Einige Schritte hinter ihren Stühlen standen hüben und drüben je sechs Mann mit Feuerrohren und zwei Hellebardierer; hart neben den Speisenden ein Diener, der die Teller zu wechseln hatte. Etwa 20 Edelleute trugen von der Kredenz die Platten herüber, acht Schüsseln zunächst, hauptsächlich französische Suppen. In einer mächtigen silbernen Schüssel, die in die Mitte des Tisches gestellt wurde, lagen Täubchen, nicht größer als Wachteln. Während der Herzog sich des Längeren über Fortifikationen von Städten verbreitete, zählte Johann Rudolf heimlich die winzigen Tierchen: 16, 18 Stück! ... »Warum unsere Stadt nicht befestigt ist? Wir sind eine Handelsstadt und brauchen freie Wege und offene Tore; immerhin haben wir gut ausgefütterte Gräben. Auch besitzen wir zwei Fortifikationen, die sind unser bester Schutz: Gott und unsere guten Freunde.«

Johann Rudolf verneigte sich huldigend vor dem Herzog; Longueville sprang auf, riss den Hut vom Kopf und trank auf das Wohl der Eidgenossenschaft. Wettstein tat ihm stehend gleich. Und bevor er noch die Gesundheit des kleinen Königs ausbringen konnte, hatte Longueville ein zweites Glas ergriffen und es zum Wohle der Stadt Basel geleert.

Wettstein geriet durch dieses Übermaß an Gunst in einige Verlegenheit; denn es war nicht angängig, dass der Königstoast als Dritter kam. Während er noch darüber nachdachte, wie er sich aus der heiklen Lage ziehen könnte, brachten junge Edelleute acht neue Platten, die sie geschickt auf dem Tisch verteilten. Hammelfleisch, Rebhühner, Kapaune und allerlei anderes Fleisch und Geflügel, zierlich gespickt und mit Manschetten aus Blättern und Blumen verziert, damit die Hand, die die Knochenenden zu halten hatte, nicht gar zu sehr beschmutzt würde.

Der Herzog schnitt seinem Gast selber vor. Aus einem Lederetui hatte man ihm ein goldenes Instrument gereicht, das einer winzigen Heugabel ähnlich sah. Damit spießte er ein Stück Fleisch auf, von dem er mit einem hübschen, dolchartigen Messer Stücke herunterschnitt.

Ein Herr trug den mit Fleisch beladenen Teller um den Tisch herum bis zu Johann Rudolf, der sich nun daran machte, die Stücke möglichst zierlich auf die Spitze seines Messers zu spießen und in den Mund zu schieben. Nur selten benützte er die linke Hand zum Helfen; und war sie beschmutzt, so reichte ihm augenblicklich ein junger Herr ein feuchtes Tuch.

»Eure herzogliche Gnaden haben ein hübsches Instrument, um das Fleisch zu halten.«

»Unsere Königinmutter braucht ein ähnliches, um das Fleisch sogar damit zum Mund zu führen. Die Sitte wird sich verbreiten, lieber Bürgermeister, es wird noch die Zeit kommen, wo jeder Gast eine Gabel besitzt und sie zum Mahle mitbringt ... diese ganze Manschettenverzierung um die Knochen wird bald überflüssig sein.«

»Bei uns werden solche Königssitten niemals aufkommen, aber Eurer herzoglichen Gnaden stehen sie wohl an.« Johann Rudolf erhob sich und bat, die Gesundheit des Herzogs ausbringen zu dürfen. Longueville ließ sich ein gefülltes Glas reichen und trank es zum Zeichen des Dankes stehend aus.

Wettstein hätte an diesem glühend heißen Augusttag um die Welt gern seinen schweren Mantel abgelegt; die vielen scharfgewürzten Speisen, die mancherlei Weine, die man ihm bald in Silber, bald in Gold, bald in Glas kredenzte, das Aufstehen und Niedersitzen, dazu die ständige Gespanntheit auf des Herzogs geheime Absichten ließen ihn entsetzlich schwitzen. Gottlob wischte sich der Herzog verstohlen mit einem Spitzentüchlein die Tropfen ab, die unter der dicken Perücke hervorrieselten. Auch Johann Rudolf betupfte das Gesicht. Nun galt es noch, auf das Wohl der Herzogin zu trinken, dann erst würde der Herzog mit seinem schweren Geschütz aufrücken.

Inzwischen war der dritte Aufsatz gereicht; wieder acht Platten: Wachteln, Fische, Reh, Hase mit allerlei fremdartigen Gemüsen vermischt, die Johann Rudolf mit Misstrauen betrachtete, aber gefasst aß. Artischocken hieß das eine, Tomaten das andere. In Fayencebecken gab es winzige Erbsen, die mit dem Löffel gegessen sein wollten. Der Bürgermeister schüttelte innerlich den Kopf. Für ein solches Spielereiessen hatte der Herzog ein ausgedehntes Gemüseland vor der Stadt anlegen lassen ... das passte zu den duftenden Handtüchlein. Wettstein war im Grunde der Ansicht, dass Männer mit so weibischen Neigungen nicht ernst genommen werden konnten.

Der Herzog wollte wissen, wie Johann Rudolf die Tomaten mundeten, und er sah dann wohl aus der vorsichtigen Antwort, dass er keinen Gemüseliebhaber vor sich hatte. »Ihr zieht wohl wenig Gemüse in Basel?«

»Bei uns herrscht noch die Ansicht, dass man essen soll, um satt zu werden, nicht aber, um ein Vergnügen zu haben.«

Der Herzog lachte amüsiert auf. »Ich habe aber in eurem Gasthaus zu den ›Drei Königen‹ schon trefflich gespeist.«

»Unsere Gasthöfe kommen dem Geschmack der Fremden entgegen.«

»Aber eure Salmen werdet ihr doch selber verspeisen?«

»Gewiss, aber feine Gastereien, wie Eure herzogliche Gnaden sie gewohnt sind, werden nur bei Hochzeiten oder den Festen der Zünfte hergerichtet.«

»Ach, Wettstein, reden Sie nicht wie ein strenger Magister, Ihre Stadt ist schön und lieblich.« Longueville lehnte sich in den Sessel zurück und schaute schwermütig zur Decke auf. »Ihr kennt keinen Hof mit steilen Leitern des Ehrgeizes, an denen ein habgieriger Adel hinaufklettert; wo die Starken die Schwachen hinunterstoßen oder die Geschickten die Ehrlichen. Bei uns starrt alles wie gebannt nach dem Thron, ihr schaut mit besinnlichem Blick auf euren klaren, schnell fließenden Rhein, oder es ziehen eure Gedanken in die Weite bis zu den freien silbernen Firnen, und schaut ihr aufwärts, so sucht ihr Gottes Antlitz und kein Menschengesicht. Meine glücklichsten Zeiten habe ich in meinem Fürstentum Neuchâtel und mit meinen eidgenössischen Nachbarn verlebt. Es weht eine gesunde Luft in eurem Lande.«

Johann Rudolf wurde es unbehaglich bei der Lobeshymne des Herzogs. Zu schöne Worte erzeugen leicht einen Katzenjammer, der sich nachträglich gegen den unschuldig Zuhörenden richtet. Deshalb begann er mit einigen Zweifeln von der Luft des helvetischen Landes zu reden. »Unsere Männer erfüllen in letzter Zeit die Atmosphäre reichlich mit Tabakrauch.«

»Entsetzlich!« Der Herzog warf ernüchtert beide Hände in die Luft. »Bei dem holländischen Gesandten ist auch stets ein Qualm, als wolle er hundert Schinken räuchern ... wie kann ein Mann nur hoffen, je einer Frau zu gefallen, wenn er in Kleidern und Haaren den Geruch wilder Indianer mit sich trägt.«

»Unsere Männer bemühen sich nicht, den Frauen zu gefallen, und in Holland ist es wohl ähnlich. Wir denken: Die Weiber haben uns zu nehmen, wie wir sind.«

»Das ist aber ein Kapitalfehler in der Liebeskunst, darin werden wir einig sein.«

Aber Johann Rudolf zog die Augenbrauen hoch und sah den Herzog in ruhiger Überlegenheit an. »Eure herzogliche Gnaden, jedes Land hat die Sitten, die es braucht. Unser Volk ist ganz auf seine Arbeit gestellt. Wenn wir nicht Mann für Mann und Weib für Weib unsere ganze Kraft an die Erfüllung der nächstliegenden Pflichten setzen, wären wir bald von unseren reichen Nachbarn zu Boden gedrückt. Das Schweizerland ist arm, unser Kapital ist der Fleiß; unser Gold Zuverlässigkeit und Treue von einem zum anderen. Da ist für Liebeskünste kein Raum. Unsere Künste liegen auf anderem Gebiet. Muss nicht jedes Volk die Vorzüge ausnützen, die ihm von der Vorsehung verliehen wurden?«

Longueville wiegte lächelnd den Kopf. »Wir lieben die üppigen Früchte des Lebens«, er streckte seine gepflegte Hand aus und nahm einen Pfirsich aus der Dessertschüssel, »denn auch der bewusste Genuss kann stärken; nicht nur die Härte der Entsagung macht Charaktere.« Er reichte die Frucht Wettstein über den Tisch hinüber. »An meiner Tafel zum mindesten dürfen Sie keine Genüsse verschmähen.«

Für Sekunden ließ Longueville den Blick auf seinem Gast ruhen, ob er die versteckte Anspielung auf seinen vielseitigen Hofstaat aufgreifen würde; aber Johann Rudolf schien sich einzig für den Genuss des Pfirsichs zu interessieren.

»Ich habe nie etwas ähnlich Herrliches gegessen«, sagte er in ehrlicher Bewunderung.

»Und doch sollten auch Sie Pfirsiche ziehen können, Basel hat ein günstiges Klima; auf welchem Grade liegt es?«

»Vom Himmelslauf und wie die Gelehrten alles errechnen verstehe ich nicht viel«, meinte Johann Rudolf bedauernd, »aber das weiß ich, dass wir alle diese Kriegsjahre unter einem unglücklichen und gefährlichen Klima gelegen, in dem wir für andere ständig Kosten und Mühen zu erdulden hatten ... aber jetzt, wo unsere großen Nachbarn zum Rechten sehen, werden wir in ein glückliches Klima rücken.« Würde der Herzog jetzt das Visier öffnen?

Longueville sah einen Augenblick in seinen Becher, als läge auf dem goldenen Grunde der Stein der Weisen. Dann sagte er mit großer Gewichtigkeit: »Die Wohlfahrt unserer Bundesgenossen liegt mir allerdings sehr am Herzen. Wenn wir es durchsetzen können, dass der Artikel, den Sie jetzt bei sich tragen, in den endgültigen Friedensvertrag, so, wie wir ihn aufgesetzt haben, hineinkommt, wird es uns zu ... hoher Ehre gereichen. Aber wir hoffen bestimmt, dass auch Sie unsere Fassung des Artikels einer allfälligen kaiserlichen vorziehen werden.«

Johann Rudolf sah bestürzt in Longuevilles lauernde Züge. »Ich danke Eurer herzoglichen Gnaden; aber ein bindendes Versprechen kann ich bei Gott nicht geben; die kaiserliche Antwort steht noch aus, und ich darf weder mich noch die Eidgenossenschaft um des Kaisers Wohlwollen bringen ... wenn ich indessen eine Bitte aussprechen darf, so möchte ich wohl die doppelte Gnadensonne zu einer einzigen verschmelzen dürfen.«

Longueville schien die Bedeutung in Wettsteins Worten zu überhören, er hatte sich erhoben und wiederum nach Johann Rudolfs Hand gegriffen; er führte seinen Gast in die privaten Gemächer zurück. Wettstein versuchte, sich zu verabschieden, in der Hoffnung, einem peinlichen Gespräch auszuweichen; aber der Herzog hatte sich von dem aufwartenden Kammerjunker eine lederne Kassette überreichen lassen. Dem seidenen Polster entnahm er eine lange, goldene Kette, deren talergroße Glieder am Ende eine juwelengeschmückte Kapsel mit dem Bild des Herzogs trugen. Gewandt legte Longueville das Geschmeide um Wettsteins Hals, der überrascht verstummt war.

»Mit Ehren, die unseren Bundesgenossen geziemen, wollen wir Sie an uns ketten«, sagte der Herzog feierlich. Johann Rudolf brannte die Kette auf seinem dankbar gebeugten Nacken, als seien ihre Glieder aus glühendem Metall. »Nehmen Sie diese Feder, mein lieber Herr Gesandter, und setzen Sie Ihren Namen unter ein Versprechen, dass Sie stets und in allen Fällen Ihre gewichtige Stimme zugunsten Frankreichs in die Waagschale werfen wollen; im Rate zu Basel sowohl wie auf den Tagsatzungen, was immer auch Kaiser und Reich euch in Zukunft vorgaukeln mögen.«

Johann Rudolf griff nicht nach der Feder. »Es wäre nicht gut, im Rausch der Dankbarkeit so Großes zu unterschreiben.« Wettsteins Stimme erklang in höfischer Ergebenheit, aber sein Herz schlug ihm vor Zorn, dass man ihn mit einem »douceur« einfangen wollte. »Der Herzog wird mir eine Bedenkzeit nicht verwehren.«

Longueville hob die schwere Kette, die um Wettsteins Schultern lag, ein wenig. »Ist diese Gnadenkette keine Gegengabe wert?«

»Eine so hohe Ehrung kann ein schlichter Bürger nie erwidern, auch fühle ich in meinem innersten Herzen, dass Eure herzogliche Gnaden nicht gewillt waren, mir meine Mannesfreiheit mit der Fessel der Dankbarkeit zu rauben.«

Longueville sah, ein wenig aus der Fassung gebracht, in Johann Rudolfs harte blaue Augen, in denen jeder Funke diplomatischer Schmiegsamkeit erloschen war ... dieser Wettstein! D'Avaux hatte den Schweizerkönig wieder einmal unterschätzt, er, Longueville, hatte es ja zum Voraus gesagt, dass er den Kürzeren ziehen würde; und nun konnte er nicht einmal umhin, eine herzliche Freude an dem geraden Mann zu haben. Zugleich gerührt und ärgerlich lachte er auf.

»So gedenken Sie also, mit unserem Friedensartikel nach beiden Seiten Handel zu treiben, Sie schlauer Kaufmann! Und wir sollen ja und amen sagen!«

Johann Rudolf schüttelte den Kopf. »Ich will keinen Handel treiben. Aber diese Gnadenkette«, er legte beide Hände auf die Brust, »gewährt mir die Sicherheit, dass ich weiter unter dem Schild der Freundschaft Frankreichs um mein Recht kämpfen darf. Nur der Kaiser kann uns die Souveränität bestätigen, aber der Kaiser zögert und zögert. Senden wir aber den Artikel, den mir der Herr Herzog vorhin überreichte, an den Kaiser, so kann er uns seine Gnade nicht verweigern.«

Longueville warf ärgerlich den Kopf in den Nacken. »Volmar behauptet zwar, der Brief des Kaisers sei auf dem Wege.«

Johann Rudolf trat einen Schritt näher. »Herr Herzog, nur was zwischen uns gesprochen wird, soll gelten! Eure herzogliche Gnaden wissen, dass wir Frankreichs treue Verbündete sind. Bald sollen die Bundesverträge erneuert werden, wie könnte es da Frankreichs Vorteil sein, wenn ich unterschreiben wollte, was eine Schwächung meines Landes wäre; dieser Einsicht wird sich der Herr Herzog nicht verschließen: Wenn wir uns den Kaiser zum Feinde machen und gar noch das Reich, so müssten wir auf lange Zeiten hinaus die Hälfte unserer Kraft nach jener Seite verschwenden.«

Johann Rudolf hatte schnell und klar gesprochen, das Aufdecken seiner Karten war nicht ohne Gefahr; aber er hatte keinen anderen Trumpf in der Hand. Longueville hatte das Lorgnon aufgesetzt und den Mund geöffnet. Eine solche Sprache hatte er unter Diplomaten noch nie gehört ... Wenn nur d'Avaux zugegen wäre, wie sollte er sich allein gegen so viel Ehrlichkeit wehren? Mit schwacher Stimme sagte der Herzog schließlich: »So wollen Sie mit unserer Hilfe den Kaiser zu Ihren Gunsten zwingen, und gelingt es, so dürfen wir unseren Artikel wieder einstecken, und Sie fahren unter Habsburgs Segen in die Freiheit.«

»Unsere Freiheit ist gerade jener Vorteil, auf den ich Eure herzogliche Gnaden hinwies. Mazarin wird die alten Verträge lieber mit einem Volke erneuern, das endlich die Füße ganz aus der Fessel gezogen hat.«

»Und fügt der Kaiser sich den Wünschen des Reiches und verweigert die Souveränität? Wie heißt dann die Lösung, Herr Bürgermeister?«

»Dann heißt sie, Gewalt mit Gewalt vergelten, Herr Herzog. Wir haben uns nie gescheut, unsere Freiheit mit den Waffen zu verteidigen.«

Der Herzog zuckte die Achseln: »Frankreich wird es lieber sein, wenn es nicht dazu käme; denn unsere guten Schweizersöldner könnten dann ein wenig rar werden. Was ich also tun kann, dass Sie Ihr Ziel in Frieden erreichen, werde ich tun.«

Wettstein atmete auf. »Könnte ich nicht«, fragte er rasch, »eine schriftliche Versicherung von Eurer Gnaden erhalten, dass der Artikel, um den ich so lange gekämpft, sei es in der Fassung, die der Herr Herzog aufsetzt, sei es in der Form, zu der sich der Kaiser entschließt, in das Friedensinstrument aufgenommen werde? Eine solche ›assurance‹ würde mich Eurer Gnaden zu ewigem Dank verpflichten.«

Longueville hielt sein schmales Kinn zwischen Daumen und Zeigefinger. Es lag wie Erstaunen über seinen Zügen, aber die Augen lächelten. »Es sei«, sagte er mit ungewöhnlicher Güte, »Sie sollen Ihr Recht finden ... denn Sie werden es finden«, setzte er mit leisem Lachen hinzu. »Malen Sie mir also die doppelte Gnadensonne, die Sie sich vorhin wünschten, in einen Brief hinein, und ich werde unterschreiben; aber handeln Sie rasch, der Wetterwind der Diplomatie ist immer bereit, Erhöhungen der Begeisterung baldigst wieder glattzufegen.«

Im Besitze vollkommener Freiheit

In seinem Logis stürzte Fritz dem Bürgermeister entgegen: »Wie war es, Vater, was hat der Herzog von dir gewollt?«

»Sei ruhig, Fritz. Das war eine Schlacht! Kinder, zieht mich aus. Giggishans, gibt es in diesem Hause einen Bottich mit kaltem Wasser? Mir ist heiß!«

Fritz befreite den Bürgermeister aus seiner steifen Samtpracht. Giggishans vermochte vor Empörung keinen Finger zu rühren ... baden! In einem Bottich mit kaltem Wasser! Ob der Herr sich den Tod holen wolle. An einem gewöhnlichen Tage ins Wasser steigen, nur weil es warm war, das seien wohl die französischen Moden!

»Nun, lass gut sein», sagte Johann Rudolf ergeben, »es ist wahr, ich habe eine Torheit gesagt; aber wir haben vom Rhein gesprochen und seitdem verspüre ich eine Lust nach frischem Wasser.«

»Und wenn wir den Rhein auch vor der Tür hätten, der Herr Bürgermeister könnte doch nicht angesichts der Leute hineinsteigen wie eine Ente.«

»Nein, nein, ich habe nur so gedacht ...«

»Es ist Zeit, dass der Herr heimkehrt«, überlegte Giggishans und hing das Staatskleid über den Holzrechen, »das Leben in der Fremde taugt auf die Dauer nicht.«

Johann Rudolf hatte derweil Fritz die Lederkassette überreicht.

»Was ist das, Vater?«

»Speck für die Maus, aber sie ging nicht in die Falle. Wo ist Ruedi? Richte ihm bitte aus, sobald die ärgste Hitze vorüber sei, solle er mich zu Doktor Volmar begleiten.«

»Heute noch, Vater? Du bist so erhitzt.«

»Keine Sorge, Fritz, der Besuch, den ich vorhabe, wird mir unendlich wohltun.«

*

Als nach diesem heißen Tag die helle nordische Nacht angebrochen war, jagte ein Eilkurier mit dem Schreiben der kaiserlichen Gesandtschaft gen Osten, dem Hoflager des Kaisers entgegen.

Volmar lag wach und rechnete aus, wann sein Brief und der französische Artikel in Ferdinands Händen sein könnten. Er hatte dem Kaiser geraten, unverzüglich ein Dekret zurückzusenden, das den Eidgenossen die volle Souveränität aus seiner Hand verlieh, und zwar zurückdatiert, damit die heutige französische Datierung die spätere sei … und wenn der Kaiser auch jetzt zögerte? Dann hatte das Haus Habsburg das Spiel verloren. Er, Volmar, hatte getan, was er konnte.

Und die Eidgenossenschaft, überlegte er weiter? Volmar war wie immer geneigt, ihr Schicksal, seiner kalten Diplomatenart entsprechend, gleichgültig beiseitezuschieben, aber es gelang ihm nicht. Was er aus Wettsteins fragmentarischem Bericht gehört und mehr noch erraten, hatte gewaltig an seine starken menschlichen Empfindungen gerührt. In dieser einsamen Nachtstunde empfand er zutiefst, wie die liebende Hochachtung vor dem Mann, der sich ganz allein, nur mit dem blanken Schwert einer unbestechlichen Ehrlichkeit gegen einen Kreis offener und versteckter Feinde wehrte, ihn ganz durchwachsen hatte.

Wenn dieser Kongress ihm auch nichts brächte, einem Manne wie Wettstein begegnet zu sein, verlohnte die Mühe dieser letzten Jahre. Wollte Gott, der Schweizerkönig würde, mit vollem Erfolg bekränzt, heimkehren dürfen. Wie klar und besonnen Wettstein gehandelt hatte. Mit seiner Assurance hatte er sich eine prächtige Hintertüre geschaffen.

Auch Johann Rudolf war der Schlaf noch fern. Die Fenster in seinem Zimmer standen offen, er lehnte hinaus, die Kühle der Nacht durstig einatmend. Wie hell es war und wie unruhig! Allenthalben hörte man Tierstimmen, es war kein Friede in dieser halben Nacht. Auch ihn hatte die Unruhe der Natur erfasst, seit Monaten war er nicht so von Freude erregt gewesen. Nach diesem glückbringenden Tage würde er nicht mit leeren Händen heimkehren müssen. War die Assurance von Frankreich, Schweden und den Kaiserlichen unterschrieben, so waren die Reichsräte mattgesetzt. Johann Rudolf war müde, aber er konnte in der Erregung der Stunde die Ruhe nicht finden ... ach, besäße er erst die drei Unterschriften ... die Reichsräte würden schäumen ... Volmars Brief reiste nun schon durch die Nacht, welche Aufnahme würde er am Hofe finden?

Johann Rudolf ging zu seinem Bett hinüber, setzte sich auf den Rand, aber stand bald wieder auf; der Schlaf war ihm so fern wie am hellen Tag. Am besten würde er die Nacht nutzen, wenn er jetzt sogleich die Assurance aufsetzte und morgen früh schon zu Longueville ginge. O Gott im Himmel, dass nur nicht über Nacht der diplomatische Wetterwind umgeschlagen hatte!

Er begab sich zu seinem Arbeitstisch, setzte das Schriftstück auf, änderte dieses und jenes und schrieb es endlich sauber ab. Als er die Feder niederlegte, schienen die ersten Sonnenstrahlen in sein Zimmer; aber auch jetzt suchte er keine Ruhe, die Spannung, ob der Herzog ihm nicht doch noch entweichen würde, trieb ihn rastlos umher. Bis zum Lever* des Herzogs musste er sich gedulden.

Schlag neun Uhr führte ein Kammerherr Johann Rudolf in das Schlafgemach des Herzogs, der gegen Kissen gestützt im Bette saß. Wettstein erschrak beim Anblick des alten Mannes; sein dünn behaartes Haupt sah ohne Perücke einem Geierkopf ähnlich, auch der faltige Hals, der aus dem Spitzenhemd hervorsah, erinnerte an den federlosen Kropf eines Raubvogels. Johann Rudolf überlief ein Schauer des Unbehagens. Zum Glück aß der Herzog keine Geierspeisen, sondern Pfirsiche, die ein Diener ihm, mit gekühltem Wein übergossen, in einem hohen Glase servierte; ein Silberkörbchen, das auf der seidenen Bettdecke stand, enthielt allerlei feines Gebäck.

Der Herzog war nicht allein, d'Avaux saß an seinem Bett und schüttelte lachend sein Lockenhaupt zu einer Geschichte, die Longueville ihm soeben erzählt hatte. Als Johann Rudolf eintrat, rief der Herzog lebhaft aus: »Da kommt ja unser Freund, und ich wette, mit dem angedrohten Aktenstück unter dem Arm.«

Auch d'Avaux begrüßte Wettstein mit fröhlicher Unbefangenheit; es war, als wäre der diplomatischen Feierlichkeit der Zutritt zu diesem sonnigen Schlafraum verboten. »Sie haben unseren Herzog mit Waffen geschlagen«, sagte er ohne jede Nachträglichkeit, »gegen die es keine Abwehr gibt, und haben es erreicht, dass wir uns gern mit Ihnen vor den Wagen spannen, der Ihre Freiheitsgöttin daherführen soll ... geben Sie Ihre Schrift, Wettstein.«

D'Avaux las die Assurance laut und langsam vor, dann folgte eine Stille, in der Wettstein fast der Atem fortblieb. »Die Feder«, sagte der Herzog trocken, schob das Tablett mit dem Morgenimbiss zur Seite, legte das Aktenstück auf ein Buch und schrieb unter die letzte Zeile: Henri d'Orléans, duc

* Aus dem Französischen übernommenes Wort für Morgenempfang

de Longueville, und auch der Graf setzte seinen vollen Namen darunter: Claude de Mesmes, comte d'Avaux.

Eine Stunde später, Wettstein meinte, er sei über Wolken in die kaiserliche Gesandtschaft gewandert, rief auch der Graf von Nassau: »Die Feder«, und setzte seinen Namen unter die Schriftzüge des französischen Gesandten.

Während Volmar unterschrieb, sagte er zu Johann Rudolf: »Ich hoffe, Sie werden dieses Schriftstück niemals gegen uns ausnützen müssen, eine gnädige Antwort des Kaisers kann auf unser gestriges Schreiben nicht ausbleiben; reiten Sie immerhin nach Osnabrück; Salvius und Oxenstiernas Namen dürfen unter diesem Papier nicht fehlen. Bis Sie zurückgekehrt sind, wird auch die Antwort des Kaisers eingetroffen sein.«

*

Wettstein steht abermals im Wollenweberhäuschen; die Assurance liegt vor ihm; er betrachtet sie gedankenvoll. Da stehen die sechs Namen der Männer, die für ihn und gegen ihn gekämpft. Zuerst die Unterschriften der Franzosen, dann kommt der große, steile Namenszug: Johann Ludwig, Graf von Nassau Katzenelnbogen, dann folgt Doktor Volmars Unterschrift, dieses Mannes, den er immer mehr als Freund und Helfer schätzen lernt. Als Letzte haben Graf Johannes Oxenstierna und sein guter, dicker Freund, Doktor Adler Salvius, unterschrieben.

Diese Namen, und was sie versprechen, wird er nach Hause tragen, aber die Antwort des Kaisers steht immer noch aus ... im heißen Sommer hatte Volmar seinen Eilkurier abgesandt, und nun verdorrte Leben und Hoffnung unter Oktoberstürmen. Johann Rudolf wandte sich seufzend ab und rief die jungen Leute.

»Gehen wir noch ein letztes Mal durch diese Gefilde, die wir in so mancher leeren Stunde durchwandert haben; morgen früh reiten wir nach Münster ... zum letzten Mal. In

Münster nehmen wir Abschied von den Gesandtschaften, und dann zu Pferd und zu Wagen der Heimat zu.«

»Vater, du sprichst von unserer Heimreise, als könntest du dich nicht trennen von diesem Kongress ohne Ende.«

»Ja, Onkel, wir dürfen uns endlich auf die Heimreise freuen, du hast erreicht, was zu erreichen war, gute zwei Monate hast du hier den Reichsräten geopfert.«

»Und was habe ich erreicht, Ruedi? Dass die Reichsstände bis zum Friedensschluss warten werden, um mit den alten Schwierigkeiten von vorne anzufangen; sie glauben nicht, dass der Kaiser noch für uns eintreten wird ... und ich glaube es auch nicht ... wir haben bei den Reichsräten nichts als eine Gefechtspause erkämpft ... man wird mir an der nächsten Tagsatzung die Vorwürfe nicht ersparen.«

»Nein, Onkel, sage doch das nicht! Niemals werden unsere Herren so ungerecht sein, dir die Schuld an des Kaisers Gleichgültigkeit zuzuschieben! Das ganze Volk würde für dich eintreten.«

Johann Rudolf stieß ein bitteres Lachen aus. »Die Welt hat immer einen Sündenbock gebraucht, sei es einen einzelnen Mann, sei es ein ganzes Volk; ein Gegenstand des Zornes muss gefunden werden. Es ist für die Menge bequemer, einen sichtbaren Angriffspunkt zu haben, als den verschlungenen Wegen eigener und fremder Schuld nachzuspüren; die Masse enthebt sich ja so gern der Mühe der Gerechtigkeit und will vor allem nie selber denken müssen; deshalb ist es so leicht, das Volk hinzureißen, zur Empörung oder zur Begeisterung. Gib ihm ein sinnfälliges Ziel, von einer Reihe einfachster Schlagworte beleuchtet, spanne auch die edle Musika in deinen Dienst, und du lenkst es spielend auf jede Höhe und in jede Tiefe.«

»Du denkst nicht gut vom Volk, Onkel ...«

»Ich denke nicht gut von den Führern der Völker. Sie nehmen ihren Vorteil an den Schwächen der Menge wahr, anstatt sich zum Diener ihrer edlen Instinkte zu machen.«

»Wir haben doch solche Führer nicht, Vater«, sagte Fritz entrüstet.

»Noch nicht; aber es gibt auch bei uns ehrsüchtige Männer, die es gern den Mächtigen jenseits der Grenze gleichtäten, denen das Volk nichts als ein Haufen Schachfiguren bedeutet, die ihren eigensten Spielgelüsten dienen müssen … das Volk ist aber keine tote Materie, es ist ein lebendiges Kornfeld, das wohl vom Winde leicht hierhin und dorthin bewegt wird; aber seine Tausende von Ähren sind ebenso viele Leben, deren jedes Einzelne seinen Teil dazu beiträgt, dass wir unser tägliches Brot haben. Mag auch in dem Ährenfeld manches Unkraut gedeihen, das Volk ist gut, ihr Buben; deshalb wehe denen, die seine Einfalt benutzen, ihm die rechtschaffene Ruhe zu rauben und es so ihren Zwecken dienstbar zu machen. Wenn ihr je zu Einfluss kommt, so helft mit eurer ganzen Kraft, dass unser Volk nicht *ver*führt, sondern *ge*führt wird.«

Die Sonne war hinter die Kronen der Bäume gesunken. Wie ein Wald blitzender Lanzenschäfte ragten die Tannen zu Seiten Johann Rudolfs auf; er sah tief hinein zwischen die kupferglühenden Stämme, da fegte ein herber Wind über die Ebene von Osten her. Johann Rudolf wandte wie gerufen das Gesicht der scharfen Luft entgegen, und seine Augen leuchteten unter dem Angriff des Windes auf. Er reckte die Arme und schüttelte die Fäuste der kahlen Weite entgegen. »Wenn von dem öden Stoppelfeld des kaiserlichen Schweigens uns doch auch ein Wind entgegenfahren möchte, und sei es eine harte Ablehnung, wir haben auch daheim einen Wald funkelnder Speere zur Seite.«

*

Es war der 10. November; die Fenster des Losaments in Münster standen offen, damit ein wenig mehr Licht in das düstere Zimmer fiel. Fritz und der Korporal knieten vor zwei langen Holzkoffern und verstauten, was Giggishans und Ruedi Burckhardt herzutrugen.

Johann Rudolf legte nur mechanisch Hand an, denn seine Gedanken waren weit fort. In dem schmalen Gesicht und den umschatteten Augen stand die Geschichte des letzten qualvollen Monats geschrieben, den er Volmar zuliebe tatenlos wartend verbracht hatte. Er hielt einen Lederkasten in der Hand, ließ das Schloss schnappen und hob den Deckel. In blaue Seide gebettet, lag die goldene Kette, die der Herzog ihm verliehen hatte. Johann Rudolf nahm sie heraus und öffnete die Kapsel, die daran hing. Lange betrachtete er Longuevilles Bild, die sie umschloss ... Wie gewichtig ihm die Kette in der Hand lag; nie würde er sie anlegen, ihm ziemte solche Ehre nicht.

Er legte das Geschmeide zurück, drückte den Deckel herunter und reichte Fritz das Etui hinüber. »Packe es ein, Fritz; für den Wert dieser Kette kannst du dir später einen Rebberg kaufen, dann war mein Wirken doch nicht ganz verlorene Mühe.«

Er wandte sich ab und schaute aus dem Fenster. Im Hof stand die neu übermalte Kutsche, ein altertümliches Ding, das den Herrn Gesandten mit Pomp durch das Tor von Münster entführen sollte.

»Sie ist doch um eine Stufe besser als der Karren, mit dem wir einrückten«, sagte Ruedi Burckhardt, der dem Blick seines Onkels gefolgt war. »Entsinnst du dich, damals am Tor der Stadt wurde dir zum ersten Mal der Name ›Schweizerkönig‹ gegeben.«

»Ein schöner König! Wenn ich unverrichteter Dinge heimkehre, bin ich nicht mehr als ein Schellenkönig, der, in das Spiel geworfen, seinen Stich nicht gemacht hat.«

»Onkel, warum so bitter? Was du bisher erreicht, ist nichts Kleines; auch könnte jeden Tag die Antwort des Kaisers eintreffen. Warten wir geduldig weiter; wir harren gern mit dir aus.«

Johann Rudolf schüttelte den Kopf. »Nein, Ruedi, länger zu warten wäre Feigheit. Es ist Zeit, dass ich vor meinen Auftraggebern Rechenschaft ablege.«

Im Sprechen überfliegt ein plötzlicher Schrecken sein Antlitz, er weicht vom Fenster zurück. Volmars Staatskarosse ist in die Gasse eingebogen ... Noch ein Abschiedsbesuch? In aller Form und Herzlichkeit hatte er doch gestern Volmar Lebewohl gesagt.

»Korporal«, ruft Wettstein mit heiserer Stimme, »der kaiserliche Rat Volmar kommt, gehe dem Herrn Doktor entgegen.«

Fritz und Ruedi springen auf und starren Johann Rudolf erwartungsvoll an; doch mit einem strengen Blick weist Wettstein das aufflackernde Licht einer Hoffnung ab, das sie nicht zum tausendsten Mal blenden soll.

Johann Rudolf steht neben seinem Sessel, die Hand auf der Lehne bebt: »Nur nichts hoffen, nur nichts hoffen! Die Dornenkrone der Enttäuschung ist schon scharf genug.« Auf dem Gang ertönen die schnellen Schritte Volmars, man hört ihn mit klingender Stimme zum Korporal sprechen, die Tür fliegt auf, und Volmar, wie von einer Woge froher Erregung herangeschwemmt, stürzt auf Johann Rudolf zu. Auf seinen beiden offenen Händen ruht ein schwerer Brief.

»Nehmen Sie die Freiheit Ihres Landes von mir entgegen, Wettstein, Sie haben gesiegt!«

Kein Laut geht durch den Raum. Johann Rudolf nimmt das Dokument wie ein Heiligtum an sich und entfaltet es wie die Türen eines Altarbildes; seine Augen wandern von Zeile zu Zeile, er tritt nahe an das Fenster, um im letzten Tagesschimmer die schlichten Worte zu entziffern. Einmal öffnet er die Lippen und spricht aus, was seine Augen als Schrift des Schicksals erkennen:

»Im Besitze vollkommener Freiheit!«

Er lässt den Brief sinken und sieht in die erschütterten Gesichter seiner jungen Männer ... »Im Besitze vollkommener Freiheit, erfasst ihr die Wucht dieser Worte? Die Freiheit ... das heilige Gut, das wir seit Jahrhunderten gegen alle Übergriffe hochgehalten, um das unsere Vorfahren gekämpft und geblutet haben; endlich, endlich ist es auf einen Altar gehoben und aller Welt sichtbar.«

Er atmet mehrmals tief ein und wendet sich ergriffen ab. Er sieht über die Köpfe der Männer hinweg ... Wie hat man mit ihm gespielt, ihn erhoben und wieder fallengelassen! Seine Arbeit, seine Ergebenheit, sein Warten war den Großen nichts ... Wohlan, die Qual dieses Jahres soll auch ihm nichts mehr gelten, für das Geschenk dieser Stunde war keine Mühe zu schwer. Er richtet sich hoch auf und legt die Hand fest auf den Kaiserbrief, so, wie er auch seine Schwurhand auf die Heilige Schrift legen würde.

Draußen ist es tiefe Nacht geworden, aber der Mond ist über dem Waldrand aufgestiegen und sendet einen weißen Schimmer über das farblose Land.

Volmars Blick ruht auf Johann Rudolf. Das unsichere Licht, das die hohe Gestalt umspielt, gibt ihr eine zeitlose Größe. Die Hand, die das kaiserliche Dokument hält, leuchtet wie beseelt, und auf dem Antlitz, das Sorge, Krankheit und Enttäuschung gezeichnet, liegt die Schwermut der Weisheit, die nicht Menschenwerk noch Menschenschicksal überschätzt.

»Johann Rudolf Wettstein, du Schweizerkönig«, denkt Volmar bei sich selber, »keine Krone schmückt dein Haupt; aber die tiefen Furchen deiner Stirn sind der Königsreif, den die Hingabe an dein Land dir für immer aufgedrückt. Kein Erbe wird dir diese Krone nehmen, nicht Rost von Jahrhunderten das Gold der Treue zerbröckeln. Für alle Zeiten wird sie als Symbol schmerzlich heiliger Arbeit unsichtbar über deinem schlichten Namen schweben.«

Johann Rudolf Wettstein mit seinen »Verdiensten«,
dem Gnadenpfennig des Kaisers und der Aktensammlung
seiner diplomatischen Missionen

Beschwörung des Spanisch-Niederländischen Friedens im Rathaus zu Münster

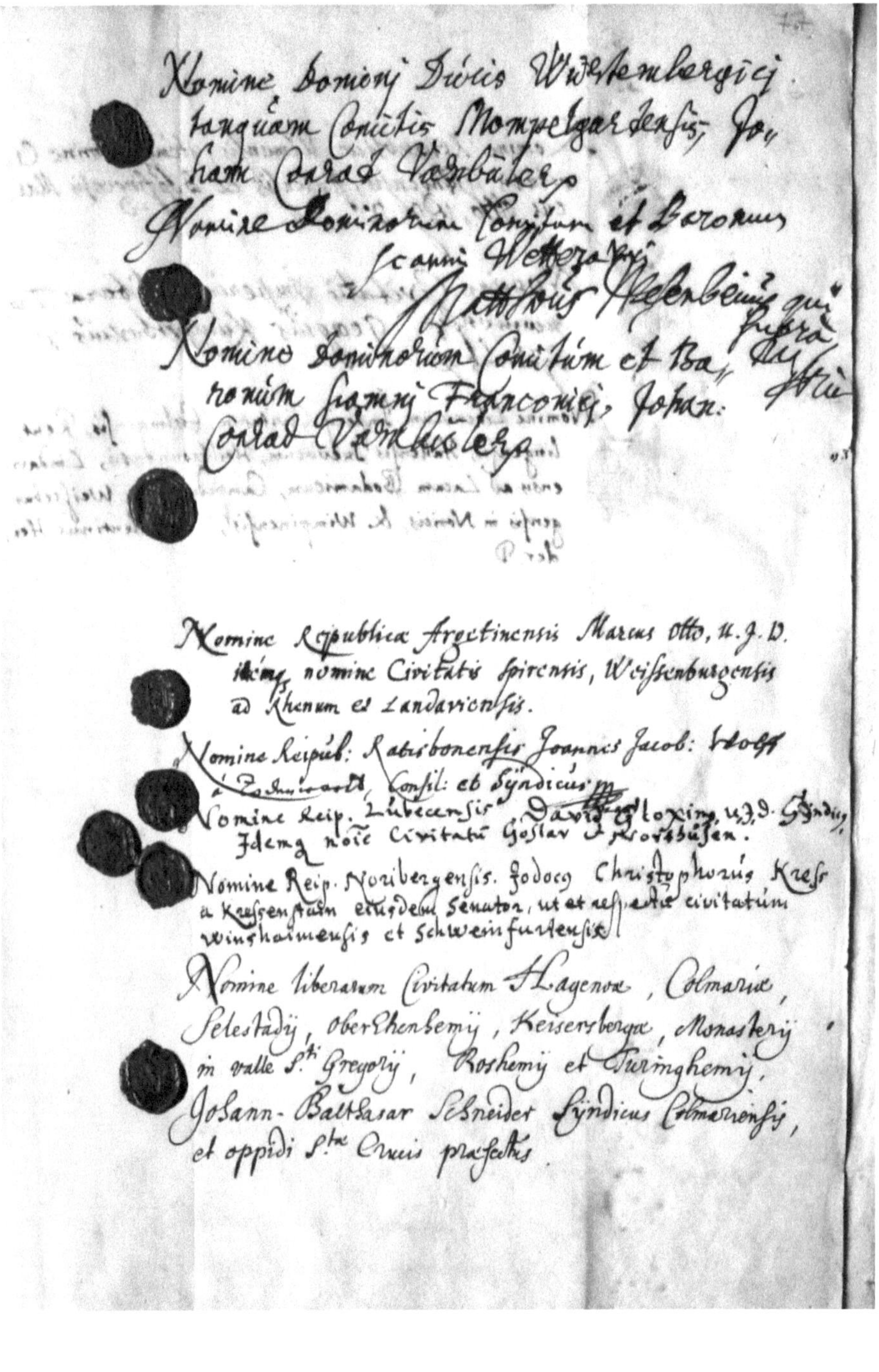

Unterschriftenseite des Friedensvertrags
von Münster, 1648

Claude de Mesmes, Comte d'Avaux (1595–1650),
königlich-französischer Gesandter

Henri II. d'Orléans, Herzog von Longueville (1595–1663), französischer Prinz, Fürst von Neuenburg

Dr. Isaac Volmar (1582–1662),
Kanzler der vorderösterreichischen Regierung und kaiserlicher
Gesandter beim Friedenskongress in Münster

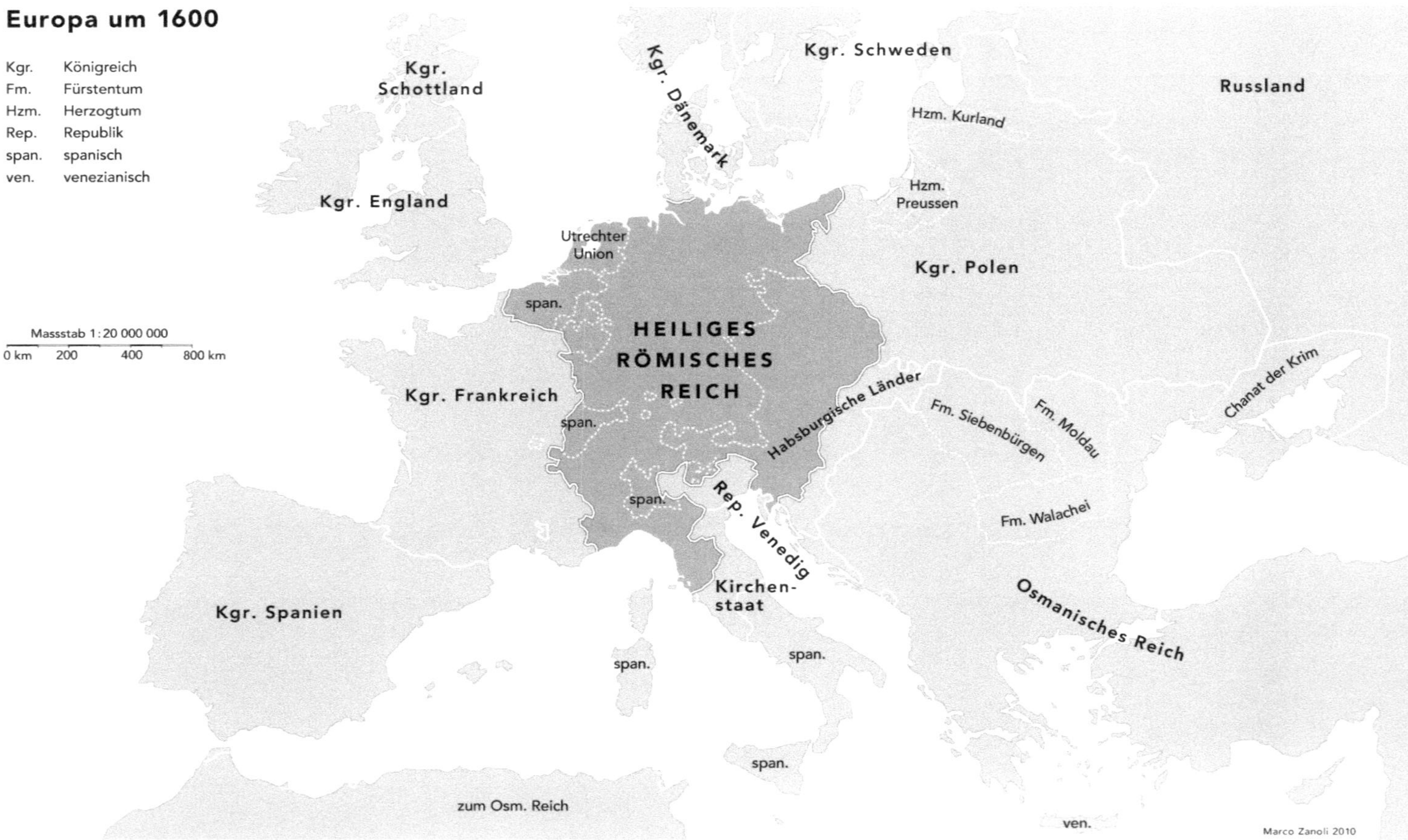

Europa um 1600
Kgr. Königreich
Fm. Fürstentum
Hzm. Herzogtum
Rep. Republik
span. spanisch
ven. venezianisch
Massstab 1:20 000 000
0 km 200 400 800 km
Kgr. Schottland
Kgr. England
Kgr. Dänemark
Kgr. Schweden
Russland
Hzm. Kurland
Hzm. Preussen
Utrechter Union
Kgr. Polen
span.
HEILIGES RÖMISCHES REICH
Kgr. Frankreich
span.
Habsburgische Länder
Fm. Siebenbürgen
Fm. Moldau
Chanat der Krim
span.
Rep. Venedig
Fm. Walachei
Kirchen-staat
Kgr. Spanien
Osmanisches Reich
span.
span.
span.
zum Osm. Reich
ven.
Marco Zanoli 2010

Europa um 1648

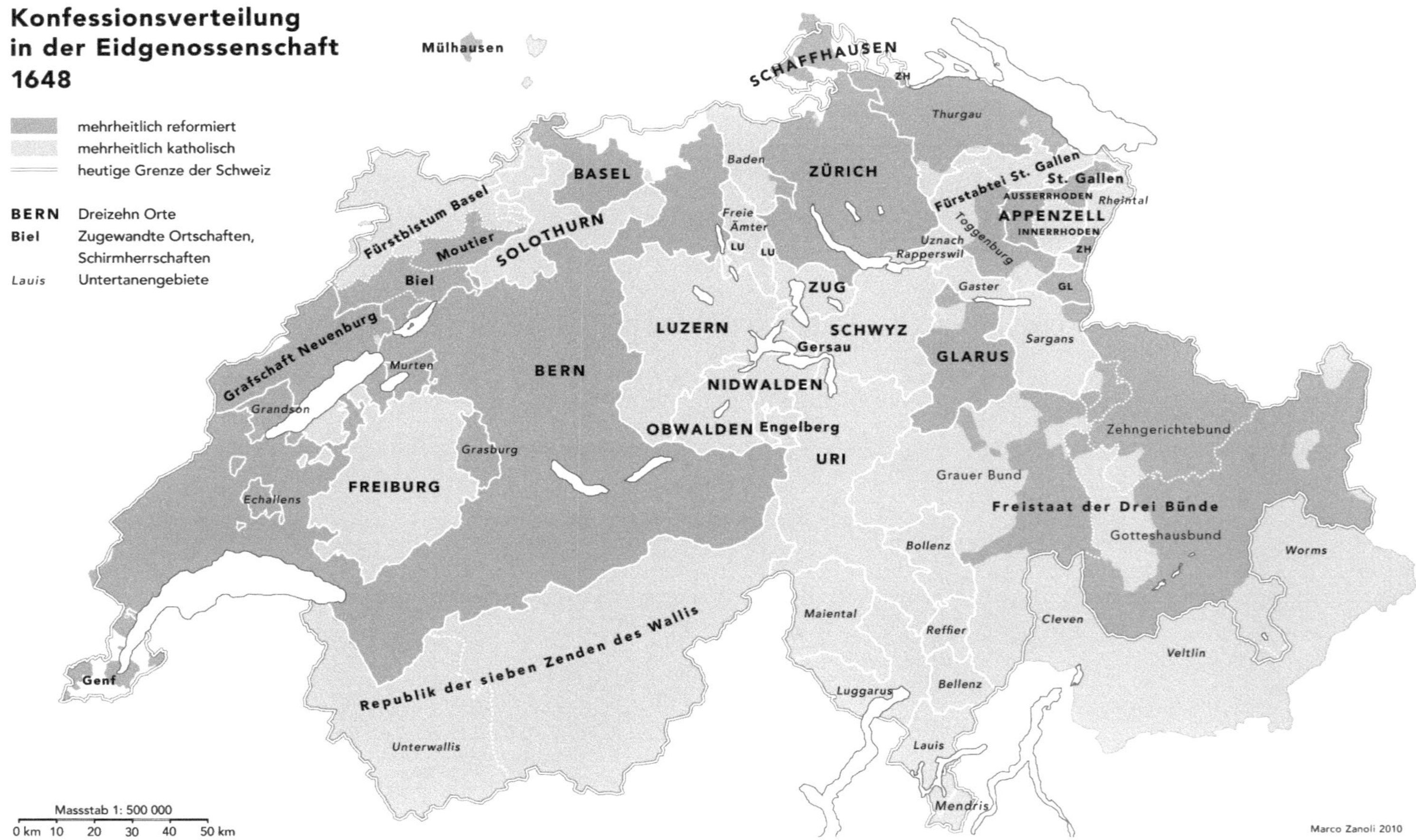
Konfessionsverteilung in der Eidgenossenschaft 1648
mehrheitlich reformiert
mehrheitlich katholisch
heutige Grenze der Schweiz
BERN Dreizehn Orte
Biel Zugewandte Ortschaften, Schirmherrschaften
Lauis Untertanengebiete
Mülhausen
SCHAFFHAUSEN
ZH
Thurgau
Baden
ZÜRICH
BASEL
Fürstabtei St. Gallen
St. Gallen
AUSSERRHODEN
Rheintal
APPENZELL
INNERRHODEN
ZH
Fürstbistum Basel
SOLOTHURN
Moutier
Freie Ämter
LU
LU
Uznach
Toggenburg
Rapperswil
Biel
ZUG
Gaster
GL
LUZERN
SCHWYZ
Gersau
Sargans
Grafschaft Neuenburg
Murten
BERN
GLARUS
NIDWALDEN
Grandson
OBWALDEN
Engelberg
Zehngerichtebund
Grasburg
URI
Grauer Bund
FREIBURG
Echallens
Freistaat der Drei Bünde
Gotteshausbund
Bollenz
Worms
Maiental
Cleven
Reffier
Republik der sieben Zenden des Wallis
Veltlin
Genf
Bellenz
Luggarus
Unterwallis
Lauis
Mendris
Massstab 1: 500 000
0 km 10 20 30 40 50 km
Marco Zanoli 2010

Nachwort

Wettsteins Mission oder: Der gute Schweizer

Georg Kohler

Ein historischer Roman, der selber historisch geworden ist (etwas, was sich von Mary Lavater-Slomans »Schweizerkönig« zweifellos behaupten lässt), ist ein doppelter Spiegel. In unserem Fall zeigt er mit den Möglichkeiten der Literatur, ebenso anschaulich wie klug, zum einen, wie es sich vor einem halben Jahrtausend anfühlen musste, eidgenössischer Gesandter im kriegsversehrten Deutschland und Akteur im diplomatischen Machtspiel um die Neuordnung der europäischen Staatenwelt zu sein. Zum anderen macht er deutlich, wie sehr das, was wir als »die Schweiz« begreifen, stets auch das Resultat einer Erzählung (wenn man will: eines Mythos) ist – einer Erzählung oder einer Sichtweise, die selber Produkt bestimmter geschichtlicher Vorgegebenheiten ist. Und vor allem dieser zweite Punkt sollte nicht vergessen werden, will man den »Schweizerkönig« richtig verstehen und angemessen würdigen.

*

Mary Lavater-Slomans Buch erschien erstmals 1935, zu einer Zeit also, in der das »Dritte Reich« dem Höhepunkt seiner öffentlichen Reputation im In-, aber auch im Ausland zustrebt. Erreicht wird dieser, ein Jahr später, mit den »Olympischen Spielen« in Berlin. Und obschon einem nüchternen Beobachter schon sehr bald nach 1933 klar sein konnte, wohin Nazi-Deutschland treibt, war es in der Mitte der 30er Jahre noch beinahe unverdächtig, Hitler für einen zwar rabiaten und leider sehr antisemitischen, alles in allem aber ernst zu nehmenden Staatsmann zu halten, der Deutschland nach dem demütigenden Versailler Frieden wieder den ihm gebührenden Platz in Europa verschaffte.

Gewiss, das war selbsttäuschende Schönfärberei, doch diese Meinung war nicht nur weit verbreitet, sondern als vernünftig und als guten Gewissens vertretbar anerkannt. – Man lese diesbezüglich nur wieder einmal in Sebastian Haffners brillanten »Anmerkungen zu Hitler«.*

Diese zeitgenössische Stimmung liefert den Hintergrund, gegen den sich Lavater-Slomans Roman profiliert: Auf indirekte, aber ganz und gar unüberhörbare Weise ist der »Schweizerkönig« Plädoyer gegen jede Form der Anpassung an nationalsozialistische Ansprüche und gegen die Preisgabe der schweizerischen Staatsideale: Neutralität, Unabhängigkeit, Souveränität, deren Verbindlichkeit bald einem furchterregenden Härtetest unterzogen werden sollten.

Man braucht nicht besonders feine Ohren zu besitzen, um den Bezug auf die damalige Aktualität immer wieder zu erkennen. Man spürt ihn unmittelbar in der Gesamtanlage des Romans, der ja im Kern eine Darstellung der Geburt der Schweiz aus der Verbindung zwischen dem alle Spaltungen überwindenden Zusammengehörigkeitssinn der alten Eidgenossenschaft und dem Elan des im 17. Jahrhundert neuen, die neuzeitliche Staatsideen befeuernden Gedanken der

---

* Sebastian Haffner: *Anmerkungen zu Hitler,* München 1978.

Souveränität sein will. Und die Schweiz oder besser: Das Schweizer-Sein als Bild und Vorbild menschenfreundlich-verlässlicher Lebenspraxis, die kein Auftrumpfen schätzt, aber selbstbewusst sich überall treu bleibt, das ist neben der politischen die zweite, die moralische Botschaft, die der Roman transportiert und in die Herzen seiner Leser und Leserinnen bringen möchte. Sie nimmt Gestalt an im Charakter des unbestechlichen Johann Rudolf Wettsein; in dessen Verblüffungsfestigkeit gegenüber fürstlicher Repräsentation nicht weniger als in der geistreichen Redlichkeit, die ihm die Achtung selbst der mächtigsten (und schlausten) Diplomaten verschafft. Und es ist durchaus eine wichtige Pointe dieses Romans, der den Titel »Schweizerkönig« trägt, dass die ursprünglich spöttisch gemeinte Bezeichnung im Lauf der Erzählung einen überzeugenden Bedeutungswandel erfährt: Wettstein erweist sich am Ende – und zwar gerade als der exemplarische »Schweizer«, als den ihn die Autorin schildert – als der wahrhafte König unter den fremden Ministern und großen Herren, mit denen er, aufrecht und unbeugsam, um die reichsfreie Rolle seines Landes verhandelt; eines Landes, das nicht zuletzt durch Wettsteins Erfolg erst wirklich die eine Schweiz zu werden vermag. 1935, vierhundert Jahre nach dem Westfälischen Friedensschluss, lag es darum nahe, Wettsteins Kampf um die schweizerische Eigenständigkeit und Autonomie traditionsbegründend zu interpretieren; nämlich als Beispiel für die fällige Auseinandersetzung mit einem neuen, eben dem »dritten« Reich, über dessen Gefährlichkeit und Bösartigkeit Lavater-Sloman sich niemals Illusionen machte.

Dass dem heutigen Leser die patriotische Stilisierung des Textes gelegentlich auch missfallen kann, sei nicht verschwiegen. Das Pathos und die politischen Leitideen der 30er Jahre lassen sich aus dem Kontext zwar verstehen, oft aber nur mit zusammengebissenen Zähnen aushalten. So liest man, stilistisch und inhaltlich unangenehm berührt,

Sätze wie die folgenden: »... heiße Liebe zur Heimat [hatte] das Wunder gewirkt, dass nicht Glaubensunterschied, sondern Bluts- und Bodengemeinschaft [der eidgenössischen Orte] siegten. Nun war endlich das vielfältig züngelnde Feuer der Freiheitsliebe in eine einzige starke Flamme zusammengeschlagen.« Anlässlich solcher Stellen wird einem vor allem der kultur- und ideologiegeschichtliche Abstand zwischen der Jetztzeit und der Stimmung vor einem Dreivierteljahrhundert bewusst. Um es noch deutlicher festzustellen: Konnte man 1935 mit einiger Plausibilität Wettsteins Abgrenzungspolitik mit dem geistigen Kampf gegen die Hegemonie Hitlerdeutschlands parallelisieren, so sollte heute auf der Differenz zwischen allen früheren Großraumgebilden und der europäischen Gegenwart bestanden werden: Die EU ist weder mit dem »Heiligen Römischen Reich Deutscher Nation« zu verwechseln, noch gar mit dem nazistischen Eroberungsprojekt zu vergleichen.

Lavater-Slomans »Schweizerkönig« ist und bleibt darum ein Buch, das jeden und jede zu provozieren vermag, die sich für das kleine Land zwischen Genfer- und Bodensee, Rheinknie und Lombardei interessieren; ein Land, das über eine sehr ungewöhnliche historische Kontinuität verfügt, in seinem Selbstbewusstsein jedoch stets beweglicher gewesen ist, als es uns die rückwärtsgewandte »Aktion für Unabhängigkeit, Neutralität und Souveränität« nun weismachen möchte.

Wer den »Schweizerkönig« heute, aus der Distanz der fünfundsiebzig Jahre zwischen Erstpublikation und Neuauflage, liest, der lernt zwischen den geschichtlichen Realitäten und deren staatsmythologischen Überhöhungen und Vereinfachungen zu trennen. Er lernt aber auch, wie es möglich ist, normative Vorstellungen (wie die vom Wettstein des Buches so plastisch verkörperten Schweizer Tugenden) nicht sogleich ideologiepolitisch zu verkürzen. »Heimatmüde« war dieser Held bestimmt nie; ob er aber im Sinn der nationalkonservativen Parolen von heute gestimmt hätte, darf bezweifelt werden. Denn als beinahe Einziger unter den führenden Köpfen seiner Generation sieht er ein, dass seine Ziele allein dann zu erreichen sind, wenn er persönlich dort anwesend ist, wo die europäischen Interessen zusammenkommen; wenn er sich nicht abseits hält, sondern, im ständigen Kontakt mit den immer wieder sich ändernden politischen Kräftefeldern, den jeweils besten Zeitpunkt zu erfassen imstande ist, um seine Trümpfe exakt auszuspielen. – Womit ich endlich bei der literarischen Figur des »Schweizerkönigs« und bei den bemerkenswerten Qualitäten des Romans angelangt bin.

*

Eingeteilt in achtzehn knappe Kapitel erzählt das Buch die Erfolgsgeschichte einer einsamen, schmerzhaften und epochalen Mission, die zugleich das – Schiller würde wohl sagen »idealische« – Porträt eines Menschen liefert, der Politik nicht aus Eigennutz und Ehrgeiz, sondern aus republikanischem Engagement und mit der inneren Gewissheit betreibt, für die gestellte Aufgabe der richtige Mann zu sein. In der Pflicht zu stehen, den Gemeinwohlauftrag selbst auf Kosten der eigenen Person zu erfüllen, das ist ja die Zumutung, die dem Amtsträger auferlegt ist. Und rhetorisch wird diesen Kriterien jeder Politiker Genüge tun; umso lärmender, je weniger er ihnen tatsächlich entspricht. (Was übrigens Schriftstellern und TV-Serien permanent frischen Stoff liefert – von Shakespeares Königsdramen bis zu »Twenty Four« und John le Carrés Romanen.) Zu den »ehrenwerten Betrügern« aller Epochen zeichnet Lavater-Slomans Figur den kategorischen Antitypus. Wettstein tut, was er tut, wahrhaft um der Heimat willen; und glaubwürdig wird diese Haltung durch das Ertragen all der physischen und seelischen Strapazen, die das Buch mit diskreter Brutalität beschreibt:

»Der eine Tag, den Wettstein dem Krankheitsteufel zum Rückzug eingeräumt, hob schlimmer an, als je ein Krankheitstag vorher ... Der Wirt stand verstört in der Türe und sah auf das verkrümmte, leidende Stück Menschheit, das da vor seinen Augen einen wilden Kampf gegen die Schmerzen führte. Gegen Mittag zischte Wettstein: ›Hans, hole den Bader.‹« Und dann folgt die kurze, aber unvergessliche Schilderung des operativen Aderlasses, durch den im 17. Jahrhundert alle möglichen Krankheiten und ebenso die Gicht kuriert wurden. »Ich könnte den Herrn mit dem Messer traktieren, aber die Lanze hat schon Wunder getan; mit der habe ich manchem das kranke Blut zum Fließen gebracht, morgen ist der Herr Vater wieder auf den Beinen«, meint der Bader, bevor er auf den nackten Rücken seines Patienten einsticht. Wettstein, der sich am Tod seiner in Basel zurückgelassenen Frau schuldig fühlt, der zivile Krieger für das Recht und die friedliche Form vertraglicher Einigung, wird von der Autorin (dem literarischen Genre des Historienromans gemäss) ohne Rücksicht auf die zarten Nerven ihrer Leser mit den Wundmalen des vaterländischen Helden versehen. Denn erst das Selbstopfer des heroischen Einzelnen ermöglicht den anderen die Freiheit. Das ist der klassische Zug in der Konstruktion politischer Mythen, aber im vorliegenden Zusammenhang geschieht er so selbstverständlich und realitätsgetreu, dass man als Leser nicht verstimmt wird. Denn es ist ja wahr: Wenn Politik nicht, wie im Normalfall, ein eher mittelmäßiges, manchmal schmutziges Geschäft ist, dann vollzieht sie sich auf Messers Schneide und nicht ohne Tragik.

Mary Lavater-Sloman beherrscht freilich auch den Umgang mit den sonstigen Elementen des politischen Dramas. Wie der »Schweizerkönig« seine Story entfaltet, könnte er mühelos in ein Filmdrehbuch verwandelt werden. Die Intrige schürzt sich im exakt richtigen, die Spannung erhöhenden Augenblick; die Kabale wird mit den Widersprüchlichkeiten der Liebe verschränkt, und der Text mobilisiert die ganze Vielfalt unberechenbarer Verhaltensweisen und die sich überkreuzenden Intentionen der dramatis personae, die nötig sind, soll die spröde Realität des Wartens, Antichambrierens und diplomatischen Verschweigens, die im Kern die wichtigste Sache im Tun eines Gesandten sind, nicht dem Lesevergnügen den Garaus machen.

Nimmt man sich die Mühe, den Text nachdenklich zu lesen, entdeckt man in seinen Bewegungen immer wieder implizite, aber treffsichere Reflexionen zur Logik (oder Alogik) des politischen Tuns. Zum Beispiel bei der Lektüre des raffinierten Spiels der Wirkungen – der beabsichtigten wie der unbeabsichtigten –, die sich aus dem Verhältnis zwischen Lucinde, der unglücklich-perfiden Hofmätresse, und Fritz, dem von Jünglingsgefühlen verwirrten Bürgermeisterssohn, ergeben. Plötzlich droht Wettsteins Mission im Netz hinterlistiger Zusammenhänge zu scheitern – und wird durch den Zufall ungewollter Nebenfolgen, der zu jeder Intrige gehört, neu lanciert. Was sich nicht zuletzt der Geistesgegenwart Wettsteins verdankt, der offenbar über jenes besondere Talent für das Ergreifen der Chancen des Moments verfügt, das erst aus dem intelligenten Planer und Analytiker den überragenden Staatsmann macht.

Um es mit Machiavelli (der weit mehr als ein schäbiger Machiavellist war) zu sagen: Zur virtú des Strategen muss die Fähigkeit kommen, Fortuna am Schopf zu packen, also die occasione zu nutzen. Denn gute Politik ist auf die Algorithmen eines Entscheidkalküls niemals zu reduzieren. Mary Lavater-Sloman verstand ohne Zweifel sehr viel von den wetterwendischen Gesetzen und Konstellationen des Machtgebrauchs; die Lektüre des »Schweizerkönigs« lohnt sich darum auch für den, den die Geschichte der Schweizwerdung der Eidgenossenschaft nicht vordringlich interessiert.

*

Es ist Teil der Schultradition der nationalen Geschichtsschreibung, dass der Westfälische Friede von 1648 und damit die erfolgreiche Verhandlungskunst Wettsteins den Beginn der »juristischen Unabhängigkeit« der Schweiz bedeuten. Gegenwärtige historische Forschung setzt indes den Akzent weniger markant: »Was Kaiser und Reich dem Basler Gesandten im 6. Artikel des Osnabrückers Frieden schließlich zugestehen, ist lediglich die sogenannte Exemtion: die Befreiung von einer höheren Rechtsinstanz, in diesem Fall die definitive Befreiung aller eidgenössischer Orte vom Reichskammergericht, das allerdings nur noch für die spät – 1501 – dazugekommenen Orte Basel und Schaffhausen eine Rolle gespielt hat.«*

Lavater-Slomans Roman schließt, so betrachtet, etwas zu früh; mit der Ankunft des langersehnten kaiserlichen Briefes, der mehr zu geben verspricht, als das, was im endgültigen Friedensvertrag von Kaiser und Reich dann tatsächlich gewährt wird. Noch einmal der Historiker: »(Gewiss) begehrt Wettstein vom Kaiser Ferdinand III. ›weder Extension noch Bestätigung sonderbarer Privilegien‹, sondern bat, ›eine lobliche Eidgenossenschaft bey ihrem freyen *souverainen* (Kursivsetzung G. K.) Stand und Herkommen fürbass ruhig und ohnturbiret zu lassen‹. Das war (durchaus eine entscheidende Wendung:) Privilegien (wie die sogenannte ›Exemtion‹ von den Zuständigkeiten des Reichskammergerichtes eines war. GK) erhielt man von einer höheren Macht, eben dem Kaiser, gewährt, während man Souveränität aus eigener Kraft und Legitimität beansprucht, aber Ferdinand III. und die Reichsstände mochten in diesem Präzedenzfall schließlich doch nicht endgültig auf Reichsrechte verzichten.«**

Das ist der entscheidende Grund, weshalb es, historisch genau betrachtet, falsch ist zu sagen, dass die Schweiz mit dem Westfälischen Frieden ihre Unabhängigkeit, soll heißen: ihre staatsrechtliche Souveränität, nun auch formal-

---

* Thomas Maissen: »Seit wann ist die Schweiz souverän?«, in: Katja Gentinetta und Georg Kohler: *Souveränität im Härtetest. Selbstbestimmung unter neuen Vorzeichen,* Zürich 2010, S. 59.

** Thomas Maissen: *Geschichte der Schweiz,* Baden 2010, S. 124.

juristisch erreicht habe, die die Eidgenossen seit dem Sieg im Schwabenkrieg* als ihr selbstverständliches Gewohnheitsrecht betrachtet hätten. Gewiss begriffen sich die 13 Orte und ihre Zugewandten im 16. Jahrhundert längst als selbstbestimmt, aber sie nahmen diese praktische Autonomie zugleich als Privileg innerhalb der Rechtsordnung des Reiches wahr. Dazu der Historiker: »Die eidgenössischen Orte verstehen sich als ›gefreite Stände‹: Ihre Herrschaftsrechte, in deren Zentrum die (Bluts)Gerichtsbarkeit steht, verdanken sie dem Kaiser, dem sie unmittelbar, ohne (habsburgische) fürstliche Zwischengewalt, unterstellt sind.« Und weiter: »Diese *Reichsfreiheit* (Kursivsetzung GK) bildet die Grundlage des eidgenössischen Selbstverständnisses bis weit ins 17., ja teilweise bis ins 18. Jahrhundert hinein.«**

Wettsteins nicht wirklich durchgesetzte Verhandlungsforderung, die im Roman betont wird, nämlich die »lobliche Eidgenossenschaft bey ihrem freyem, souverainen Stand ... ohnturbiret zu lassen«, ist im Übrigen auf den Einfluss der französischen Diplomatie zurückzuführen. Diese versuchte mit Hilfe des damals neuen – von Jean Bodin primär zugunsten des innenpolitischen (französischen) Absolutismus eingeführten – Konzepts der »Souveränität« auch Außenpolitik zu machen. Denn es ist klar: Das Reich wird prinzipiell geschwächt, wenn sich Teile davon als »souveräne«, lediglich der eigenen Rechtsmacht unterstellte Körperschaften dem kaiserlichen Einfluss endgültig entziehen. Tatsächlich erfolgte ein derartiger Souveränitätsgewinn im Fall der Vereinigten Provinzen der Niederlande, die 1648 (nicht vom Kaiser, aber vom spanischen – d. h. habsburgischen – König)

* Vgl. dazu etwa die Bemerkung zum »Frieden von Basel«, 22.9.1499, in: Dändliker / Bandle: *Auszug aus der Schweizergeschichte,* Zürich 1960, S. 57. Als einführendes Werk in die Geschichte der Eidgenossenschaft ist (neben Maissens Buch) auch zu empfehlen: Peter Stadler: *Epochen der Schweizer Geschichte,* Zürich 2003.

** Thomas Maissen (erste Anm., S. 232), S. 58.

ausdrücklich in die völkerrechtliche Souveränität entlassen wurden. Was, wie gesagt, der Schweiz jedoch noch ausdrücklich versagt blieb. Erst allmählich, in der zweiten Hälfte des 17. Jahrhunderts, setzte sich dann, allerdings auch in Deutschland, die Interpretation durch, dass das Reich in Münster und Osnabrück die Souveränität der Eidgenossenschaft anerkannt habe.*

*

Dem »Schweizerkönig« und seinem berechtigten Ruhm tun solche Einschränkungen keinen Abbruch. Aber überflüssig ist die Erinnerung an die präzisen historischen Umstände nicht. Details, so beckmesserisch ihre Aufzählung anmuten mag, sind wichtig, sofern es darum geht, zwischen grobkörniger politischer Ideologie, Rhetorik, Mythologie und jenen komplizierten geschichtlich-gesellschaftlichen Realitäten zu unterscheiden, mit denen es ein Politiker zu tun hat. Es ist deren Meisterung, die die staatsmännische Leistung des »Schweizerkönigs« so eindrücklich macht. Mag sein, dass sie nicht vollumfänglich dem entspricht, was die nachträgliche Legende darin sehen wollte; sie bleibt allemal ein Beispiel außerordentlicher persönlicher Kraft und von größter Bedeutung für die Staats- und Nationwerdung der Schweiz. Mary Lavater-Slomans Buch über den Basler Bürgermeister Johann Rudolf Wettstein** und seine Reise zum großen Treffen in Westfalen ist ein glänzender Spiegel der Zeiten – und darüber hinaus ein Text, der uns wieder einmal überlegen lehrt, was es eigentlich heißt, ein guter Schweizer zu sein.

---

* Vgl. Thomas Maissen (zweite Anm., S. 232), S. 125 f.

** Es ist bemerkenswert, dass zu Wettsteins Zeiten die Schweizer selbst am Begriff der Souveränität nicht allzu heftig interessiert waren; aus dem guten Grund, dass der Begriff ja unweigerlich die Frage aufwerfen musste, wo denn eigentlich diese Souveränität liege – bei der Tagsatzung oder bei den einzelnen Kantonen. Umstritten war aber auch, wer in den Kantonen der Souverän war. Ein Streit, der weit ins 18. Jahrhundert hinein reicht.

Anhang

Personenregister

Quellennachweis

Johann Rudolf Wettsteins Briefe. Staatsarchiv Basel.

Amrein, Kaspar Constantin: *Seb. Pereg. Zwyer von Evibach: Ein Charakterbild aus dem 17. Jahrhundert.* Kälin, St. Gallen 1880.

Burckhardt, Abel: *Bilder aus der Geschichte von Basel.* Basel 1881.

Burckhardt, Th.: »Bürgermeister Johann Rudolf Wettstein auf dem Westfälischen Friedenskongress«. In: *Neujahrsblatt für die Jugend von Basel,* 27, 1849.

Dändliker, Karl: *Geschichte der Schweiz: Mit besonderer Rücksicht auf die Entwicklung des Verfassungs- und Kulturlebens von den ältesten Zeiten bis zur Gegenwart.* F. Schulthess, Zürich 1885.

Dierauer, Johannes: *Geschichte der Schweizerischen Eidgenossenschaft.* Friedrich Andreas Perthes, Gotha 1919.

Dierauer, Johannes: *Die Urkunden der Friedensschlüsse zu Osnabrück und Münster.* Franz Hanke, Zürich 1848.

Fäh, Franz: *Die Exemtion der Schweiz nach dem westfälischen Friedens-Kongresse und die zweite eidgenössische Abordnung 1649–1651.* Basel 1891.

Fäh, Franz: *Johann Rudolf Wettstein. Ein Zeit- und ein Lebensbild.* Basler Neujahrsblatt 1893/94.

Gallati, Frieda: *Die Eidgenossenschaft und der Kaiserhof zur Zeit Ferdinands II. und Ferdinands III., 1619–1659: Geschichte der formellen Lostrennung der Schweiz vom Deutschen Reich im Westfälischen Frieden.* Leemann, Zürich 1932.

Gonzenbach, August von: *Der General Hans Ludwig von Erlach von Castelen: Ein Lebens- und Charakterbild aus den Zeiten des 30-jährigen Krieges.* Wyss, Bern 1880–1882.

Gonzenbach, August von: *Bernhard von Weimar und Hans Ludwig von Erlach.* 1882.

Gonzenbach, August von: »Rückblicke auf die Lostrennung der Schweizerischen Eidgenossenschaft vom Reichsverband durch den Friedens-Congress von Münster und Osnabrück 1643–1648«. In: *Jahrbuch für Schweizerische Geschichte,* 10, 1885 (S. 129–250).

Hagenbach, K. R.: »Bürgermeister Johann Rudolf Wettstein auf dem Westfälischen Friedenskongress«. In: *Neujahrsblatt für die Jugend von Basel,* 10, 1830.

Höniger, R.: »Der Dreißigjährige Krieg und die deutsche Kultur«. In: *Preußisches Jahrbuch,* 138, 1909.

Racinet, Auguste: *Le costume historique.* 1876.

Schiller, Friedrich: *Die Geschichte des Dreißigjährigen Krieges.* Frankfurt und Leipzig 1792.

Steinhausen, Georg: *Geschichte der Deutschen Kultur.* Bibliographisches Institut, Leipzig 1904.

Uhlmann, W.: »Das Leben des deutschen Volkes bei Beginn der Neuzeit«. In: *Schriften des Vereins für Reformationsgeschichte,* 41, 1893.

Bildnachweis

Umschlag, Schmutztitel:
Bildnis des späteren Basler Bürgermeisters Johann Rudolf Wettstein. 1639. Künstler: Samuel Hofmann. Eigentümer: Kunstmuseum Basel. Foto: Kunstmuseum Basel, Martin P. Bühler. Die Abbildung im Buch entspricht lediglich einem Ausschnitt des Originalwerks.

S. 213:
Johann Rudolf Wettstein. Postumes Bildnis. Um 1750. Unbekannter Maler. Eigentümer: Gemeinde Riehen, Kunstbesitz. Foto: Martin Geier, Freiburg.

S. 214:
Beschwörung des Spanisch-Niederländischen Friedens im Rathaus zu Münster. Nach dem Original von Gerard Ter Borch. Um 1670. Unsigniert und undatiert. Eigentümer: Stadtmuseum Münster. Foto: Tomasz Samek.

S. 216:
Unterschriftenseite des Westfälischen Friedens. Münsterer Exemplar. Copyright: Österreichisches Staatsarchiv / HHStA AUR 1648 X 24, fol. 77r

S. 217:
Claude de Mesmes, Comte d'Avaux. Kopie nach Anselm van Hulle. 1648. Künstler: Jan Baptista Floris. Eigentümer: Stadtmuseum Münster. Foto: Tomasz Samek. Die Abbildung im Buch entspricht lediglich einem Ausschnitt des Originalwerks.

S. 218:
Henri II. d'Orléans, Duc de Longueville. Kopie nach Anselm van Hulle. 1648. Künstler: Jan Baptista Floris. Eigentümer: Stadtmuseum Münster. Foto: Tomasz Samek. Die Abbildung im Buch entspricht lediglich einem Ausschnitt des Originalwerks.

S. 219:
Dr. Isaac Volmar. Kopie nach Anselm van Hulle. 1648. Künstler: Jan Baptista Floris. Eigentümer: Stadtmuseum Münster. Foto: Tomasz Samek. Die Abbildung im Buch entspricht lediglich einem Ausschnitt des Originalwerks.

Biografien

Mary Lavater-Sloman wurde 1891 als Tochter einer alteingesessenen Hamburger Reederfamilie geboren. Als junges Mädchen lernte sie in St. Petersburg den Schweizer Ingenieur Emil Lavater kennen, den sie 1912 heiratete. Nach der Flucht vor den Gräueln der russischen Revolution ließ sich das Paar in Winterthur nieder. Ab 1943 lebte die Mutter von vier Kindern in Ascona. 1980 starb Mary Lavater-Sloman 89-jährig in Zürich.

Prof. Dr. Georg Kohler, geboren 1945, studierte Philosophie und Jurisprudenz in Zürich und Basel. Nach seiner Habilitation in Philosophie lehrte er zunächst in München. 1994 wurde er als Ordinarius für Philosophie, mit besonderer Berücksichtigung der politischen Philosophie, an die Universität Zürich berufen.